JN418437

원래 처음 커피 여행을 꿈꾸기 시작할 때
생각한 이름은 <이담, 커피쑈>였다.

바람커피로드

초판 1쇄 인쇄 : 2017년 5월 25일
초판 1쇄 발행 : 2017년 6월 1일

지은이 : 이담
펴낸이 : 유혜규
본문 디자인 : 김연옥
표지 디자인 : 최명규

펴낸곳 : 지와수
주소 : 서울 서초구 잠원동 35-29 대광빌딩 302호
전화 : 02-584-8489 팩스 : 0505-115-8489
전자우편 : nasanaha@naver.com
출판등록 : 2002-383호
지와수 블로그 : http://jiandsoobook.co.kr

ISBN : 978-89-97947-07-2-13980

이 도서의 국립중앙도서관 출판예정도서목록(CIP)은 서지정보유통지원시스템 홈페이지(http://seoji.nl.go.kr)와 국가자료공동목록시스템(http://www.nl.go.kr/kolisnet)에서 이용하실 수 있습니다. (CIP제어번호 : CIP2017011882)

바람*커피;로드

이담 지음

지와수

어느 날 난 커피를 들고서 전국 곳곳을 여행하는 꿈을 꾸기 시작했다. 트럭에 간단한 짐과 함께 통돌이 로스터와 핸드드립 도구를 챙겨 넣기만 하면 되는 것이다. 시작은 있지만 끝을 알 수 없는 긴 여행을 위해 준비를 시작했다.

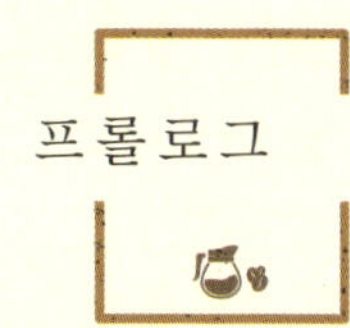

그렇게 나는 긴 여행을 꿈꾸기 시작했다

이것은 그냥 커피 이야기가 아니다. 한 모금을 마시면 혀 위에서 향기가 피어나와 우리를 황홀하게 만들고 행복하게 만들어 주는 그런 커피 이야기다. 난 평생 잊을 수 없는 그런 커피를 찾아 헤매고 있다.

어느 날 문득, 끝을 알 수 없는 긴 여행을 떠나고 싶어졌다. 세계 일주 같은 거창한 여행은 아니었다. 그냥 우리나라 여러 곳을 돌아보고 싶었다. 서울에서 제주로 내려가 생활한 지 10년 만이었고 산천단의 커다란 곰솔나무 앞에서 카페를 시작한 지 3년이 지날 때쯤이었다.

산천단은 지금도 한라산 산신제를 드리는 영험한 곳이다. 국보 160호인 곰솔나무가 정원수처럼 서 있는 산천단을 독차지하고 카페를 한다는 것은 운이 따라줘야 한다. 들어가고 싶다고 아무나 쑥 들어갈 수 있는 곳이 아니다.

나를 아는 제주 사람들은 산천단에서 카페를 여는 것을 반대했다. 산천단은 '기가 쎄서' 잘못하면 병들거나 심하면 죽을 수도 있다며 걱정해주었다. 그럼에도 경치 좋은 곳에서 지내다가 죽는 것도 나쁘지 않겠다 싶어서 카페를 열었다. 무엇보다 카페에서 바라보는 풍경이 너무 좋았고, 조용한 곳에서 맘대로 커피를 볶고 내릴 수 있다는 것도 좋았다.

그렇게 제주에서 나의 커피 인생이 본격적으로 시작되었다. 매일 조금씩 커피를 볶아서 손님이 찾아오면 커피를 내렸다. 배고프다는 사람이 찾아오면 오므라이스도 만들었다. 바다도 안 보이는 산 구석의 카페는 그래도 오므라이스와 커피를 마시러 오는 손님들로 꽤 바빠졌다.

하지만 시간이 지날수록 조금씩 답답해졌다. 카페를 하는 이상 손님이 있든 없든 계속 카페 안에서 손님을 기다릴 수밖에 없는 노릇이다. 바쁠 때는 손님들이 바깥에서 줄까지 서서 기다리기도 했지만 겨울이나 날씨가 안 좋을 때의 시간은 조용하기 그지없었다. 3년을 그렇게 산천단에서 지내면서 전국 곳곳에서 오는 손님들과 이야기를 하다 보니 점점 우리나라가 궁금해졌다. 그렇게 나는 긴 여행을 꿈꾸기 시작했다.

차 례

Part 3

부르면 무조건 간다

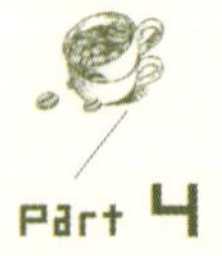

Part 4

여행의 시간만큼 인연도 깊어진다

Part 1

커피 여행을 꿈꾸다

인생에서는 머무를 때도 있고 떠나야 할 때도 있다.
머무를 때는 머물러 있어야 하고 떠나야 할 때는 떠나야 한다.
그 씨줄과 날줄 사이, 완벽하게 합치가 되는 빛나는 한 순간을
만나기 위해서 나는 여행을 시작했다.

커피 여행을 꿈꾸다

언젠가부터 나이가 좀 더 들면 우리나라 구석구석을 여행하고 싶다는 생각을 하고는 있었다. 하지만 실현될 수 없는 꿈이기도 했다. 시간도 시간이지만 여행경비는 어떻게 할 것인가? 게다가 나는 돈을 버는 일에는 아주 젬병이다. 그러다가 아주 멋진 생각이 떠올랐다. 커피를 팔면서 여행하면 어떨까?

나는 핸드드립 커피를 하는 사람이라 커피 도구가 단출하다. 에스프레소라면 커다란 커피머신을 갖고 다녀야 하기 때문에 여러 가지로 해결해야 할 문제들이 많지만 핸드드립은 핸드밀과 드리퍼, 주전자, 뜨거운 물만 있으면 어디서든 커피를 만들 수 있다. 이미 이전에도 나는 가방 안에 커피도구를 들고 다니면서 지인들 집에 놀러 가서 커피를 내려주곤 했다. 이걸 전국으로 확대하면 경비를 벌면서 여행을 할 수 있지 않을까? 커피를 좋아하는 사람들이 많으니 어딜 가도 쫓겨나지는 않을 것 같았다.

처음에는 승용차 뒤에 커피도구를 싣고 다니면 되겠다고 생각했다. 그러다 생각이 점점 커져서 SUV를 사려다가 나중에는 트럭이 좋겠다는데 생각이 미쳤다. 음식을 파는 트럭노점들이 있으니 커피 트럭을 하나 만들면 간단하다. 문제는 비용이었다. 트럭 값도 만만치 않고 개조하는 비용이 많이 들기 때문

▲ 여행을 떠나기 전, 제주에 놀러온 '건국청년' 현두 씨의 커피 트럭과 함께 기념사진을 찍었다. 큰 트럭을 장만하라는 그의 조언이 향후 여행에 큰 도움이 됐다.

▼ 커피 트럭에 스티커작업을 마치고 제주 해안도로에 나가보았다. 양 문 옆에는 'BaRam Coffee Road'라는 로고를 붙였다. 이 커피 트럭과 함께 긴 여행을 떠나야 하는 것이다.

에 결국 상상만 하다가 끝날 수도 있었다.

이런 저런 궁리를 하고 있는데 마침 '건국청년' 김현두 씨가 바람카페에 왔다. 마이산이 있는 진안이 고향인 현두 씨는 라보 트럭을 직접 커피 트럭으로 개조해서 전주를 중심으로 커피를 팔다가 제주로 트럭을 끌고 여행을 온 것이다. 나 또한 커피 트럭으로 전국여행을 하려고 생각 중이라고 했더니 자기처럼 작은 트럭을 사지 말고 안에 들어가서 누워서 잘 수 있는 큰 트럭을 사라고 조언해줬다. 그러고 보니 라보는 덩치 큰 남자가 겨우 앉을 만한 크기였다.

난 열심히 인터넷으로 중고차 푸드 트럭을 검색했다. 처음에는 떡볶이나 분식을 팔던 트럭을 중고로 사서 개조할 생각이었다. 그런데 아예 처음부터 커피 트럭으로 개조된 중고 매물이 올라왔다. 가격은 좀 비쌌지만 혹시 먼저 팔리면 큰일이라는 생각에 부랴부랴 비행기를 타고 서울로 올라가서 매물을 보니 마음에 들었다.

전 주인은 여의도에서 커피 트럭으로 장사를 하다가 다른 사업을 하고 있어 꽤 오랜 시간 동안 트럭이 집 앞에 방치된 상태였다. 2002년식 봉고 프론티어. 월드컵이 열린 해에 태어난 트럭이다. 이미 커피머신과 발전기 등을 갖고 있어서 크게 손댈 것이 없었다. 비록 연식이 오래됐고, 여기저기 낡았지만 어차피 1~2년 정도만 여행하고 다시 제주로 돌아올 생각이어서 문제가 되지 않았다. 수중에 돈은 없었지만 급히 대출을 받아 차 값을 치루고 트럭을 인수받았다. 천천히 트럭을 끌고 완도로 내려가서 제주행 배에 싣고는 제주로 내려왔다.

난 이제 이 녀석과 함께 여행을 꿈꾸고 있다.

내가 커피를 하는 이유, 부나 마프라트

한창 월드컵 열기로 뜨겁던 2002년이 지나고 2003년이 되었을 때 나는 최악이었다. 그해는 내 인생에서 가장 차가운 시절이 시작된 해이기도 하다. 하던 사업을 접어야 했다. 10년 동안의 결혼 생활도 씁쓸하게 마무리를 했다. 돈은 없고 시간은 많았다. 이참에 제주에 놀러 가서 한두 달 푹 쉬다가 다시 서울로 컴백할 생각이었다. 인생의 굴곡진 길에서 쉴 곳이 필요했을 때 제주가 가까이 있었다.

제주는 넉넉한 품으로 나를 안아 주었다. 유명한 관광지가 아니라 이름 없는 바닷가나 중산간의 도로와 오름이 얼마나 멋지게 느껴졌는지. 그 풍경들이 내게 얼마나 많은 위안을 주었는지. 처음에 생각했던 여행기간은 한두 달 늘어나더니 급기야는 1년, 2년이 흘러 10년이나 제주에 머물렀다.

그러다가 커피를 시작하게 되었다. 처음에는 커피에 들어가는 돈을 아껴볼 생각으로 로스팅을 해봤는데 재미가 붙었다. 그렇게 시작한 커피는 나중에 직접 카페를 열 수 있게 해주었다. 커피 덕분에 제 2의 인생을 시작한 것이다. 하지만 떠날 때가 되었음이 느껴졌다. 모든 상황이 나로 하여금 더 이상 머물지 말고 떠나라고 등을 떠밀고 있었다.

커피 여행을 준비하면서 나는 어떤 커피를 하고 싶은가에 대해 곰곰이 생각해보았다. 커피를 볶고 내리는 건 어떻게 보면 단순한 작업이었다. 좀더 중요한 것은 어떤 마음가짐으로 커피를 하는 것인가이다. 그러다가 다큐멘터리에 나온 에티오피아의 커피 세레머니(분나 마프라트)를 보고는 내가 원하던 것과 비슷해서 마음에 담아 두었다.

에티오피아는 커피 생산에 있어서 아프리카 1위이자 전 세계 5위에 랭크되어 있다. 국민 4명 중 1명 꼴로 커피 산업에 종사한다. 보통 다른 아프리카 커피 생산국에서는 대부분 커피를 수출하기 때문에 자국에서의 커피소비가 많지 않지만 에티오피아는 생산량의 절반 정도를 자국에서 소비할 정도로 커피를 많이 마신다.

커피의 고향답게 에티오피아 사람들은 귀한 손님이 오면 커피를 대접하는 '분나 마프라트'라는 전통 의식을 아직도 지키고 있다. 전통 의상을 입은 에티오피아의 여인이 생두를 화로에 올려 즉석에서 볶아 절구로 빻고 커피를 끓여서 손님에게 대접하는 것이다. 커피의 시작부터 끝까지 함께 참여해야 하는 이 의식은 꽤 오랜 시간 진행되는데 가장 신선하고 맛있는 커피를 대접하는 과정이다.

이렇게 마시는 커피는 맛이 없을 수가 없다. 나 또한 이런 방식으로 손님에게 커피를 대접하고 싶었다. 좋은 생두를 골라서 직접 로스팅하고 손님이 보는 바로 그 장소에서 원두를 갈아서 한 잔의 커피를 내려서 대접하는 분나 마프라트를 내가 할 수 있는 방법으로 하고 싶었다. 그러려면 커피 트럭에서 로스팅을 할 수 있어야 했다. 처음에는 가게에서 쓰던 로스터인 '후지로얄 잇따코'를 트럭에 설치할까도 생각했지만 전기가 문제였다. 커피를 볶을 때마다 시끄럽게 발전기를 돌려가면서 로스팅하고 싶지는 않았다. 가장 간단한 방법은 역시 직접 손으로 돌리는 통돌이 로스팅이다.

카페를 열 때 막내 동생이 선물해준 유니온 샘플로스터를 다시 꺼내들었

▲ 제주에서 출발하기 전 제주의 예쁜 카페 '하루하나'에 놀러가서 커피를 나눠 마셨다. 내가 카페를 할 때 자주 놀러오던 예쁜 부부는 제주 애월의 조용한 중산간 마을에 그들만큼 예쁜 카페를 만들었다. 하루하나에서 여는 '반짝반짝 착한가게'는 제주의 대표적인 예술벼룩시장이다.

◀ 커피 트럭 앞에 얼굴 모양의 스티커를 붙이니 귀여운 모습으로 변신했다. 오랫동안 나와 함께 여행을 하게 될 트럭에 '풍만이'라는 애칭을 붙여주었다. 나처럼 풍만한 느낌이 있었고, '風滿-바람이 가득 차있다'라는 의미도 있다.

다. 한 번에 생두 500그램을 넣어서 로스팅할 수 있어서 용량도 적당했고, 가스레인지만 있으면 어디서든 가능했다. 이미 이 녀석으로 몇 년을 로스팅해 봤기 때문에 로스팅 프로파일을 잡는 것도 어렵지는 않았다. 다만 야외에서의 로스팅은 변수가 너무 많기 때문에 이에 대한 대비를 해야 했다.

커피 로스터들이 가장 싫어하는 것은 환경적인 변수다. 습도가 높아지거나 비오고 바람 부는 날은 아예 로스팅을 포기하는 로스터들도 많다. 평소의 프로파일이 적용되지 않기 때문이다. 그래서 환기가 잘 되면서 온도와 습도가 일정한 로스팅 룸이 필요하다.

하지만 나는 바람 부는 바깥으로 나가야 한다. 가능하면 그러고 싶지 않지만 비가 오거나 바람이 불어도 로스팅을 해야 할 때가 있을 것이다. 여행을 떠나기 전 테스트 삼아 밖에서 로스팅을 해보니 원하는 대로 커피가 나오지 않았다. 그래서 나무 박스를 하나 만들어 통돌이를 덮어 바람을 막아주고 손실된 열을 보전해 보기로 했다. 몇 달 동안 띄엄띄엄 트럭 안에서 로스팅을 해보니 어느 정도 로스팅이 안정되어 커피가 맛있게 나오기 시작했다.

그 다음은 커피를 내리는 방법을 고민할 차례였다. 중고로 구입한 커피 트럭에는 전자동 에스프레소 머신이 한 대 있었다. 전기를 연결해서 테스트를 해보니 어떤 원두를 넣어도 비슷하게 맛이 없어졌다. 모든 커피를 맛없게 만드는 재주가 있는 머신이었다. 머신이 괜찮으면 보조용으로 갖고 다닐 생각도 하고 있었는데 커피가 맛없게 나오니 미련 없이 머신을 버렸다.

결국 커피는 핸드드립만 하기로 결정했다. 가능하면 전기를 쓰지 않기로 했으니 커피도 핸드밀로 갈아야 했다. 전기 발전기를 돌리면 그라인더나 선기포트 정도는 쓸 수 있지만 발전기의 시끄러운 소리가 싫었다. 가능하면 발전기를 돌리지 않고 커피를 만드는 모든 걸 손으로 직접 하고 싶었다. 트럭을 이동할 때는 어쩔 수 없이 기름을 써야 하지만 커피를 만들고 내리는 과정은 그냥 순수하게 나의 노력으로만 하고 싶었다. 그렇게 커피를 내려서 손님에게 주면 그 커피의 맛을 제대로 느끼지 않을까? 이런 생각 끝에 트럭에서 직접 커피 로스팅을 하고, 가스불로 물을 끓이고, 핸드밀로 커피를 갈아서 핸드드립으로만 커피를 내리는 커피 트럭이 탄생하게 되었다.

출발 날짜는 2013년 7월 11일로 정했다. 제주에서 인천으로 가는 카페리 오하마나호를 예매했으니 출발은 해야 했다. 출발 5일 전 제주 탑동에 있는 문화카페 '왓집'에서 여행 후원금을 모금하기 위해 파티를 열었다. 그날은 생각지도 않게 많은 사람들이 찾아와서 커피 트럭을 환송해주었다. 난 누군가는 가지 말라고 잡을 줄 알았었는데(그러면 여행 출발을 미적거리면서 좀더 천천히 출발할 생각이었다) 대부분 빨리 출발하라고 등을 떠밀었다.

왓집의 자매 같은 세 친구 운영자들과 축하 노래를 해준 양호진 형님, 생각지도 않게 맛있는 음식을 준비해서 배달온 르씨엘비의 김태효 쉐프, 바람커피로드 노래를 만들어 준 피아니스트 공성환. 지금도 그때 참석했던 모든 사람들의 얼굴이 선명하게 떠오른다. 원래 파티의 목적은 여행자금 마련이었지만 그날 음식 값과 술값으로 거의 다 나가버렸기 때문에 통장 잔고는 다시 원상태로 돌아갔다.

드디어 2013년 7월 11일에 오하마나호에 트럭을 싣고 출발했다. 제주에 입도한지 10년 만에 다시 육지로 나온 것이다. 언제 다시 제주로 되돌아갈지 정해 놓지도 않았다. 트럭 뒷칸에서 직화 통돌이로 커피 로스팅을 하고 핸드드립으로 커피를 만들고 나눠 마시면서 여행하는 것이다. 커피는 그 향과 맛으로 사람들 사이를 이어주고, 이야기를 이끌어 내고, 친해지게 만들어 준다는 믿음이 있었다. 그것이 나의 힘이자 여행의 원동력이 될 것이다. 손님들에게 최상의 커피를 제공하는 의식인 '분나 마프라트'를 나 나름대로의 의식으로 진행하면 된다. 커피의 마음이 전달되기를 바라면서.

얼마를 벌어야 이 여행을 계속 할 수 있을까?

인천행 오하마나호의 3등 칸에 누워 있으니 이것저것 생각이 많아졌다. 저녁에 제주항을 출발해서 다음날 아침 인천에 도착하는 여객선이다. 승객들은 여기저기 너부러져 잠을 청하거나 친구들끼리 모여서 화투를 치고 있었다. 잠을 자고 싶었지만 '우우웅'거리는 엔진소리와 파도를 타고 일정한 간격으로 흔들흔들 하는 진동 때문에 잠이 오지 않았다. 일단 트럭을 몰고 출발은 했는데 어떻게 움직여야 할지 도저히 감이 오지 않았다.

제주에서 10년을 살았지만 집이나 땅을 사지는 않았다. 어차피 수중에 돈 한 푼 없이 내려갔기에 부동산을 살 여유가 없었다. 최근 엄청나게 올라버린 제주 땅값을 보면서 빚이라도 내서 땅을 좀 사둘걸 하는 후회가 없지는 않다.

내 삶에서 넉넉하게 돈을 가지고 있었던 적은 거의 없었지만 커피 트럭을 준비하느라 이것저것 쓴 돈을 생각하면 한참 마이너스나. 내 은행 잔고는 항상 0에 수렴하는 법칙이 있나보다. 통장 잔고를 살펴보니 50만원 정도가 있었다. 그나마도 몇 명의 지인들이 여행 노잣돈으로 쓰라고 후원해주어 남아있던 돈이다. 출발 날짜를 여름으로 한 것은 돈이 없어도 밖에서 삶을 살 수 있다는 생각도 있었다.

▲ 커피 트럭 옆에 있던 '안녕?' 곰은 풍만이의 마스코트다. 한동안 풍만이 옆에서 함께 여행을 하다가 지난 2016년에 커피 트럭에 그림 작업을 하면서 사라졌다.

▼ 제주에서 인천행 카페리 오하마나호에 풍만이를 싣고 출발. 거대한 카페리에서 1톤 트럭은 작고 왜소해 보이기만 했다. 이 여행에서는 어떤 일들이 벌어질까?

커피 값은 얼마로 할까 고민하다가 5천원으로 정했다. 트럭에서 파는 커피 치고는 비싼 편이다. 누가 트럭에서 5천원이나 하는 커피를 먹을까 걱정했지만 팔리면 팔리는 대로, 안 팔리면 안 팔리는 대로 움직이겠다고 생각했다. 그리고 5천원이라는 가격은 좋은 손님을 고를 수 있는 일종의 관문 같은 것이기도 했다. 커피 트럭에서 5천원을 내고서라도 커피를 마시고자 하는 사람이라면 커피 한 잔의 가치를 아는 사람일 거라고 생각했다. 또 거스름돈을 많이 준비하지 않아도 된다는 이점도 있었다.

하루에 커피 10잔을 팔면 5만원이다. 그러면 트럭에 기름을 넣고, 두 끼 식사를 사먹고, 잠을 잘 수 있을 것이다. 하루에 10만원어치를 팔면 하루는 놀면서 그 근방을 구경하면서 돌아다닐 생각이었다. 운이 좋아서 30만원어치 매출을 올린다면 일주일 정도는 여행할 수 있는 여유가 생긴다.

여행 계획은 따로 짜지 않았다. 대략 어느 지역을 가고 그 다음에는 어느 방향으로 움직이겠다는 정도만 생각했다. SNS로 트럭이 움직이는 동선을 대략 올리고 혹시 누군가가 근처로 와달라고 하면 그냥 그쪽으로 갈 작정이었다. 오라는 곳이 없으면 그냥 내가 가고 싶은 곳으로 가면 된다.

커피 트럭 안에는 생두 몇 가지를 준비해 놓고 있다가 커피가 떨어지면 트럭 안에서 커피를 볶으면 된다. 에스프레소 머신을 쓰지 않고 핸드드립만 하니까 뜨거운 물만 있으면 끝이다. 커피를 가는 것은 핸드밀로 하면 되고, 물은 가스불로 끓이면 된다. 손님이 길게 늘어서지도 않을 것이지만, 늘어선다고 해도 잠시 기다리게 하면 어떤가. 급한 사람은 다른 곳으로 가고, 급하지 않은 손님만 받으면 된다.

이렇게 자유롭게 생각하니 손에 든 것은 없어도 마음은 편해졌다. 나는 커피를 파는 것이 아니라 커피를 들고 여행을 하는 사람이다. 커피 트럭 여행이 끝날 때까지 나는 여행자라고 생각하기로 했다. 그렇게 여행자의 삶이 시작된 것이다.

여행 첫 날 만난 커피의 스승

눈을 떠보니 밖은 깜깜했다. 이런저런 생각을 하다가 객실에 누워서 잠들었나 보다. 나지막이 '우우웅'하는 엔진 소리는 그대로였지만 배가 많이 울렁거리지 않아서 그냥 도로를 달려가는 버스 안에 앉아 있는 느낌이었다. 아직은 해가 뜨기 직전의 어두운 갑판에 올라가서 점점 밝아지는 하늘을 멍하니 바라보았다. 제주를 출발할 때는 날씨가 좋았는데 인천에 도착할 때쯤 되니 비가 추적추적 내리기 시작했다.

앞으로 어떤 여행이 기다리고 있을까? 솔직히 불안해졌다. 카페에서 커피를 파는 것은 내가 만든 공간에 손님들이 찾아오는 것이다. 커피를 내리고 서빙하는 공간은 오로지 나의 공간이었기 때문에 편안하고 안정적이다. 물을 끓이고 커피를 갈고 핸드드립으로 커피를 내리는 일련의 과정은 매일매일 수십 번씩 하던 것이기 때문에 거침이 없다.

하지만 커피 트럭에서 커피를 만든다는 것은 비바람이 휘몰아치는 들판에 맨 몸으로 서있는 것과 비슷하다. 전혀 알지 못하는 낯선 곳, 낯선 사람들 앞에서 커피를 내려야 한다. 제주에서 십여 년을 사는 동안 육지를 돌아다니지 않았기 때문에 예전에 가봤던 곳이라고 해도 완전히 새로운 곳이다. 그런 곳에 가서 자리를 펴고 사람들을 만나고 커피를 내려야 한다는 것이 두려웠다.

그래도 한편으로는 새로운 곳을 찾아간다는 설렘이 있었다. 내가 가보지 못했던 한국의 아름다운 곳, 그곳이 유명 관광지가 아니라도 좋을 것 같았다. 그냥 사람 사는 곳에 가서 커피를 내려서 나눠 마시는 것만으로도 충분하지 않을까? 커피 장사가 안 되더라도 트럭 뒤를 정리해서 잠자리를 만들면 되고, 간단한 음식은 해 먹을 수 있으니 어차피 돈도 별로 들지 않을 터였다.

커피로드의 첫 번째 목적지는 홍대 앞이었다. 원래는 제주에서 배편으로는 가장 가까운 남해안 쪽에 상륙해서 천천히 서울 쪽으로 올라올 계획이었지만, 남해의 봄날 출판사에서 <서울을 떠나는 사람들>이라는 책 출간기념회를 홍대에서 개최하기로 한 것이다. 서울을 떠나 지방 각지에서 자신만의 삶을 살아가는 사람들의 경험담을 모은 책인데, 나는 제주 편을 맡아서 썼다. 출판 기념회에 필자 중 한사람으로서 출판기념회에 커피 드럭을 갖고 가서 커피를 팔기로 한 것이다.

하늘은 완전히 밝아지고 오하마나호는 인천항에 입항했다. 커피 트럭 여행의 첫날이 시작된 것이다. 오하마나호에서 트럭을 꺼내고는 아이폰의 내비를 켰다. 인천에서 홍대까지 가는 도중에 커피용품점에 들러서 필요한 커피 도구와 테이크아웃 컵, 생두보관통 등의 소모품을 사야 했다. 전날 배안에서 몇 군데 커피용품점을 검색해서 파주시에 있는 '커피누리'라는 창고형 커피용품점을 미리 찾아두었다.

아이폰 내비를 따라 한참을 굽이굽이 길을 따라 들어갔더니 커다란 창고형 건물이 나타났다. 아침부터 추적주적 내리던 비가 점점 더 거세졌다. 비를 피해 안으로 들어가니 사장님이 반갑게 맞이해 주었다. 꽤 큰 규모의 매장이었다. 한쪽에는 커피도구들과 카페장비들이 전시되어 있었고, 다른 방에는 생두 창고가 있었다. 주로 온라인 판매를 하는 곳인데 아침 일찍 여행자를 위해 문을 열어 준 것이다. 필요한 물품을 주문하고 기다리고 있으니 어디서 카페를 하느냐고 물어봐서 커피 트럭으로 여행을 시작했다는 이야기를 했더니 무척 신기해했다.

커피를 좋아하는 사람들끼리 커피 이야기를 하면 죽이 맞아서 신이 난다. 마침 커피 여행을 위해 제주에서 내가 볶은 커피를 내려 나눠 마시면서 이런저런 이야기를 하다 놀라운 사실을 하나 알게 되었다. 이곳 커피누리의 정광준 사장이 내가 바람카페에서 쓰던 커피로스터 '잇타로' 의 원래 주인이었다는 것이다. 그는 일본에서 잇타로를 사서 커피 로스팅을 하다가 나중에 제주 신비의사랑 카페 윤승섭 사장에게 중고로 넘겼고, 윤 사장은 나에게 넘겨서 바람카페에서 신나게 로스팅을 했었다.

잇타로는 직화식 샘플로스터인데 구조가 간단하고 고장이 없는 로스터다. 하지만 온도계와 타이머가 장착되어 있지 않아서 처음에는 많이 실패할 수밖에 없다. 하지만 수많이나 통돌이 로스팅을 해본 경험과 선배의 조언이 있다면 좀더 빨리 맛있는 커피를 로스팅할 수 있다. 제대로만 활용한다면 직화 로스터 특유의 맛과 향을 낼 수 있다.

내 커피 맛의 상당부분은 직화 로스팅 덕분이라고 할 수 있는데, 그 로스팅기의 원래 주인을 우연히 만나니 깜짝 놀랄 수밖에. 게다가 커피 트럭 여행을 시작해서 첫날 처음으로 만난 사람이다. 직접 정 사장님께 로스팅을 배우지는 않았지만 그의 노하우가 건너건너 나한테 와서 바람커피의 맛을 낼 수 있었으니 나에게는 소중한 스승님이다.

후지로얄 잇타로 이야기

커피 로스팅기의 종류는 직화식, 반열풍식, 열풍식 등으로 나뉜다. 직화식은 말 그대로 직접 불이 드럼통에 닿아서 그 열로 커피를 볶는 방식이다. 일본의 후지로얄(Fuji-Royal)은 직화식 커피 로스터기를 만드는 회사로 유명한데 직화식의 장점은 커피의 개성과 향을 제대로 살려준다는 것이다. 단점은 겉 표면이 타거나 속이 덜 익을 수 있다는 것. 그래서 세심하게 불 조절을 해야 한다. 제대로만 볶으면 정말 잊을 수 없는 멋진 커피가 탄생한다.

잇타로는 후지로얄의 제품 중에 가장 작은 모델이다. 커피를 테스트 삼아 볶아보기 위한 샘플로스터인데 가스버너, 드럼통과 전기모터가 전부이다. 공기를 조절해주는 댐퍼는 없이 그냥 투입구(배출구)가 구멍이 뻥 뚫려 있다. 이곳을 통해 생두를 투입하고 로스팅할 때 연기가 빠져나오고 최종 로스팅된 커피원두가 배출되는 단순한 방식이다. 온도센서가 없어서 불 조절도 감으로 해야 한다. 개인적으로 온도센서를 붙여서 사용하는 경우가 많다. 어쨌든 잇타로는 커피 로스터의 실력을 키워주는 그런 로스팅기다. 아쉽게도 지금은 단종돼 중고로만 구입할 수 있다. 만약 어느 카페에 후지잇타로가 보인다면 그 카페에 들어가서 꼭 커피를 마셔볼 것. 순수하고 원초적인 커피의 맛을 느낄 수 있을 것이다.

BaRam
Coffee Road
COFFEE
ADMIRATION
of COFFEE
Happy meal

Part 2

서툴러서 더 빛나고 설렌다

커피 트럭 여행의 첫 일정은 서울부터 시작했다. 하루에 커피를 몇 잔이나 팔아야 이 여행을 계속 할 수 있을까? 널찍한 공간이 있는 서소문공원 근처에서 커피 트럭을 열었지만 서울의 회사원들은 너무 바빠서 핸드드립 커피를 사먹을 여유가 없었다. 나중에 단속도 나와서 주차위반 벌금도 맞았다.

홍대 앞에서 첫 커피를 내리다

바람커피로드의 첫 번째 행사는 서울 홍대 앞의 생쓰북에서 진행됐다. <서울을 떠나는 사람들> 출판 기념회는 꽤 많은 사람들이 참석해서 성황을 이루었다. 공동 저자 중 하나인 괴산의 유기농포크 가수 '사이'가 공연했고, 맛있는 케이터링 음식이 있었다. <서울부부의 남해밥상 표류기>의 작가 정환정 씨가 강연했고, 나도 커피 트럭을 건물 주차장에 세워놓은 후 제주에서의 생활과 커피 여행을 시작한 이야기를 짧게나마 했다.

강연을 끝낸 후에는 건물 뒤편 주차장에서 커피 트럭을 열고 육지에 도착한 후 처음으로 트럭에서 커피를 판매했다. 낮에는 조금씩 내리던 비가 저녁이 되자 엄청나게 쏟아지기 시작했다. 다행히 커피 트럭은 옆문을 올리면 지붕이 되기 때문에 그럭저럭 장사를 할 수 있었다. 그런데 이날 트럭 위치를 옮기다가 작은 사고가 있었다. 옆문을 연 상태에서 이동하다가 건물 벽에 붙어 있는 유리외벽을 파손시킨 것이다. 건물외벽 장식으로 쓴 유리 한 장이 거의 100만원 가까이 했다. 다행히 자동차보험으로 큰 무리 없이 처리할 수 있었지만 조그만 사고라도 커피 여행에 큰 위험이 될 수 있어서 그 후로는 무척 조심하면서 다닌다.

첫날 커피를 팔면서 사람들이 커피 트럭과 함께 하는 여행을 무척 재밌어 한다는 것을 느꼈다. 커피 트럭은 이제 희귀하지 않다. 하지만 나처럼 커피 트럭으로 여기저기 여행하고 다니는 사람은 거의 없다. 엊그제 제주에서부터 배에 커피 트럭을 싣고 여행을 시작했다고 하면 사람들은 재밌어하기도 하고 부러워하기도 했다. 가끔은 쓸데없이 고생한다고 혀를 차는 사람도 있지만 대부분의 사람들은 기회만 되면 같이 따라다니고 싶다고 했다.

배를 타고 오면서 제대로 여행을 할 수 있을지 걱정했지만 커피 트럭 앞에 서서 커피를 마시는 사람들의 즐거운 표정을 보면서 계속 할 수 있을 것 같은 희망이 생겼다. 게다가 손님들이 많이 주문한 커피는 블루마운틴이었다. 제주를 떠나기 전 작별 인사차 들른 테라카페의 주인장 손문이 여행 선물로 준 블루마운틴 생두를 제주 출발하기 전에 볶았다. 블루마운틴 한 잔의 값은 무려 1만원. 100% 퓨어 블루마운틴 가격치고는 엄청나게 싼 가격이었지만 커피 트럭에서 파는 커피 값으로는 최고가였다. 그래도 사람들은 호기심과 커피 트럭 여행에 대한 기대감으로 블루마운틴을 사서 마셨다.

조금은 비싸더라도 맛있는 커피를 하는 것이 더 낫다. 처음에는 커피마다 생두의 가격을 반영해서 4천원이나 5천원, 6천원으로 매겨놨지만 여행을 계속하면서 5천원으로 통일했다. 일단 1천원짜리 잔돈 만들기가 쉽지 않았고, 커피 생두 값이 싸나 비싸나 커피 한 잔이 주는 감동은 비슷하기 때문이다. 어떤 사람은 가격이 비싼 스페셜티 커피가 맛있다고 하지만 생두 값이 싼 편에 속했던 브라질 커피를 마시고 감동하는 사람도 많았다. 내 입맛과 손님들의 입맛은 같지 않다. 다 각자가 좋아하는 커피가 있을 뿐이었다.

커피 값을 5천원으로 정하고 찾아온 손님이 가장 맛있어 할 만한 커피를 골라 눈앞에서 내려주는 것에 집중했다. 그리고 그 커피에 대한 느낌을 공유하고 싶었다. 맛있는 커피를 같이 나누면서 느끼는 감정을 공유한다는 것, 그것은 그 사람과 한 순간 같은 느낌을 가지는 가장 좋은 방법이었다.

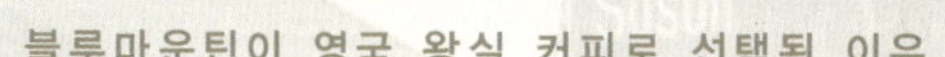

블루마운틴이 영국 왕실 커피로 선택된 이유

서인도제도의 자메이카는 1730년경부터 오늘날까지 계속 생산되는 커피인데, 초창기부터 시장에서 최고가로 거래되고 있는 고급 커피다. 세계 최고의 커피로 찬사가 끊이지 않는 자메이카 블루마운틴. 영국 황실 공식 커피로도 알려져 있다. 생두 가격만 해도 일반 커피보다 10배에서 20배가 비싸지만 구하기도 쉽지 않다. 일본에서 블루마운틴 생산량의 70%를 가져가버린다. 한때 자메이카의 블루마운틴 커피는 재배 농장이 피폐해져서 평범한 커피로 전락할 위기였지만, 블루마운틴의 가치를 알아본 일본사람들이 커피농장에 투사해서 다시 세계 최고의 커피라는 자리를 되찾았다는 이야기는 널리 알려져 있다.

여기저기 블루마운틴이라는 이름을 볼 수 있지만 대부분 블루마운틴을 살짝 섞어 블렌딩한 블루마운틴 '향'커피가 대부분이다. 그렇다면 100% 순수한 블루마운틴 커피의 맛은 어떨까? 아무 말도 안하고 이 커피를 내려주면 상대방은 편안하고 즐거운 표정으로 커피를 마신다. "커피 맛 어때?"라고 물어보면 "음? 커피 맛 좋은데?" 정도의 반응이 나온다. 하지만 "이 커피가 바로 그 블루마운틴 커피야"라고 이야기하면 바로 얼굴 표정이 환해지고 눈이 동그래지면서 "진짜? 이게 그 비싸다는 블루마운틴이야?"라며 금방 반응이 달라진다.

몇 번 더 블루마운틴을 볶아보고 마셔보고 나니 원래 블루마운틴이라는 커피는 그런 기피였다. 튀지 않는다. 튀는 커피라면 수두룩하다. 향만으로 황홀하게 만드는 게이샤도 있고, 과일의 단맛이 두툭해서 입안을 꽉 채우는 하와이안 코나도 있다. 하다못해 에티오피아 시다모 내추럴만 해도 향부터 사람들의 반응이 팡팡 터진다.

그런데 블루마운틴은 그런 것이 없다. '과연 이 가격을 주고 블루마운틴을 마셔야 하나?'라는 생각이 들기도 한다. 거품이 끼어있는 것이 아닐까 의심스럽다.

나도 처음 블루마운틴을 마셨을 때 비슷한 느낌을 받았다. 분명 맛있는 커피이지만 기대했던 것만큼의 화려하고 감탄을 자아내는 그런 맛은 없었다. 실망을 안고 잠자리에 들었다가 그 다음날 아침에 일어났다. 그런데 어제 마신 블루마운틴의 향이 내 주위를 감돌고 있었다. 나는 다시 한 번 블루마운틴을 미치도록 마시고 싶어졌지만 그럴 수 없었다. 어제 마신 블루마운틴이 그때 볶아두었던 마지막 한 잔이었기 때문이었다.

그것이 블루마운틴의 매력인 것 같다. 평범함 속에 있는 비범함이다. 감추고 있지만 어느 순간 진주처럼 그 고급스러운 빛을 드러낸다.

이것이 영국왕실 커피로 선택된 이유가 아닐까? 왕실의 위엄에 걸맞는 커피를 선정하는 기준이 무엇이었을까? 맛있어야 한다. 하지만 너무 화려하고 튀면 안 된다. 매일매일 마셔도 질리지 않아야 한다. 누구나 마실 수 있을 정도로 흔하면 안 된다는 조건도 있어야 한다. 한때 전 세계의 지배자로 온 세상의 커피를 마셔보고 테스트한 영국왕실은 그렇게 해서 카리브해의 자그마한 섬 자메이카의 블루마운틴 커피를 선택한 것이 아닐까?

복잡한 서울을 떠나서 북쪽을 향했다.
마침 제주에서 육지로 여행을 온 제주 사진작가 '피카소'와 함께
민통선 마을로 들어가기로 했다.
임진각 평화누리공원에서 서로를 찍어주었다.

비록 작은 사고가 있었지만 비가 쏟아지는 홍대에서의 첫날 커피로드를 무사히 마친 다음 민통선을 넘어 보기로 했다. 제주에서 친구가 된 사진작가 피카소(박기종)의 부모님께서 민통선 안에 있는 마을에서 살고 계신다. 그때 마침 제주에서 피카소가 올라오는 날이라 행선지를 민통선으로 잡았다.

사진작가인 피카소 박기종은 육지에서 사진관을 운영하다가 제주로 놀러 와 아예 눌러 앉았다. 그가 찍은 풍경사진은 따뜻하다. 비슷한 듯 다른 그만의 시각으로 찍은 제주사진을 나는 참 좋아한다.

그는 제주로 내려온 첫날 바람카페에 찾아왔다. 그의 얼굴은 엄청난 동안이라 나보다는 더 아래일 거라고 생각했는데 막상 이야기를 나누다보니 동갑이었다. 나는 그날 그에게 제주 입도 기념으로 진한 커피를 한 잔 내려주었다. 제주처럼 뜨거운 햇살과 서늘한 안개와 깊은 숲속이 느껴지는 인도네시아 만델링. 커피를 잘 못 마신다고 고개를 절레절레 흔들던 피카소는 만델링 커피를 마시고 마음에 들어 했다.

파주에서 피카소를 만나 함께 민통선으로 넘어가는 길은 낯설고 묘한 기분이었다. 민통선 검문소를 넘어가자 내비게이션에는 더 이상 지도가 표시되지 않았다. 그냥 텅 빈 지도에 내 위치만 깜빡인다. 풍경은 똑같은데 텅 빈 지도를 보니 그때서야 분단의 현실이 비로소 피부에 느껴졌다. 검문소를 건너가면서 자연스럽게 긴장이 됐다. 이쪽 길로 쭉 올라가면 바로 개성이다. 나중에 통일이 되면 커피 트럭을 몰고 북한 구석구석 돌아다니면서 커피를 팔고 여행도 하고 싶다. 너무 늦기 전에 그런 날이 오면 좋겠다.

생전 처음 넘어가 본 민통선 안의 풍경은 평화로웠다. 낮은 언덕과 구릉이 이어지는 짙푸른 시골길을 따라서 민통선 안쪽 마을 '해마루촌'에 도착했다. 마을은 깨끗하고 평화로웠다. 민통선 안이라는 것만 빼면 전원주택단지 같이 마당과 정원을 갖고 있는 멋진 단독주택들이 모여 있었다. 피카소 부모님은 오랜만에 아들과 친구가 왔다고 반가워하며 직접 키운 채소와 된장찌개, 그리고 돼지고기를 구우셨다. 제주에서 나온 후 계속 밖에서 음식을 사 먹을 수밖에 없었던 나로선 정말 오랜만에 꿀맛 같은 집밥을 먹을 수 있었다. 식사를 마치고는 모두 함께 거실에서 커피를 내려서 같이 마셨다. 기분 좋게 배부른 상태에서 맛있는 커피 한 잔을 더하니 얼마나 행복한지!

이날 나는 평소에 커피를 잘 마시지 않는 연세가 있는 어르신들도 커피를 좋아한다는 것을 알았다. 이후 커피 여행을 하면서 종종 시골에서 어르신들에게 커피 대접을 해드렸는데 대부분 핸드드립 커피를 설탕 없이도 맛있게 드셨다. 나이가 들어도 커피 맛에는 예민하다. 커피는 젊은이들의 전유물이 아니다. 물론 진한 에스프레소를 한 입에 털어 넣는 방식은 나이든 사람에게는 안 맞는다. 커피는 그 나라의 식문화와 연결돼 있다. 진하고 기름기 많은 음식을 먹는 서양에서는 에스프레소가 어울리지만 담백한 음식을 먹는 한국이나 일본의 경우에는 부드럽고 깔끔한 핸드드립 커피가 어울린다.

임진각에서 군사분계선을 넘어 민통선 마을로 들어갔다. 바로 앞까지 열심히 길을 안내하던 내비게이션은 텅 비어 버렸다. 언젠가 통일이 된다면 이 길을 따라 계속 북으로 올라가서 커피를 팔고 여행도 할 수 있는 날이 오겠지.

의정부에서의 인연

제주에서 바람카페를 할 때는 전국 각지에서 손님들이 찾아왔다. 아침마다 오늘은 어떤 손님이 오실까 궁금했다. 하루는 한 남자 손님이 내가 쓴 <제주 버킷 리스트 67> 책을 들고 오셔서 사인을 해달라고 내밀었다. 제주에 여행와서 서점에서 내 책을 보고 구입했는데 시내에서 멀지 않으니 아예 저자 사인을 받으려고 카페까지 찾아왔다고 했다. 그 사람이 바로 의정부에서 '문화발전소'라는 단체를 운영하는 황현호 소장이었다. 나중에 커피 트럭을 몰고 육지로 가면 꼭 의정부에 가겠노라고 약속했기에 의정부로 방향을 잡았다.

마침 의정부에 있는 '동변카페'에서 음반 감상 모임을 하기로 되어 있어서 거기에 맞춰서 커피 트럭을 몰고 갔다. 커피 트럭을 몰고 도착한 의정부는 내가 기억하는 의정부가 아니었다. 밤만 되면 텅텅 비는 서울 중심가와는 달리 의정부는 밤이 돼도 사람들로 복작거리는 동네였다. 그 거리 2층에 동변카페가 있었다. 처음에 이름이 좀 이상하고 재미있다고 생각했는데 알고 보니 동네 변호사 카페란다. 변호사를 개업한 언니와 카페를 하는 동생이 함께 만든 조그마한 카페. 그 이름처럼 법적인 도움이 필요한 사람이 손쉽게 찾아갈 수 있는 그런 곳이면 얼마나 좋을까? 카페도 그냥 커피만 파는 곳에서부터 점점 더 진화한다. 요즘엔 동물병원이랑 같이 겸하는 카페도 있고, 꽃집이나 가구점, 아웃도어용품점 등과도 같이 카페를 겸해서 운영하는 곳도 많다. 커피는 어디나 잘 어울리고 사람들과의 관계를 부드럽게 만들어주니까.

동변카페에서 황현호 소장을 만나 반갑게 인사하고 그날의 모임에 참석했다. 카페에서 하는 행사라 커피 트럭은 근처에 주차시켜놓고 핸드드립 세트와 커피원두를 가방에 넣고 움직였다. 일종의 커피배달 시스템이다.

음악 감상 모임은 재밌었다. 황소장이 소유한 오래된 빈티지 오디오를 카페로 옮겨 놓고, 각자 자기가 가지고 온 음반을 틀어 감상한 후 그 음악에 관해 이야기를 하는 방식이었다. 음반을 가지고 오면 누구나 쉽게 자신이 음악의 주인공이 되어 음악에 대한 추억과 의미에 대해 이야기하고 공감하는 방식이다. 직접 연주를 할 줄 모른다고 해도 음악을 듣고 이야기할 수 있으니 정말 민주적이다.

아쉽게도 그날은 LP와 CD만 연결되는 오디오라 MP3로 준비한 나의 음악은 틀지 못했다. 대신 나는 옆에서 커피를 준비하고 내려서 그날의 모임에 커피향을 입혔다. 리스닝 모임을 본격적으로 시작하기 전 몇 가지 준비해 간 커피 중에서 케냐AA를 골라서 모두 같이 마셨다.

자칫 낯설고 어색할 수 있는 모임에서 커피 한 잔이 주는 효과는 놀랍다. 케냐 커피는 일반 커피에 비해 가격이 비싼 편이지만 그 이상의 값어치를 한다. 나는 케냐 커피를 마시면 항상 멋지게 차려입은 신사가 생각난다. 가끔은 어여쁜 여인의 모습으로 나타나기도 한다. 멋지면서도 예쁜 커피다. 단맛, 쓴맛, 신맛의 밸런스가 좋고 깊고 부드러운 맛에 케냐만이 갖고 있는 녹특한 향이 우리들 마음을 건드려서 무장 해제시키는 커피다. 사람들은 어느새 느긋하게 커피를 즐기면서 각자 가지고 온 음악을 듣고 감상을 나눴다. 모임이 끝나고 나서 몇몇 사람들은 내게로 와서 오늘 마신 커피에 대해 물어보고는 원두를 구입해갔다.

▲ 커피 트럭에 있는 드립 도구와 원두만 챙겨오면 그곳이 바로 카페가 된다.

◀ 커피만 있으면 어디서든 환영받는다. 커피를 갈고 내리는 순간 사람들은 커피의 매력에 푹 빠지게 되니까.

내가 커피를 내려서 서빙할 때는 가능하면 커피 생산지를 소개하고 커피의 특징을 설명해준다. 그리고 커피에서 나는 향이나 맛에 대해서 표현해준다. 그러면 그때까지 그냥 커피에 불과했던 것이 '아주 특별한' 커피로 변신한다. 커피 맛을 모른다고 생각하는 사람들조차도 사실은 커피 맛에 굉장히 민감하다. 대부분의 사람들은 맛있는 커피와 맛없는 커피를 기가 막히게 구분한다. 맛있는 커피를 주면 표정이 금세 밝아지고 웃음을 띠면서 대화가 많아진다. 맛없는 커피를 주면 인상을 찌푸린다. 그저 그런 커피를 주면 무표정하다. 커피 맛은 그냥 몸이 안다. 우리가 하는 커피 공부는 거기에 이런저런 이론을 덧입히는 것뿐이다.

카페를 할 때는 커피를 좋아하거나 커피를 찾아서 오는 손님들이 대부분이었다. 하지만 커피 트럭을 몰고서 찾아가는 곳에서는 핸드드립 커피를 생선 처음 마셔보는 사람들이 많았다. 그런 사람들을 만나는 것이 오히려 즐거웠다. 그들에겐 내 커피가 인생 처음으로 맛보는 맛있는 커피가 될 수 있기에.

그 이후로도 커피 여행을 하면서 황 소장을 자주 보았다. 황 소장은 사람들이 관심을 갖고 좋아할 만한 것들을 엮어내는 능력이 뛰어나다. 그래서 언제든 커피가 필요하다고 하면 시간이 맞는 한 커피 트럭을 몰고 가 행사에 참석한다.

이날은 황 소장에게 커피 값을 받지 않고 협찬하는 방식으로 진행했다. 좋은 의미의 모임에 가서 커피 값을 일일이 받기도 미안하다. 이렇게 순수하게 커피 봉사를 하는 경우도 있지만, 내가 커피 트럭 여행을 한다는 것을 알고는 사례비를 조금씩 주기도 한다. 그럴 땐 두말없이 감사히 받는다. 여행을 계속해야 하는 나로서는 항상 현금이 필요하기 때문이다.

가끔은 물물교환을 하기도 한다. 내가 커피를 내려주면 상대편은 밥을 사거나 잠을 재워주기도 한다. 다른 차를 선물받기도 하고 차에서 먹을 수 있는 매실 엑기스를 받기도 한다. 이것이 내가 돈 없이 계속 커피 트럭 여행을 할 수 있는 힘이 됐다.

▲ 춘천인형극제가 벌어지는 극장 마당에서 즉석 커피부스를 열었다.

▼ 춘천인형극제에 참가한 제주 자파리극단 식구들과 함께 강변에서 커피타임을 가졌다. 따로 테이블이 없어서 벤치에 기대서 커피를 마시는 모습이 너무 재밌어서 바로 카메라 셔터를 눌렀다.

춘천인형극제에서 만난 반가운 얼굴들

커피 트럭 여행을 하면서 가장 자주 가기도 했고 가장 오래 머물렀던 곳이 춘천이나. 베이스 캠프인 하남시에서 가깝기도 하고 항상 나를 찾아주고 환영해주는 사람들이 있기 때문이다.

의정부 모임이 끝난 후 다음 목적지는 춘천으로 잡았다. 제주에서 출발해 육지에 도착한지도 벌써 한 달이 넘어가고 있었다. 날씨는 8월이 되면서 더 뜨거워졌다. 강원도 동해안으로 넘어가는 길목에 춘천이 자리 잡고 있다. 이번 커피 트럭 여행의 목적은 커피를 팔면서 여행하는 것 외에 그 지역 맛 집을 찾아다니는 것도 포함되어 있었다. 제주에선 먹기 힘들었던 막국수를 열심히 먹고 싶었다.

마침 제주의 극단 '자파리연구소'가 춘천인형극제에 '죽쑤는 할망'을 공연한다는 소식이 들려왔다. 자파리는 제주뿐만 아니라 전국의 아트페스티벌과 일본 등에 초청되어 활발하게 활동하는 극단인데 영화 '지슬'에도 출연한 배우들의 얼굴도 만날 수 있다. 특히 자파리연구소의 장정인 씨와 그의 딸 조이준 어린이는 바람카페의 단골손님이었다. 제주에서 만나던 사람들을 춘천에서 만나면 얼마나 반가울까? 인형극이 열리는 날인 8월 14일에 맞추어서 춘천

인형극장에 도착했다.

한여름의 춘천은 무더웠지만 그 뜨거움이 오히려 상쾌한 느낌이었다. 인형극장은 축제 분위기로 들썩들썩해졌다. 야외 공연장에서는 꼭두각시 인형놀이와 타악기 연주를 했고, 더위에도 불구하고 커다란 인형을 뒤집어쓰고 퍼레이드도 펼쳐졌다.

자파리의 공연은 실내 대극장에서 열렸다. '죽쑤는 할망'은 제주의 신화인 설문대할망의 이야기를 어린이들이 볼 수 있게 각색한 것이었지만 어른인 내가 보기에도 무척 재밌었다. 공연이 끝나고 자파리 팀을 만나니 무척 반가웠다. 정인 씨는 춘천에서도 맛있는 커피를 마실 수 있게 됐다고 너무나도 좋아했다. 영화 지슬의 아역이었던 조이준 어린이는 또 훌쩍 큰 느낌이다.

트럭이 세워져 있는 주차장에선 커피를 내리기가 힘들어서 커피 장비를 들고 강이 보이는 뒤편 벤치에 가서 물을 끓이고 커피를 내렸다. 제주에서 마시던 커피를 춘천에서 마실 수 있는데다가 경치까지 좋으니 어찌 커피가 맛이 없을 수가 있을까?

정인 씨는 연극제 운영팀에게 제안해서 즉석에서 연극제 벼룩시장에서 커피를 내려서 팔 수 있도록 주선해주었다. 트럭이 들어가기가 힘들어서 벼룩시장 안에 있는 일반 테이블로 커피 도구를 옮겨서 커피를 내렸는데 이날은 커피값을 3천원으로 할인해서 판매했다. 무더위에 지쳐있는 사람들을 위해서 아이스드립을 해서 시원한 아이스커피도 준비했다. 커피는 꽤 많이 팔렸다. 가격을 내리니까 전체 매출이 크지는 않았지만 커피를 마시고 즐거워하는 모습을 보는 것이 좋았다. 앞으로 커피 여행은 이런 사람들의 얼굴 표정을 보기 위해서 계속 하고 싶다고 생각을 했다.

커피 토크의 원형이 탄생한 곳, 파피루스

춘천에 있다고 SNS에 올리니까 춘천의 파피루스라는 갤러리겸 출판사 대표인 원보경 씨에게 연락해보라는 메시지가 동시에 두 군데서 들어왔다. 서로 모르는 사람들인데 추천하는 사람은 같았다. 그렇다면 꼭 만나봐야 하는 사람이다.

내비게이션을 켜고 찾아간 곳은 남춘천역 근방 우성아파트 정문이었다. 파피루스 갤러리가 작다는 얘기는 미리 들었지만 컨테이너를 개조한 작은 공간인 것을 몰라 그냥 지나쳤다가 다시 돌아갔을 정도였다. 자그마한 갤러리 안에 들어가니 동그란 얼굴의 원보경 대표가 반갑게 맞아주었다. 작은 갤러리와 출판사를 운영하고 있는 보경 씨는 그 자신이 시인이기도 했다. 굉장히 밝고 유쾌한 사람이다. 마주 앉아서 내가 준비한 커피를 내려주면서 이런저런 이야기를 하다가 아예 커피 모임을 파피루스에서 하자는 제안을 했다. 나야 물론 대환영이다. 커피 모임을 하기 위해서 돌아다니고 있는 것이니까. 커피 모임 날짜는 며칠 뒤로 정했다. 춘천에 인맥이 넓은 원보경 씨가 사람들을 불러 모았고 난 그동안 춘천의 여름을 즐겼다.

커피 모임이 진행되는 날 아침은 분주했다. 커피 트럭 여행을 시작한 이후

춘천 파피루스에서 커피 모임을 진행했다. 약 2시간에 걸쳐서 4~5잔의 커피를 마시면서 커피에 대한 이야기를 하는 시간이다. 다른 원산지의 커피가 나올 때마다 사람들의 반응은 가지각색으로 변한다.

행사를 옆에서 도와주거나 트럭 안에서 커피를 내려서 판 적은 있지만 내가 모임의 리더가 되어서 진행한 적은 이곳 춘천이 처음이었다. 약속 시간에 파피루스에 가니 벌써 십여 명의 사람들이 모여 있었다. 이미 원보경 대표가 사람들을 모으면서 소개했을 테지만 간단히 커피 트럭으로 여행하고 있는 사람이라고 소개하고 본격적으로 커피를 내려 나눠 마시면서 이야기를 시작했다. 처음이 어렵다. 처음 만나는 사람들 앞에서 2시간 정도의 시간을 커피로만 채워야 한다. 낯선 사람들 앞에서 유명하지도 않은 낯선 사람이 이야기를 하는 것이 꽤 진땀이 나는 일이라는 것을 바로 깨달았다.

첫 커피는 부드러우면서도 기존의 커피에 대한 고정관념을 깰 수 있는 에티오피아 예가체프로 시작했다. 커피를 내려서 컵에 한 잔씩 따라서 모두에게 돌린다. 한 모금 마시더니 여기저기서 작게 탄성이 터진다. '맛있다!'라는 작은 속삭임도 들려왔다.

"예가체프는 드셔보신 분들이 많죠? 핸드드립 전문 카페에서도 가장 많이 나가는 커피가 예가체프에요. 왜 그런지 아세요? 커피집 메뉴판에서 예가체프가 제일 위에 있어서 그래요. 커피 이름이 복잡하고 어려워서 골치 아프니까 손님들이 속편하게 제일 위에 있는 걸로 시키기 때문이죠."

순간 웃음이 터진다. 향이 좋은 예가체프를 마시면서 웃음까지 나오니 다소 딱딱하던 분위기가 금세 풀리는 느낌이었다. 실제로 예가체프는 메뉴판 제일 위에 있는 경우가 많다. 보통 커피 메뉴판은 가벼운 것부터 시작해서 아래로 내려갈수록 무겁고 쓴 커피를 쓰는 것이 일반적이다. 그래서 제일 위에 에티오피아 예가체프가 있고 제일 아래에 인도네시아 만델링이 있는 식이다.

예가체프는 이름도 예쁘고 기억하기도 좋다. 그리고 독특한 신맛과 여러 꽃향과 달콤함, 그리고 우리나라 사람들이 좋아하는 구수한 군고구마향까지 있으니 쓴 커피를 싫어하는 사람들에게도 편하게 마실 수 있다.

"예가체프엔 아주아주 맛있는 신맛이 있어요. 레몬즙같은 새콤한 맛이죠.

파피루스 갤러리는 작지만 그 안에 많은 이야기가 숨어 있는 곳이다. 각종 전시회와 이벤트가 재밌게 벌어지고 있었다. 커피 모임이 끝난 후 음악평론가인 김진묵 선생님이 즉석에서 색소폰 연주를 했다.

거기에 열대과일 맛도 느껴지시죠? 리치나 람부탄 같은 열대 과일의 맛이 커피에 스며있죠."

이렇게 이야기를 하면서 얼굴 표정을 살펴보니 좀 멍한 표정의 사람들이 있다. 아차 싶었다.

"아……! 중국집에서 가끔 후식에 나오는 과일이 있죠? 파인애플을 끼운 하얀 과일이 리치에요."

커피의 맛과 향을 설명하는 것은 어렵다. 열대과일 맛이라고 설명해도 열대 과일을 못 먹어본 사람에게는 뜬구름 잡는 이야기이다. 뭔가 다른 말로 설명하고 싶지만 열대과일의 독특한 맛은 다른 것으로 대치하기 힘들다.

"그럼 이제 다른 맛으로 넘어가 볼까요? 커피의 향을 한번 가만히 맡아보세요. 뭔가 고소한 향이 느껴지나요? 어떤 냄새 같아요?"

"…… 구수하고 달콤한 게, 꼭 군고구마 같은 냄새가 나요."

빙고! 바로 군고구마 향을 설명하려고 했는데 누군가가 정확하게 끄집어냈다. 서양의 커핑노트를 보면 군고구마란 표현은 없지만 우리나라 사람들에게 물어보면 군고구마향이라고 표현하는 사람들이 많다. 예가체프의 고소하고 달콤한 향에 열대과일의 쌔한 향이 섞여 있는데 이걸 군고구마 향으로 느끼는 것이다.

두 번째 커피는 신맛이 없으면서 구수한 중남미 커피 중에서 하나인 과테말라를 골랐다. 참가자 중 몇 명이 예가체프의 신맛에 살짝 인상을 찡그리는 것이 보였기 때문에 좀더 쌉싸름한 맛이 필요했다. 과테말라는 지금도 분화하고 있는 화산지형과 물기를 머금고 있는 화산토양에 대한 이야기를 하면서 선보였다. 그리고 한동안 과테말라 맛이 제대로 안 나서 과테말라 커피를 볶지 못했다는 개인적인 경험을 이야기했더니 사람들은 무척 흥미로워 하면서 과테말라를 마셨다. 과테말라 특유의 달콤함과 쌉사름한 초콜릿 맛, 그리고 그 안에 끼어있는 스모키함을 같이 느끼는 것이다. 예전에는 꽤 상하게 과테말라를 볶았지만 여행을 하면서부터는 좀더 연하게 볶는다. 과테말라에서 나오는 과일 느낌이 무척 좋기 때문이다.

그 다음 커피는 아시아로 넘어가서 인도네시아를 내리거나 다시 아프리카로 넘어가 케냐를 골라야 한다. 둘다 강한 맛과 개성을 가진 커피다. 3번 타자는 만델링으로 결정했다. 케냐는 제일 마지막으로 하면 된다. 케냐는 워낙에 맛이 좋아서 그 다음에 마시는 커피는 맛을 잘 모르게 될 지경이다. 앞에 맛있는 커피를 많이 마셔도 케냐는 그 모든 것을 한 번에 정리해 주는 힘이 있는 커피다.

인도네시아 만델링을 내리면서 인도네시아 커피의 역사를 이야기해주었다. 네덜란드 식민지였기 때문에 네덜란드 사람들이 인도네시아에서 커피를 심어서 큰돈을 벌게 된 이야기와 세계에서 제일 비싼 커피로 알려진 커피루왁 이야기까지 들려주었다. 그렇게 설명을 듣고 마시는 만델링은 진하면서 상쾌하고 무거우면서도 달콤한 맛이 느껴진다. 안개 낀 깊은 밀림 속에서 향기로운 꽃을 한 송이 들고 있는 느낌을 받을 것이다.

마지막으로는 케냐를 내렸다. 커피에 대한 이미지를 사람으로 표현해 보라고 하면 예가체프는 꽃다발을 들고 있는 아리따운 아가씨를 떠올리는 사람이 많고 케냐는 정장을 잘 차려입은 멋진 중년 신사 같은 느낌이라는 의견이 많이 나온다. 그만큼 밸런스가 좋고 항상 믿을만한 커피다. 케냐를 설명할 때는 영화 '아웃오브 아프리카'를 예를 든다. 영화의 배경이 되는 케냐의 드넓은 풍경과 커피 농장은 우리에게 깊은 인상을 남겨주었기 때문에 케냐 커피에 대한 이미지도 쉽게 각인이 된다.

이렇게 커피 모임은 끝났다. 약 2시간에 걸쳐서 4가지 종류의 커피를 마시고 그 커피에 대한 이야기와 맛과 향에 대해서 집중해 보는 시간이었다. 모임 참가자들은 이렇게 한 번에 여러 가지의 커피를 집중해서 마셔보는 것은 처음 경험해 보는 것이었고, 나 또한 이렇게 여러 사람을 앞에 두고 모임을 진행해본 것이 처음이었다. 하지만 커피의 놀라운 맛과 향 덕분에 모임은 잘 마무리 되었다. 춘천 파피루스에서의 커피 모임은 이후 내가 진행하는 바람커피로드 커피 모임의 원형이 되었다.

홍천강 근처에 숨어있는 '고물이 보물, 고물섬 게스트하우스'에
놀러가서 커피 로스팅 시범을 보여주었다.
온갖 오래된 물건들이 가득 차 있는 고물섬 게스트하우스가
이날은 커피 향으로 가득 차 버렸다.

고물섬, 그리고 어른이대공원

강원도 홍천의 고물섬 게스트하우스의 정식 명칭은 '고물이 보물 고물섬 게스트하우스'이다. 춘천 커피 모임에 참석한 덩치 좋은 친구가 게스트하우스로 놀러오라고 초청했다. 주소를 내비에 입력한 후 춘천에서 홍천으로 넘어갔다.

강릉이나 속초로 놀러갈 때 홍천을 지난 적은 있지만 이렇게 목적지로 간 것은 처음이었다. 홍천 산골짜기를 따라서 한참을 들어가니 아무 것도 없을 것 같은 곳에 갑자기 게스트하우스가 나타났다. 마치 미국 서부 어디쯤에 있는 선술집 같은 분위기의 목조 주택이었다. 마당에는 커다란 신호등과 우체통, 폭스바겐 미니버스 같은 오래된 각종 빈티지 물품들이 여기저기 전시되어 있어서 독특한 분위기를 만들어내고 있었다. 실내에도 오래된 만화책과 원본 영화포스터, 아이스케키 통, 샤니 찐빵통 등 어디서 보았는지 오래된 고물들이 가득했다.

고물섬 게스트하우스는 고물 컬렉터이자 경매사인 정영민이 대표로 있고 친구인 남현우와 후배인 수훈이 함께 운영하는 곳이다. 커피 모임에 참석한 현우는 고물섬 게스트하우스에서 궂은일은 도맡아 하고 있어서 '남집사'라는 애칭으로 불리는 친구다.

이미 커피 모임에서 얼굴을 본 남집사는 커피 트럭을 대환영했다. 게스트하우스의 살림을 맡고 있는 수훈이는 커피에 무척 관심을 많이 보였다. 나중에 커피집을 하고 싶다고도 해서 특별히 커피에 대한 이야기를 많이 했다. 내친김에 아예 커피 로스팅의 기본을 가르쳐주기로 했다. 커피 트럭에서 로스팅기를 꺼내 앞마당에 세팅하고 로스팅 시범을 보여주면서 커피 생두가 원두가 되는 과정을 설명해주었다. 뜨거운 여름의 오후, 홍천의 시골에서는 고소한 커피 볶는 냄새가 가득했다.

그날 저녁에는 서울에 출장을 갔던 정영민이 돌아와서 남자 넷이서 같이 바비큐 파티를 했다. 그날은 고기와 술과 커피가 넘쳐나는 날이었다. 영민이는 나이는 나보다 어리지만 멋진 아이디어와 열정이 가득한 친구다. 어렸을 때부터 오래된 물건에 관심이 많아서 수집하다가 아예 전국의 고물상들과 교류하면서 고물 경매사로서 활동하고 있었다. 나중에 구경 간 그의 창고엔 엄청난 물건들이 가득 숨어있었다. 고물 경매하는 것도 구경했는데 홍천의 시골 창고에 전국에 내로라하는 고물 수집가들이 모여서 경매하는 과정은 무척 흥미로웠다. 물론 그때도 나는 한쪽 구석에서 커피를 내려서 고물 수집가들에게 팔아 여행경비를 충당했다.

고물섬은 그 후에도 근처 홍천강가에 캠핑장을 열기도 했고, 2015년에는 상수동에 '어른이대공원'이라는 재밌는 콘셉트의 술집을 열었다. 역시 영민이와 그 일당들은 고물들을 그냥 버려두지 않고 꼼꼼하게 재활용하고 해석해서 빈티지스럽고 재밌는 어른이들만의 공원을 만든 것이다. 이 술집은 크게 성공해서 지금은 꽤 여러 곳에 분점을 냈다. '응답하라'에서 일어난 복고 신드롬이 오프라인 술집에서도 먹힌 것이다.

홍천 고물섬에 대한 기억은 또 하나 더 있다. 2013년 늦은 가을에 홍천에서 할로윈파티를 한다고 내게도 연락이 왔다. 강원도 시골구석인 홍천에서 할

로윈파티라니. 그날 텅텅 빈 커다란 창고에서 커다란 남자 넷이서 기괴한 분장을 하고 술이나 마실 생각으로 홍천을 찾았다. 그런데 창고문을 여는 순간 안에서 터져 나오는 음악소리와 현란한 조명에 어안이 벙벙했다.

창고 안은 어느새 파티장으로 변해있었다. EDM이 터져 나오는 플로워에는 이태원이나 홍대 앞에 있을 것만 같은 각종 분장을 한 아가씨들과 청년들이 신나게 춤을 추면서 놀고 있었다. 주변은 깜깜한 산골짜기다. 이 많은 청년들은 도대체 어디서 온 것일까? 영화 같은 일이 고물섬에서 벌어지고 있었다. 그날 밤 나 또한 밤새도록 폭탄주인 예거밤과 음악에 취해서 신나게 놀았다. 그리고 모두들 고물섬 게스트하우스로 몰려가서 새벽까지 술파티가 이어졌다.

그 다음날 아침에 조금 일찍 일어나서 게스트하우스 앞에서 커피 트럭을 열었다. 아침 해장엔 커피만한 것이 없었으니. 그래도 밤을 함께 보낸 역전의 용사들을 위한 커피라 이날 아침은 한 잔에 2천원으로 대폭 할인해 커피를 내려주었다. 모두들 술이 덜 깬 아침이라 얼굴이 퉁퉁 붓고 머리는 헝클어졌지만 아침에 마시는 향긋한 커피 한 잔은 아마도 오래오래 기억이 됐으리라.

광주로 떠난 강정 일만대권 프로젝트

파주-의정부-춘천-홍천을 한바탕 돌아다니고 베이스 캠프인 하남으로 돌아와 쉬고 있는데 아침 일찍 핸드폰이 울렸다. 시사주간지 시사인의 고재열 기자였다. 고 기자는 예전에 제주 산천단에서 독자 모임을 진행해서 안면이 있었다. 며칠 후에 광주에서 제주 강정마을에 보내는 책을 모으기 위해 <강정 일만대권 프로젝트>를 여는데 커피 트럭도 같이 출동하지 않겠느냐고 제안했다.

"당연히 가야죠. 게다가 강정에 책을 보내는 행사인데요."

제주 강정마을은 아픔이 많은 마을이다. 이미 수많은 반대에도 불구하고 해군기지는 완공되었지만 아직도 해결되지 않은 문제들이 많다. 해군기지를 건설하는 과정에서 강정마을 주민들은 마을 공동체가 망가지고 마을도 망가진 상태가 됐다. 해군기지 반대 운동을 하다가 벌금형 등으로 전과자 신세로 전락한 사람들도 한둘이 아니다.

이날 행사는 강정마을에 도서관을 만들기 위한 책 기부 행사였다. 고재열 기자가 광주에서 행사 주관과 함께 강사로 참여하는데 행사장 마당에서 커피 트럭을 열기로 하고 행사 당일 날 아침 일찍 같이 만나서 함께 이동하기로 했

▲ 광주 양림동 다형다방. 저 위에 보이는 자그마한 2층 공간에서 1박을 했다. 광주의 근대문화유산이 가득한 양림동에서 다형다방은 문화 아지트다.

▼ 광주에서의 하루. 커피 트럭 풍만이는 국내 유일의 단관극장으로 유지되고 있는 광주극장 앞을 차지했다. 여기에선 영화간판을 아직도 직접 손으로 그린다. 이날은 광주극장과 연계해서 극장 관객들에게 커피를 할인해서 판매했다.

커피 트럭 풍만이는 에어컨이 고장이 나 있다.
처음 차를 인수할 때는 10월이라 에어컨이
크게 중요하지 않다고 생각했는데, 날씨가 더워지면서
뜨거운 열기 때문에 운전을 하기가 무척 힘들었다.
고민 끝에 작은 USB 선풍기를 달았다.
이 작은 선풍기에서 나오는 바람이 큰 위로가 된다.

다. 커피 트럭 풍만이는 2002년 연식이다. 나이가 열 살이 훌쩍 넘어 여기저기 낡았는데 가장 큰 문제는 에어컨이었다. 처음 차를 인수할 때가 10월이라 에어컨이 크게 중요하지 않다고 생각했는데 막상 여름이 되니까 에어컨 없이 뜨거운 햇볕에 노출돼 다니기가 무척 힘들었다. 고 기자도 에어컨 없는 차의 고통을 상상하지 못하고 대수롭지 않게 오케이를 했다.

아침 일찍 잠실에서 만나서 광주를 향해 출발했다. 내비게이션으로는 4시간 정도 걸린다고 나왔지만 트럭 자체가 느리고 에어컨도 안 나오기 때문에 1.5배에서 2배 정도의 시간이 걸린다고 봐야 한다. 다행히 고속도로는 막히지 않았고 커피 트럭은 시속 80~100km로 꾸준히 달릴 수 있었다. 하지만 태양이 뜨거워지면서 트럭 안은 찜통이 되고 있었다. 조수석에 앉은 고 기자는 처음에는 이런저런 이야기를 하다가 점점 말수가 없어졌다.

이상하게도 고속도로에만 올라가면 졸음이 쏟아진다. 장거리 이동을 할 때는 전날 일찍 잠도 자고 속도 비워놓는데도 고속도로 운전은 금방 지치고 피곤하다. 무리를 할 필요가 없기 때문에 휴게소가 나오면 트럭을 세워놓고 잠도 자고 주변 산책도 해야 한다. 그런데 이날은 광주 행사 시간인 7시에 맞춰서 가야 해 찜통 속에서 계속 장거리 이동을 하는 고난의 일정이 되었다.

그래도 중간에 휴게소 야외 쉼터에서 물을 끓여서 커피를 내려 마시고 고 기자가 가지고 온 차를 우려서 마시기도 했다. 쉼터에서 커피를 내리고 있을 때 커피향이 풍기니까 몇몇 사람들이 와서 관심 있게 바라보기도 하고 한 잔 사먹을 수 없냐고 물어보기도 했다. 서울에서 광주까지 8시간이 걸려서 오후 6시쯤에 도착했다. 아무 생각 없이 커피 트럭을 얻어 탄 고 기자는 땀에 푹 젖어서 겨우겨우 트럭에서 내렸다.

도착한 곳은 광주 양림동에 있는 양림미술관이었다. 양림동은 광주의 근대문화유산을 그대로 간직한 곳이다. 광주 최초로 서양 근대문물을 받아들인 곳으로 서양의 기독교 문화유적과 우리의 문화가 어우러진 근대사의 보고라고 할 수 있다. 미국선교사 유진벨(배유지)이 광주 최초로 교회와 병원, 학교를 세워 근대교육과 의료를 시작한 곳이며, 유진벨이 몇몇 여학생을 가르친 것에서 시작한 수피아 여학교와 한센병의 아버지로 불리며 죽는 날까지 나환자를 돌보며 치료했던 우월순 건교사의 사택, 광주시 문화재 1호와 2호인 이장우 가옥과 최승효 가옥 등 고택이 즐비한 곳이기도 하다. 양림동은 이곳 출신의 문화예술인들이 많다. 김현승, 이수덕 시인, 중국의 3대 음악가 정율성, 배동신 화백, 곽재구 시인을 비롯해 소설가 황석영이 장길산을 쓴 곳이기도 하다.

양림미술관은 호남신학교 맞은 편 사직공원 기슭에 자리 잡고 있었다. 다행히 아직 해가 지려면 시간이 좀 남았다. 커피 트럭을 미술관 마당에 세워놓고 커피를 준비하기 시작했다. 어둑어둑 저녁 무렵이 되자 북콘서트에 참석한 사람들이 하나 둘 커피를 마시러 왔다. 광주 사람들도 역시 커피 트럭 여행에 많은 관심을 보여주었다. 트럭 안에서 커피를 볶고 핸드드립으로만 커피를 내리는 모습을 무척 신기해하고 다양한 핸드드립 커피의 맛에 무척 즐거워했다. 한여름밤의 호젓한 양림미술관의 분위기도 큰 몫을 했을 것이다.

북콘서트가 끝나고 뒤풀이로 막걸리를 한 후 광주 사람들과 함께 통기타 공연을 하는 술집으로 몰려갔다. 그곳에서도 노래를 듣고 놀다가 커피 이야기가 나와서 트럭에서 커피 도구들을 가지고 와서 즉석에서 커피를 내려서 나눠 마셨다. 맛있는 커피가 있으면 어디든 분위기 좋은 카페로 변신한다.

그날 밤은 양림동의 다형다방 2층에서 잠을 잤다. 다형다방은 광주 쥬스컴퍼니의 사무실 겸 무인카페다. 쥬스컴퍼니의 이한호 대표는 서울 출신이지만 광주로 내려가서 활발하게 문화기획 사업을 하고 있는데 카페 2층을 숙소로 내어준 것이다. 두 사람이 누우면 꽉 차는 자그마한 공간이지만 양림동 골목이 한 눈에 내려다보이는 아주 멋진 곳이다.

다형다방에서 1박을 하고 다음날은 광주극장으로 갔다. 바람 커피 트럭 소식을 듣고 광주극장에서 현관 앞을 내준 것이다. 영화 관람객들이 영화표를 들고 오면 할인해서 커피를 내려주는 이벤트를 진행하기로 했다. 광주극장은 광주 유일의 단관극장인데 오랜 역사와 전통을 자랑한다. 광주 출신들은 광주극장에 추억이 있는 법이다. 하지만 최근 대기업 멀티플렉스의 공세와 원도심의 공동화 현상으로 힘겹게 버티고 있는 것도 사실이다.

직접 가본 광주극장은 참 맘에 들었다. 어렸을 적에 어머니의 손을 잡고 영화를 보러 가던 추억이 되살아났다. 핸드드립 커피 트럭에 대한 호기심 때문인지 손님들이 많이 왔다. 그 중 한 손님은 커피를 들고 갔다가 한참 후에 다시 커피 트럭으로 와서 "이렇게 맛있는 커피는 처음 마셔 봐요. 고맙다는 말을 하려고 다시 왔어요."라고 말해주었다. 그 말이 오래도록 마음을 울렸다.

예전에 카페에서 커피를 내릴 때는 손님의 얼굴표정을 잘 못 봤다. 드립을 하는 곳과 손님이 커피를 마시는 장소가 다르기 때문이다. 하지만 트럭에서는 커피를 내리는 곳이 커피를 마시는 곳이라서 손님의 얼굴이 그대로 보인다. 그래서 커피 한 모금을 마신 후에 얼굴 표정이 바뀌는 것을 잘 볼 수 있다. 맛있는 커피를 주면 바로 얼굴 표정이 환해진다. 그만큼 즉각적으로 변하기 때문에 거짓말을 할 수 없다. 커피 한 모금을 마시고 '하하하핫'하면서 웃는 사람도 있었다. 깜짝 놀라서 왜 그러냐고 했더니 "몰라요. 그냥 웃음이 나오네요. 커피가 맛있어서."라고 답했다.

하지만 맛없는 커피나 마음에 안 드는 커피를 마시면 무표정하거나 살짝 인상을 찡그린다. 그럴 때면 내내 신경이 쓰인다. 계속 앞에 있으면 다른 커피로 만회할 수 있지만 테이크아웃 잔으로 가져간 손님이라면 며칠 동안 내내 찜찜한 기분이 남아있다. 그래서 언제나 최고로 맛있는 커피를 주기 위해서 노력할 수밖에 없다.

통영 거북선 호텔 앞에 자리를 잡은 풍만이. 동양의 나폴리라고 일컬어지는 통영의 일몰 풍경이 무척 아름다웠다.

동양의 나폴리 통영

광주에서의 만남을 뒤로 하고 다음 코스는 통영으로 잡았다. 육지에 도착해서 첫 번째 일정이었던 <서울을 떠나는 사람들>의 출판기념식을 출판사가 있는 통영에서도 진행하는데 거기에 참석하기 위해서였다.

광주를 떠나는 날은 비가 많이 내렸다. 와이퍼를 빠르게 해도 앞이 잘 안 보일 정도였다. 조심조심 운전하면서 저녁 무렵 통영에 도착할 즈음에는 다행히 비가 그쳤다. 비가 그친 통영은 조용했다. 강구안의 앞바다는 바다가 아닌 호수처럼 보였다. 잔물결 하나 일어나지 않는 조용한 바다였다. 영화 '하하하'에서 나온 나폴리모텔은 그 자리 그대로 후줄근한 느낌으로 남아있었다.

행사는 거북선 호텔에서 열렸다. 이름만 거북선 호텔이 아니라 실제 호텔 맨 위층에 거북선 모양의 조형물이 있었다. 트럭은 호텔 직원의 도움을 받아 주차장 앞에 세워놓고 커피 내릴 준비를 했다. 행사시간에 가까워 오니 사람들이 속속 도착했다. 서울을 떠나는 사람들의 또 다른 저자인 화천의 극단 뛰다 배요섭 대표와 단원들도 도착해서 반갑게 인사했다.

통영은 바닷가 도시라 물이 많다. 거북선 호텔 앞에서 바라보는 풍경은 아름다웠다. 행사시간이 되면서 해가 뉘엿뉘엿 넘어가면서 통영대교 너머로 빨간 노을이 지기 시작했다. 나는 트럭의 짐칸을 정리해서 드립을 할 수 있도록 준비하고 전기선을 끌어서 트럭과 연결했다. 트럭 짐칸의 LED 등이 켜지자 노란색 커피 트럭의 영업 준비가 끝났다.

트럭에서 커피는 핸드드립만 하기 때문에 끓는 물만 준비하면 커피 내릴 준비는 완료가 된다. 주문을 받으면 그때서야 핸드밀로 커피 원두를 갈아서 필터에 넣고 손으로 일일이 드립해서 커피를 내린다. 그런데 주문이 밀리면 점점 손이 바빠진다. 핸드밀로 갈면 아무래도 시간이 걸리기 때문이다. 그래도 난 꽤 오랫동안 핸드밀을 고집했다. 속도는 느려도 핸드밀로 가는 순간의 커피향이 너무 좋아서였다. 그리고 이런 기분을 바로 앞에서 기다리는 손님들도 같이 느끼기를 바랐다.

다행히 핸드밀로 선택한 자센하우스의 라파즈밀은 몇 번의 회전으로도 쉽게 갈렸고, 커피 굵기를 축에 있는 나사로 간단하게 조절할 수 있었다. 만약 다른 회사의 핸드밀이었다면 무척 힘들고 짜증이 났을 것이다. 핸드드립 커피는 원두마다 그라인딩 굵기가 달라져야 하는데 다른 저가형 핸드밀은 굵기 조절이 번잡했다.

출판기념회에 참석한 사람들은 책의 저자 중 한 사람인 내가 직접 커피 트럭을 몰고 제주에서 나와서 여행하고 있다는 것에 많은 호기심을 보이고 커피 트럭 앞에 모여서 커피를 기다렸다. 조금은 늦게 커피가 나와도 인내심 있게 기다리면서 많은 이야기를 나누었다. 커피는 대화를 이끌어가는 데 많은 도움을 주었다. 사람들은 커피의 생산지마다 다른 맛과 향이 나는 것에 놀라면서 맛있게 커피를 마셔 주었다.

맛있는 커피를 들고 다니면 어디서든 환영받는다. 아마도 커피가 아닌 다른 음식으로 여행을 시작했다면 이렇게 오랫동안 여행하지 못했을 것 같다. 커피 트럭에는 20kg 정도의 생두를 종류별로 싣고 다니다가 커피가 떨어지면 그때 그때 통돌이로 커피를 볶아서 쓰면 된다. 한번 볶은 커피는 2~3주를 쓸 수 있다.

▲ 동피랑에서 보는 통영 강구안의 모습. 동피랑은 재개발로 없어질 위기에 처해있었지만, 벽화마을로 만들어지면서 그 아름다움을 그대로 유지할 수 있게 됐다.

▼ 출판기념회 다음날 화천의 극단 뛰다 단원들과 함께 통영 여행을 했다. 이들을 다시 만나기 위해서 얼마 후에는 화천에 가기로 했다.

행사를 끝내고 다음날부터는 통영과 거제도 여행을 하기로 했다. 부끄럽지만 난 우리나라를 제대로 여행해본 적이 없다. 서울에서 살 때는 짧게 짧게 여기저기 여행을 하기는 했지만 제대로 알지 못하고 돌아다녔고, 제주에서 살면서부터는 육지로 거의 나오지 않았기 때문이다. 통영 또한 처음으로 와 본 곳이어서 무척 궁금했다.

통영은 육지와 이곳에 연결된 미륵도가 합해져 있었다. 통영 강구안 쪽에서 다리를 건너면 미륵도인데 이곳을 차로 한 바퀴 도는데 약 1시간 정도가 걸린다. 통영의 바다는 먼 바다에서 깊이 들어와 있어서 마치 호수처럼 잔잔하다. 파도는 거의 치지 않고 주변에 산과 섬이 많아서 강원도 어디쯤의 호수처럼 보인다. 통영의 얕은 바다 쪽은 모두 양식장이다.

통영은 음식이 맛있다. 통영하면 충무김밥과 통영꿀빵, 졸복국, 시락국, 멍게비빔밥 등의 메뉴를 떠올리게 되지만 그냥 평범한 음식점에서도 반찬들이 맛있고 해산물도 많이 나왔다. 굳이 특별한 메뉴를 주문하지 않아도 만족스럽게 식사를 할 수 있었다. 트럭을 끌고 여기저기 다니다가 배고파지면 적당한 식당을 찾아서 한 끼 식사를 하면 됐다. 시내에 나가서 영화도 한 편 보고 그새 자란 머리도 잘랐다. 저녁때는 게스트하우스로 돌아와서 근처에 있는 횟집에서 해산물에 소주를 한 잔 하면 행복하게 잠을 잘 수 있었다.

가끔은 적당한 곳을 찾아서 커피 트럭을 열었다. 하루는 통영공영해수욕

아침 일찍 동피랑 구경. 골목골목을 여행하는 기분이 무척 신났다.

장을 찾아가서 커피 트럭을 열었다. 뜨거운 여름이라 아이스커피를 찾는 사람이 많아서 근처 슈퍼에 가서 각 얼음을 사서 아이스박스에 재워두고 트럭 문을 열었다. 공영해수욕장은 규모가 작아서 사람들이 많지는 않았다. 게다가 여름의 끝물이어서 가끔 사람들이 바닷물에 발을 담그려고 오는 정도였다.

트럭의 그늘진 곳에 캠핑 의자를 아이스커피를 내려서 마시면서 바다를 보고 있다가, 가끔 커피 냄새에 이끌려서 오는 손님들에게 커피를 내려주었다. 오후 늦은 시간, 의자에 앉아 잠깐 졸고 있는데 손님이 찾아왔다. 페이스북에 이곳에서 커피 트럭을 열어놓고 있다고 올렸는데 그것을 보고 찾아온 손님이다. 그는 자신을 이진우라고 했다. 동피랑 언덕에서 살고 있는 시인이다.

헝클어진 머리에 안경을 쓰고 조금은 말라있는 얼굴인데 눈빛이 강렬했다. 나는 그를 위해 커피를 내려주었다. 그는 지금은 통영에서 살고 있지 않고 거제도에서 게스트하우스를 하고 있다며 언제든 놀러오라고 했다. 지도를 보니 통영과 거제도는 멀지 않았다. 난 통영 다음 코스를 거제도로 정했다.

통영에서 거제도까지의 여행은 통영의 해피트리 카페 이동혜 사장과 함께 동행했다. 통영을 한 바퀴 돌다가 바닷가 언덕에 있는 조그만 카페를 발견하고 커피 한 잔을 하기 위해 들린 곳이다. 커피를 마시면서 이야기를 하다가 커피 트럭으로 여행하고 있다고 했더니 기분 좋게 통영과 거제도 가이드를 해주기로 하고 길을 나선 것이다. 해피트리 역시 직접 커피 로스팅을 하고 핸드드립을 하는 좋은 카페다. 그 이름처럼 즐거운 통영 바닷가의 마을과 잘 어울리는 멋진 카페다. 커피 로스팅에 대해 같이 이야기를 하고 유니온 통돌이 로스팅도 직접 보여주면서 커피에 대한 이야기를 많이 했다. 그 이후 통영에서 커피 트럭을 열면 친구들과 함께 커피를 마시러 와주고 통영과 거제도를 가이드 해주는 친구가 됐다. 해피트리란 이름처럼 항상 즐거운 일들이 이동혜 사장 주변에서 이어진다.

통영에서 빠져나와 거제대교를 건너면 바로 거제도다. 거제대교를 건너기 전에 휴게소에 올라가서 통영과 거제도를 바라볼 수 있었다. 이순신 장군의 한산대첩이 펼쳐진 바로 그 바다다. 역시 이곳에서 봐도 통영과 거제는 바다가 아니라 강처럼 보였다.

하지만 거제도에 들어서자 통영과는 사뭇 다른 느낌이었다. 산이 많고 거친 느낌이라 마치 강원도의 산속에 들어와 있는 기분이 들었다. 꽤 높은 산과 들판을 넘어 거제도의 남쪽 학동몽돌해수욕장에 도착하니 거대한 파도가 몰아치고 있었다. 눈앞 한가득 펼쳐지는 파도의 모습과 몽돌 사이에 굴러다니는 물소리는 가슴 벅찬 감동적이었다. 역시 여행을 떠나길 잘했다. 그날 이후 몇 번이나 학동에 갔지만 그때만큼의 거대하고 멋진 파도는 못 봤다. 아마도 그날만 바다가 내게 선물을 준 것이리라.

거제도 학동 몽돌해변에 도착하는
순간 '와~'하는 탄성이 터져 나왔다.
엄청나게 큰 규모의 몽돌해변에 철썩대면서
파도치는 모습은 정말 장관이다.

이진우 시인과 프렌치프레스 커피

학동 몽돌해변에서 1박을 하고 이진우 시인의 집을 찾아갔다. 학동에서 멀지 않은 저구리라는 바닷가 마을이다. 버스 정류장 바로 근처에 있는 그의 집은 나지막한 단층 게스트하우스였다. 그냥 무심하게 자라고 있는 마당의 풀들만큼이나 무심하게 생긴 집이다. 입구 옆에 조그맣게 쓴 'sunset guest house'라는 문구가 없었다면 그냥 마을 한쪽에 있는 평범한 집으로 보였을 것이다.

입구에 도착하자 수염을 덥수룩하게 기른, 아니 면도를 하지 않은 이진우 시인이 나왔다. 이미 통영에서 인사를 해서 낯익은 얼굴이다. 홀쭉한 볼과 적당히 기른 수염과 안경 낀 모습은 내가 상상하던 영락없는 시인의 모습이다. 그는 몇 가지 안주꺼리를 냉장고에서 꺼내오고 스쿠터를 끌고 나가더니 마을 양조장에서 막걸리를 몇 병 사왔다. 해가 서서히 떨어지고 있는데 구름이 심상치가 않았다. 구름을 보면서 감탄하고 있으니 시인은 나보고 바닷가에 나가서 일몰을 감상해 보라고 권했다.

그냥 마당에 앉아서 보는 일몰만 해도 멋진데 굳이 바닷가까지 나갈 이유가 있을까? 그래도 주인장이 권하니 한번 바닷가나 가보자고 해서 무거운 엉덩이를 들고 바닷가 쪽으로 걸어 나갔다. 다행히 해는 아직 수평선 너머로 떨어지기 전이었다. 구름 주변으로 오렌지 빛이 물들기 시작하더니 점점 더 붉어지기 시작했다. 조용한 바다와 구름이 불타오르기 시작했다. 나는 넋을 잃고 저구리의 일몰을 바라보았다. 내 인생에서 가장 멋진 일몰 중 하나를 그날 본 것이다.

그 화려했던 해가 수평선 너머로 얼굴을 감추고 주위가 어둑어둑 해질 무렵 나는 다시 선셋으로 되돌아갔다. 시인은 혼자서 막걸리 몇 잔을 더 마셨는지 얼굴이 발개져 있었다. 나는 그가 왜 자신의 집을 선셋 게스트하우스로 이름을 붙였는지 알 수 있었다. 그도 언젠가 저구리에서 황홀한 일몰을 본 적이 있으리라.

나 또한 시인과 함께 막걸리를 주거니 받거니 하면서 취해갔다. 이야기를 나누다 보니 시인은 나와 동갑이었다. 어느새 우리는 오랜 친구처럼 밤새도록 술잔을 기울였다. 그날 선셋 게스트하우스의 조그만 마당에서는 새로 온 숙박객도 합석하고 동네 친구들도 찾아와서 작은 파티가 벌어졌다.

새벽까지 놀다가 잠이 들었는데도 다음날 아침은 일찍 눈이 떠졌다. 어제의 황홀한 일몰을 잊지 못하고 다시 바닷가로 나가 산책했다. 이른 아침의 바닷가는 어제의 황홀한 빛이 사라진 평범한 바닷가의 모습으로 변해있었다. 파도는 조용히 들어왔다 다시 먼 바다로 나갔다. 바다 위에는 어선들 몇 척이 떠 있었고 왼쪽 끝 유람선 선착장에는 섬 구경을 가려는 수십여 명의 관광객들이 모여 있었다. 평범한 어촌의 풍경이었다. 하지만 그 황홀한 일몰을 본 이후 저구리의 바다는 더 이상 평범하게 보이지 않는다. 어느 순간 베일을 벗고 가장 아름다운 얼굴을 바라볼 수 있게 해준 신의 선물과 같은 일몰이었다. 지금도 눈을 감으면 그때의 일몰 풍경이 눈앞에서 거대하게 펼쳐진다. 내겐 단 하루의 일몰이 아니라 평생 기억할 수 있는 그런 일몰을 선물 받은 것이다.

선셋에 돌아오니 시인은 커다란 프렌치프레스에 커피를 우려서 머그컵 한 가득 따라주었다. 프렌치프레스로 내린 커피는 거칠고 맛이 없다는 선입견을

▲ 선셋 게스트하우스라는 이름처럼 저구리에서 가장 아름다운 일몰 풍경을 만날 수 있었다. 이날 이후로 저구리의 낮 풍경이 아무리 볼품없어도 난 저구리를 사랑하게 되었다.

▼ 앞쪽 몽돌해변으로 풍만이를 세우고 본 풍경. 한가로이 거니는 사람들의 모습이 평화롭다.

가지고 있었는데 이건 달랐다. 커피는 거칠지만 깊었고 속을 시원하게 해주었다. 진우의 큰 형은 미국 카리부커피 한국을 론칭했다. 그런 인연으로 진우는 카리부커피의 홍보를 맡아서 진행한 경험이 있었고, 커피에 대해서도 일가견이 있었다.

진우가 만들어준 프레스 커피는 진하고 맛있었다. 평소에 깔끔하고 향이 좋은 드립커피를 좋아하는 나였지만 그 날은 입술에 묻은 커피마저 싹싹 핥아가면서 먹었다. 진우는 계량스푼도 쓰지 않았고 타이머도 켜지 않았다. 미리 갈아져 있는 커피를 적당히 프레스에 넣고, 뜨거운 물을 붓고 타이머를 켜지도 않고 담배 한 대를 피운 후에 커피를 따라줬다. 그런데도 더없이 맛있는 커피가 나왔다.

나는 프렌치프레스 커피에 대해 다시 생각하기로 했다. 커피가 무엇인지에 대해서도 다시 고민했다. 그날 이후로 난 프렌치프레스 커피를 즐기게 됐다. 커피 트럭에선 설거지 문제 때문에 프렌치프레스를 쓰지 못하지만 집으로 돌아가면 간편하게 프렌치프레스로 커피를 내려서 마시곤 한다. 로스팅을 한 후에 커피 테이스팅에도 프렌치프레스가 좋다. 커피의 온전한 맛을 다 보여주기 때문이다.

창원에서 커피를 알리다

통영과 거제에서의 여행은 계획보다 더 많이 길어졌다. 원래는 일주일 정도 생각하고 있었는데 어느새 반 달 가까이 통영에 머물렀다. 통영의 맛있는 음식이 내 발목을 잡았지만 통영에서 사귄 친구들도 나로 하여금 더 머물고 싶게 만들었다.

통영에서 만난 모든 사람들이 소중하지만 그 중에서도 이진우 시인의 소개로 만난 이상희 작가와는 이후 통영에 갈 때마다 같이 밥을 먹고, 술을 먹고, 내가 내린 커피를 마시면서 시간을 보낸다. 상희는 <통영은 맛있다>는 책의 사진을 찍은 작가이자 통영에서 멍게요리집을 운영하는 사장님이다. 그의 사진을 볼 때마다 통영이 참으로 아름다운 곳임을 느낄 수 있다.

음식과 사람에 취해 있다 보니 어느 순간 이러다가는 계속 통영에 눌러앉아 있을 것 같아 조바심이 나기 시작했다. 눌러앉는 것도 나쁘지는 않지만 아직도 우리나라에 못 가본 곳들이 많았다. 모질게 마음을 다잡고 통영을 떠나 창원으로 넘어갔다. 십여 년 전 서울의 인재사이트에서 이벤트를 할 때 멀리 지방에서 올라와 같이 프로젝트를 진행한 한 대학생이 마산의 기독교방송에서 PD를 하고 있다는 연락을 받았다. 그래서 만나러 가는 김에 창원에서 커피 모임을 진행하기로 했다.

통영에서 진해를 거쳐서 창원에 들어서면서 넓게 뻗은 도로를 보고는 깜짝 놀랐다. 통영은 아직도 지방 소도시의 느낌을 그대로 간직하고 있는 소박한 곳이었지만 창원은 공단을 위해 만들어진 계획도시였다. 전쟁이 나면 활주로로 활용할 계획이 있었다는 말이 있을 정도로 창원의 도로는 넓고 길었다. 그리고 그 넓은 길 위에 차들이 가득 차 있는 것은 더욱 놀라웠다.

어안이 벙벙한 상태로 창원 여성문화센터 강당에서 커피 모임을 진행했다. 마침 창원 마산 쪽의 동호회 모임의 행사로 진행하기로 한 것이라 모임 인원이 30여 명이 넘었다. 이렇게 많은 인원을 앞에 두고 커피 모임을 진행한 것은 처음이었다. 많은 사람들 앞에서 서본 적이 없어서 영 어색하고 긴장이 됐다. 서른 명의 사람들이 나를 바라보면서 어떤 이야기가 나올지 기대하고 있는 모습이 보였다.

처음 사람들을 만나서 이야기를 시작할 때가 가장 힘들다. 호의를 갖고 있는 사람뿐만 아니라 무관심한 사람, 의심하는 사람들까지 다양한 사람들이 있기 때문이다. 그리고 내가 긴장하고 있는 만큼 상대편도 긴장하고 있다. 하지만 일단 커피를 한 잔 마시기 시작하면 분위기가 한 순간에 좋아진다. 한 순간에 긴장이 풀어지고 화기애애한 분위기로 바뀐다.

역시 이번에도 커피의 힘이 느껴졌다. 커피를 갈고 내리면서 나는 향 덕분에 여기저기서 나지막한 탄성이 흘러나오고 소곤소곤하는 말소리들이 들려왔다. 커피를 마시기 시작하면서 사람들의 목소리는 점점 더 활기가 돌았다. 커피 이야기를 할 시간이다. 간단하게 내 소개를 한 다음 커피를 내렸다. 사람들은 한 번에 여러 잔의 다른 싱글오리진 커피를 마실 기회가 거의 없기 때문에 또 다른 커피를 맛보여주면 깜짝 놀라면서 커피의 다양한 맛과 향에 감탄하게 된다.

핸드드립 커피의 장점은 사람이 늘어나면 그에 맞춰서 서버 용량을 키우고 서버를 더 두면 된다는 것이다. 1인분을 내리는 시간과 10인분을 내리는 시간은 거의 비슷하다. 에스프레소 머신이 직렬작업이라면 핸드드립 커피는 병렬작업이다.

이번에는 커피 로스팅 시범까지 보여주기로 했다. 커피를 잘 이해하기 위해서는 커피가 어떻게 로스팅이 되는지를 보면 좋다. 직접 요리를 해본 사람이 다른 사람의 요리를 제대로 맛을 보고 평가할 수 있는 것과 비슷하다. 커피의 생두에 열을 가하면 점점 갈색으로 변해서 우리가 즐겨 마시는 커피 원두가 되는데 대부분의 사람들은 이 과정을 볼 수가 없다.

창원 모임에서도 옅은 녹색의 커피 생두(Green Bean)를 처음 보는 사람들이 거의 대부분이었다. 생두 샘플을 모두에게 돌려서 냄새를 맡고 만져 볼 수 있게 했다.

"저는 커피가 원래부터 검은색인 줄 알았어요."

생두를 처음 본 사람들은 무척 신기해했다.

"하하하. 저는 원래 커피가 가루인 줄 알았어요."

나는 좀 실없는 농담을 하면서 커피 생두를 로스터기에 넣었다. 나와 여행 시작부터 함께 한 유니온 샘플로스터다. 만약 이 유니온 로스터기가 없었다면 나의 커피 트럭 여행은 시작도 못했을 것이다. 가스불 위에 올려서 손으로 빙글빙글 돌리면 잘 볶아진 커피 원두가 나온다. 단순하기 그지없는 로스터지만 신뢰할 만한 결과물을 만들어 준다.

휴대용 가스렌지 위에서 로스터기를 돌리면서 생두가 원두가 되어가는 과정을 설명했다. 커피는 로스팅 되는 동안 고소한 냄새를 풍기기 시작했다. 커피 생두를 감싸고 있는 은피(실버스킨)가 불에 타면서 불꽃이 일어나기도 한다. 벌써부터 사람들은 킁킁 대면서 커피가 볶아지는 과정을 즐기기 시작했다. 십 분 쯤 지나면 '탁탁' 소리를 내면서 첫 번째 크랙이 진행되고 연기가 많이 나온다. 일단 1차 크랙이 진행되어야 맛있는 커피로서 역할을 한다. 1차 크랙이

▲ 창원 커피 모임에서는 많은 사람이 모여 함께 커피를 즐겼다. 이날은 통돌이로 커피 로스팅하는 시범까지 보여주었는데 푸릇푸릇한 생두가 진한 갈색의 원두로 바뀌는 과정을 사람들은 무척 신기하고 재밌어 했다.

▼ 커피 모임 후 풍만이 앞에서 함께 기념사진. 가끔 예전 사진을 들춰보면 그때의 기억이 생생하게 난다. 한 번만 얼굴을 본 사람들은 잘 기억하지 못하지만 아직도 SNS로 연결되어 있는 사람들이 있어서 서로의 소식을 알고 있는 경우도 많다.

끝나고 계속 열을 가하면 얼마 지나지 않아서 작게 '타타닥 타닥'하는 소리가 나면서 2차 크랙이 진행된다.

커피의 맛은 로스팅에서 결정할 수 있다. 1차 크랙 후에 2차 크랙이 끝날 때까지의 어느 시점에서 커피를 배출하느냐에 따라서 커피의 신맛과 단맛, 쓴맛의 강도와 비율을 결정할 수 있다. 예전에는 강하게 볶아 진하고 쓴맛이 많이 나는 강배전을 선호했지만 지금은 커피 자체의 향과 맛을 강조하는 약배전과 중배전을 선호한다.

커피를 볶는 사람은 커피 생두를 만져보면서 신맛, 단맛, 쓴맛의 비율을 결정한다. 생산지와 품종에 따라서 가장 맛있는 커피의 포인트가 있는데 이것을 잘 찾는 것이 중요하다. 거기에 커피 자체가 갖고 있는 향성분이 맛과 상호작용을 하면서 커피 고유의 풍미를 드러낸다. 이 과정은 정말 마술처럼 진행된다.

드디어 커피 로스팅이 끝나고 예쁜 갈색으로 변신한 커피를 그 자리에서 직접 갈아 커피를 내려서 모두에게 돌렸다. 원래는 로스팅을 끝내고 2~3일 정도 숙성해 준 후에 커피를 내려야 향이 최대로 올라가지만 이렇게 볶자마자 즉석에서 커피를 내려 마시는 것도 맛있다. 일종의 커피 '겉저리'라고나 할까?

방금 전 연녹색의 커피 생두가 십여 분이 지나서 커피 원두가 되는 것을 직접 눈으로 보고 맛을 본 사람들은 이 과정이 무척 신기하고 재밌을 것이다. 커피는 그렇게 어렵지 않다. 나는 커피를 좋아하는 사람들에게 직접 로스팅을 해보길 권하는 편이다. 집에 있는 프라이팬으로도 커피를 볶을 수 있다. 간단하게 수망을 하나 사거나 만들어서 로스팅에 도전해보는 것도 가능하다. 그러다가 커피를 더 잘 볶을 수 있는 통돌이를 사거나 직접 제작할 수도 있다. 그런 과정을 통해서 커피를 더 많이 이해하게 되고 더 깊이 빠져들게 되는 것이다.

그렇게 그날 나는 몇 명의 사람들에게 커피를 알리고 커피의 세계에 빠져들게 만들었다.

부산에서 만난 바람의 인연

바람커피로드를 시작하고 '바람'이라는 이름 때문에 인연이 된 것들이 많다. 처음 제주에서 바람카페를 시작할 때는 제주 사람들은 '바람'이라는 이름이 안 좋다고 말이 많았다. 어딘가 휙 날아간다느니, 여기 오면 바람을 피워야 하냐느니 하면서 이름을 바꾸라고 진지하게 조언했다. 그도 그럴 것이 제주 사람들은 바람 부는 걸 싫어한다. 매일 바람과 맞서 살다 보니 단어조차 싫어진 것이 아닐까?

하지만 적어도 내겐 바람이라는 이름을 붙이고 나서부터는 인생이 재밌게 풀려나가고 있다. 제주 바람카페에선 신나게 커피를 볶고 내렸고, 2013년부터 시작한 커피 트럭 여행 바람커피로드로 지금까지 많은 사람들과의 인연이 이어지고 있으니까.

부산 기장군 칠암 포구에 자리 잡고 있는 바람종카페도 '바람의 인연'으로 알게 된 곳이다. 같은 '바람'이라는 이름을 쓰고 있어 여행을 떠나기 전부터 트위터와 페이스북으로 이야기를 나눈 적이 있었다. 그해 초 바람종카페가 새로 오픈했다는 소식을 들었고, 언젠가 부산을 지날 때 한번 들러봐야겠다고 생각하고 있었다.

부산 일광해변에서 휴식.
비수기의 해변은 온전히 내 차지가 될 때도 많다.
계속 밖으로 도는 여행을 하다보면
힘이 많이 들기 때문에 가끔은 혼자서 쉬면서
충전을 해줘야 한다.

2013년 여름과 가을은 무척 바쁘게 움직였다. 7월부터 시작한 여행은 8월 파주와 의정부, 부천, 광주, 9월에는 진주, 통영과 거제, 마산, 창원을 거쳐서 드디어 부산에 입성해 칠암에 도착했다. 3개월에 걸친 긴 여행이었다. 온몸은 지쳐있었고 슬슬 몸살 기운도 스멀스멀 피어오르고 있었다.

그래도 부산까지 왔으니 바람종카페에 가서 인사나 하고 집으로 가려고 칠암까지 간 것이다. 바람종카페의 김세경 사장은 노란색 트럭이 카페 앞에 도착하자 무척 반가워했다. 칠암은 온통 장어횟집이었다. 멀리 눈에 보이는 곳까지 모두 횟집이다. 이런 풍경을 처음 본 나는 입이 딱 벌어졌다. 그 횟집들 초입에 바람종카페가 있다.

바람종카페 역시 원래는 횟집이었지만 아버님이 돌아가신 후 서울에 살던 딸이 카페로 바꾸었다. 손맛 좋은 어머니는 초장을 만들고 회를 써는 걸 그만두고 딸에게 집을 물려주었고, 딸은 정 들었던 횟집을 부수고 카페로 새로 만든 것이다.

유리문을 열고 들어가면 커다란 곰 인형이 반겨준다. 입구 왼편에는 커피바가 있고 오른쪽에는 2층으로 올라가는 계단이 있다. 2층 계단을 따라 올라가면 넓은 홀이 있는데, 이곳에서 바다가 잘 보인다. 2층 테라스로 나가면 시원한 바람이 불어온다. 이곳에서 시원한 공기를 마시면서 커피 한 잔을 할 수 있다.

전체적으로 차분하면서도 주인장의 손길이 곳곳에 느껴지는, 그런 카페다. 바람종은 '풍경'의 한글이름이다. PC통신 시절부터 오랫동안 써왔던 자신의 닉네임을 자신의 카페에 붙였다. 조금은 좁아 보이는 커피바에는 각종 커피도구들과 에스프레소 머신, 그라인더, 핫워터 디스펜서가 잘 정돈되어 있다. 아기자기하지만 번잡하지 않고 따뜻하면서도 깔끔한 공간이다.

드립 커피를 청하니까 커피를 뒤를 돌아서 내려준다. 김세경 사장은 드립하는 모습을 손님한테 보이기가 아직은 부끄럽다고 했다. 하지만 커피는 제대

부산 바람종카페에서 가수 바람종과 투스토리와 함께 기념사진을 찍었다. 전날은 멋진 공연과 맛있는 음식이 넘쳐났었다.

로 맛이 났다. 거부감이 없는 편안한 커피다. 머신이 있기에 카푸치노도 주문했는데 오랜만에 우유거품이 제대로 올라가 있는 맛있는 카푸치노가 나왔다. 역시 카푸치노는 이런 우유거품이 푸짐하게 올라가 있어야 한다.

바 뒤쪽에서 멍멍이 소리가 났다. 개 서너 마리가 케이지 안에서 왔다 갔다 하고 있다. 집에는 더 많은 개와 고양이가 있다고 했다. 유기견이나 길고양이들을 한 마리 두 마리씩 입양해서 키우다보니 엄청나게 많아졌다고 한다. 이날은 간단히 인사하고 커피를 마시고서 다시 서울로 향했다. 3개월간의 여정이 끝날 무렵이라 온몸에 피로가 밀려왔기 때문에 며칠 더 머무르고 싶었지만 다음을 기약하고 집으로 향했다.

다시 바람종카페를 찾은 것은 그해 11월 말일이었다. 그날은 카페에서 작은 콘서트를 여는 날이었다. 풍만이가 도착하니 세경 씨는 처음처럼 반겨주었다. 이날은 '바람의 인연'으로 또 연결된 포크가수 '바람종'과 여성 듀오 '투스토리'의 공연도 기다리고 있었다. 동네 사람들과 친구들 그리고 공연을 보러 온 관객들이 함께 어울려 밤새도록 노래하고 먹고 마시는 즐거운 파티였다. 이렇게 재밌게 파티를 즐긴 적은 그 이전에도 이후에도 없었던 것 같다.

세경 씨는 카페를 열기 전에는 그냥 평범하게 회사를 다니고 방송작가로 일했다. 그러다가 해운대 해오라비 카페의 단골을 하다가 그곳에서 커피를 배우고 아예 커피 자격증 시험까지 보았다. 벌써 십년 전 쯤의 일이다. 지금이야 커피 바리스타 자격증이 큰 의미가 있는 것은 아니지만 그 당시에 제대로 체계적으로 공부하고 준비했다는 것은 좋은 선생님 밑에서 제대로 공부한 적이 없는 나로서는 참 부러운 경험이다. 지금이라도 커피 고수의 밑으로 들어가서 차근차근 배워보고 싶지만 그럴 만한 나이가 이미 한참 지나버렸다. 나는 그냥 혼자서 고군분투해야 할 운명인가 보다. 그래서 이렇게 같이 커피를 하면서 이야기를 나눌 수 있는 '커피 친구'가 너무나도 반갑다.

지금도 전국 여기저기를 떠돌다가 지칠 때쯤이면 부산 기장에 들어간다.

그냥 지나치다가 무심한 듯 바람종카페에 들르면 언제나 변함없이 김세경 사장이 환영해준다. 같이 커피를 내려 마시거나 친구들을 불러서 조촐하게 과메기와 굴 파티를 벌리거나, 카페 옆에 늘어서 있는 칠암의 장어집 중에서 하나를 골라서 장어회와 구이를 먹으면서 한껏 취하고 문 닫은 카페 2층에서 침낭을 끼고 잠을 자기도 한다.

다음날 아침이면 일어나 산책하고, 대구탕 한 그릇으로 해장하고, 가게 오픈을 위해 나온 세경 씨의 커피 한 잔을 얻어 마시고는 또 다시 언젠가 만나길 기약하면서 길을 떠난다.

화천에서 뛰고, 혜화동에서 함께 나누다

오랜만에 커피 트럭을 열어둔 날이었다. 어느새 뜨거운 여름이 지나가고 가을이 되었다. 강원도 화천의 시골에 있는 폐교 마당이었다. 예전에는 아이들이 뛰어노는 소리가 왁자지껄했겠지만 지금은 서울에서 화천으로 근거지를 옮긴 창작공연집단 '뛰다'의 연습실이자 공연장이다. 이런 시골구석에서 무슨 극단이냐고 하겠지만, 이들은 화천을 근거지로 해서 전국 공연과 해외 공연까지 열심히 하는 멋진 극단이다. 혹시라도 뛰다의 공연소식이 들리면 꼭 가보시길. 절대로 후회하지 않는 높은 수준의 공연을 볼 수 있다.

뛰다 단원들은 외부 공연을 할 때를 빼고는 이곳에서 매일 연습한다. 근처에 흩어져있던 단원들은 아침이면 출근해서 주변 청소를 하고 곧바로 연습에 들어간다. 학교 교실로 쓰던 연습실에선 각종 발성 연습소리와 대사 외우는 소리, 무언가를 두들기는 소리, 북과 장구 치는 소리, 노래 소리가 끊임없이 흘러나온다.

오전 연습이 끝나고 점심때면 식당에 모두 모여서 식사한다. 그날의 음식당번이 메뉴를 정해서 식사를 준비하는데 다들 음식솜씨가 좋아서 밥맛이 꽤 좋다. 점심 식사를 마치고 나면 잠시 노닥거리다가 다시 오후 연습에 들어간다.

강원도 화천의 '공연창작집단 뛰다'의 이모저모. 이곳에서 가을날 휴식 같은 일주일을 함께 했다. 보통 연극배우들이라면 매일 놀기만 할 거라는 선입견을 갖고 있었는데 엄청나게 성실하게 연습하는 사람들이었다.

김 옥 분
open

오전과 마찬가지로 여러 가지 소리가 끊임없이 흘러나온다. 그리고 저녁 무렵이 되면 모두들 각자의 집으로 퇴근하고, 그 다음날이 되면 또 다시 비슷한 일정이 반복된다.

나는 연극하는 사람들이 이토록 성실하게 연습하고 있을지는 전혀 몰랐었다. 연극하는 사람들은 모두 술 좋아하고 흥청망청 놀기만 할 것 같은 선입견을 가지고 갔다가 너무나도 성실한 모습을 보고는 조금은 어안이 벙벙해졌다. 그저 커피 트럭을 몰고 여행을 하다가 그들과 함께 며칠 지내면서 커피를 내려주면서 숙식을 할 참이었다. 다행히 시골에서 맛있는 커피를 마실 수 있게 되었다는 사실만으로도 그들은 나를 환영해주었고, 기꺼이 그들의 손님으로 받아주어서 편하게 지낼 수 있었다.

그날은 단원들이 모두 쉬는 주말이라 혼자서 운동장에서 커피 로스팅을 하고 오랜만에 커피 트럭을 열어놓고 음악을 들으면서 커피를 마시고 있었다.

"여기 커피 두 잔 주세요. 커피 향이 참 좋네요."

어디선가 나타난 중년의 부부가 커피를 청했다. 커피 트럭을 열기는 했지만 이 산골까지 손님이 오리라고는 생각지도 못했기 때문에 잠시 멍하게 있다가 커피를 고르기 시작했다. 메뉴판에는 몇 가지 커피 원두 종류를 표시해 놓았지만 다 준비되어 있지는 않다. 매번 조금씩 새로 볶기 때문에 원두 리스트에서 빠지는 것도 많고 새로운 커피도 많기 때문이다. 그래서 손님에게 "어떤 커피를 드릴까요?"가 아니라 "어떤 맛을 좋아하세요?"라고 물어보는 편이다.

아직까지 대부분의 손님들은 커피 산지별 커피 맛을 구분하지 못하기 때문에 선택권을 손님한테 주면 오히려 더 골치가 아프다. 그리고 내가 볶은 커피는 어떤 커피든 맛이 있으니까 내가 가지고 있는 커피 중 아무 거나 줘도 다들 맛있게 먹는다.

나는 손님의 얼굴과 느낌을 보면서 이분에게는 어떤 커피가 어울릴까를 상상해본다. 이 중년의 부부는 범상치 않다. 커피를 많이 마셔본 사람들이다. 산속이지만 아웃도어 의상이 아닌 깔끔하게 차려입은 세미정장의 옷차림은 많은 걸 이야기해주는 것이다.

"어떻게 여기까지 오시게 됐어요?"

"화천에 놀러왔다가 여기 극단이 있다고 해서 찾아 왔어요. 어떤 극단인지 궁금해서요.."

"아…오늘은 극단이 쉬는 날인데요. 날을 잘못 잡고 오셨네요."

나는 이 두 사람에게 어울릴만한 커피로 케냐를 골랐다. 굳이 모험을 할 필요는 없다. 언제나 믿음직한 커피다. 단맛과 신맛, 쓴맛의 밸런스가 좋고 향미가 풍부해서 누구나 좋아할 만한 커피가 케냐니까.

"그래도 여기 커피가 있으니 헛걸음을 한 건 아니네요."

여자 손님이 분위기를 띄워준다. 이런 말을 들으면 커피를 준비하는 입장에선 저절로 신이 난다. 내리는 김에 아예 내 것까지 내렸다. 가을 햇빛이 쏟아지는 화천에서 마시는 케냐는 정말 향기롭고 푸근했다. 케냐 커피만이 갖고 있는 독특한 신맛은 저절로 감탄이 흘러나온다. 어떻게 커피 하나에서 이렇게 다양한 맛과 향이 피어오를까?

자연스럽게 이야기를 나누다보니 남편은 라디오에서 클래식 방송을 진행하는 진행자이고 부인은 외국인 노동자들에게 의료봉사를 하는 '라파엘 클리닉'이라는 단체의 사무국장으로 일한다고 했다. 라파엘 클리닉은 1958년 서울대 의대 가톨릭학생회가 전쟁의 상흔으로 고통 받는 도시 빈민들을 진료하기 위해 마련한 무료 진료소가 모태가 된 봉사단체이다. 1996년 고 김수환 추기경이 두 명의 파키스탄 사형수가 고국으로 돌아갈 수 있도록 구명운동을 벌인 게 라파엘 클리닉이 문을 여는 직접적 계기가 됐다. 그 이후 국내의 의료사각지대에 놓여있는 외국인 노동자들과 다문화가정을 위한 진료에 힘쓰고 있다는 것을 나중에 알았다.

"이번에 저희가 나눔의 잔치를 하는데 이담님이 오셔서 커피 내려주실래

화천에서의 인연으로 혜화동에서 커피 봉사를 하는 중에 자원봉사 학생들과 함께. 커피의 인연을 느끼게 된 시간이었다.

요? 봉사단체라 사례비는 많이 못 드리지만……"

즉석에서 커피 트럭이 출동하는 섭외가 이루어졌다. 여행을 하는 것이 목적이지만 좋은 뜻을 하고 있는 곳이라면 언제든 가서 커피와 함께 좋은 분위기를 만들고 싶었다.

몇 달 후, 약속대로 혜화동으로 향했다. 혜화동 로타리에 있는 동성고등학교 강당이다. 약속 시간에 맞춰서 도착했는데 이미 많은 셀러들과 사람들이 모여 있었다. 강당 안에서 하는 행사라 트럭은 주차장에 세우고 핸드드립 세트와 커피 원두를 챙겨서 작은 테이블 위에 세팅했다. 이날의 커피 값은 1천원으로 정했다. 주최 측에서 약간의 사례비를 챙겨준다고 했으니 기름 값은 해결된다. 나머지는 커피가 필요한 사람들에게 대접하는 의미다. 더 많은 사람들이 커피의 진짜 맛을 알아주면 좋겠다.

세팅을 끝내고 원두를 갈아서 커피를 내리자 곧 커피향이 강당 안에 스며들었다. 사람들이 모여들었다. 그날 옆에서 도와주던 여고생 자원봉사자 둘은 열심히 물을 떠오느라 바쁘게 움직였다. 계속 드립을 하느라 몸은 피곤했지만 커피 한 잔으로 행복해하는 표정을 바라볼 수 있어서 행복했다.

그런데 이날, 딱 한 잔 커피를 못 팔았다. 약간 나이든 남자분이 오셨는데 한 모금 맛보더니 인상을 찌푸리면서 써서 못 먹겠다고 하더니 그대로 잔을 내려놓고 가버렸다. 그럴 수 있다. 입맛에 안 맞는 것을 억지로 먹는 것보다는 그냥 안 마시는 게 낫다. 그 순간 아버지 생각이 났다. 지금도 가끔 커피를 내려드리면 한 모금 맛을 보시고는 설탕을 듬뿍 타서 나머지를 드신다. 아무래도 커피는 달달한 맛으로 먹어야 하는 사람들이 분명히 있다. 그날 설탕을 따로 준비하지 못한 것이 미안했다. 설탕을 준비해 두었더라면 그 손님도 끝까지 커피를 드실 수 있었을 터인데.

포항에는 초겨울에 도착했다.

추웠다.

포항의 추억

아무리 좋아서 하는 여행이지만 오랫동안 밖으로만 돌다 보면 지친다. 잠시 쉬면서 재충전을 하고 싶을 때가 있는데, 그럴 때는 어김없이 하남 집으로 간다. 커피 여행의 베이스 캠프인 하남 집은 내가 대학 1학년 때 이사 왔다. 나는 중간 중간 집에서 나가 살 때가 많지만 부모님은 아직도 30여년을 살고 계신다. 2003년 제주로 내려간 후에는 거의 대부분을 바깥 생활을 했지만 그래도 청년기를 보낸 곳이라 하남에 들어오면 마음이 편하다.

하남시에서 몸을 추스르며 푹 쉬고 있는데 제주에 살면서 알게 된 친구 김기사한테 오랜 만에 연락이 왔다. 육지에서 사업을 하다가 실패하고 온가족이 빈털터리로 제주로 와서 재기하기 위해 열심히 일하던 친구다. 그는 제주 여행자들을 위해 자전거를 빌려주는 사업도 하고 게스트하우스도 운영하면서 그동안 가지고 있던 빚도 많이 갚았다. 머리가 좋고 열심히 일해서 꽤 많이 돈을 벌기도 하는데 또 하고 싶은 것도 많아서 새로운 사업에 몽땅 투자해서 다시 돈을 날려먹는 일이 다반사다. 제주를 떠났다는 소식을 들었는데 오랜만에 연락이 닿은 것이다.

"이담, 같이 울릉도에 들어가 보자. 지금 제주는 끝물이지만 울릉도는 좋아."

나도 커피 트럭을 몰고 울릉도로 들어가 보고 싶었다. 하지만 울릉도는 호락호락하지 않았다. 날 좋은 가을이나 봄에 들어가야 하는데 날을 잡고 보면 풍랑 때문에 배편이 취소되어서 계획을 바꿔야 했다. 김 기사는 제주에서처럼 포항에서도 열심히 살고 있었다. 포항에서 게스트하우스를 운영하기도 하고 겨울에는 과메기와 대게를 팔았다. 또 한편으로는 울릉도 배편을 열심히 팔고 있었다.

"이담, 여기 기가 막히게 좋은 카페 자리가 있어. 한번 와서 봐봐."

또 다른 날에는 이런 전화를 했다. 겨울이 시작되기 전에 친구를 만나러 포항으로 출발했다. 그가 임대해서 운영하는 게스트하우스는 영일대 해수욕장이 훤하게 내려다보이는 건물 10층에 있었다. 이곳에 앉아있으면 아침 해가 뜨는 걸 정면으로 볼 수 있다. 영일만 건너편에는 거대한 포항제철 공장에서 올라오는 연기가 보였다.

"울릉도에 가면 손바닥만한 홍합들이 널려있다. 그냥 들어가서 건져 오기만 하면 돼. 산으로 들어가면 지천에 약초들이랑 나물들이 널려있어. 이거 따다가 장아찌 만들어서 팔면 돈 좀 벌 수 있어."

제주에서도 워낙 물에 들어가는 걸 좋아하는 그는 울릉도 자랑을 침이 마르도록 했다. 그는 제주 섬에서 나와서 또 다른 섬을 바라보고 있었다.

숙소를 무료로 쓰고 있으니 여유 있게 포항주변을 돌아보기로 했다. 트럭을 몰고 구룡포를 향했다. 대한민국에서 가장 먼저 해가 뜬다는 호미곶에 가서 바다를 바라보다가 구룡포에 가서 과메기를 샀다. 다시 친구의 사무실로 돌아온 나는 구룡포 과메기를 펼쳐놓고 김 기사와 같이 먹었다. 구룡포에서 사온 과메기는 때깔부터 달랐다. 비린 맛 하나도 없이 찰 지게 입안을 황홀하게 했다. 과메기를 별로 좋아하지 않는다는 김 기사도 "이건 맛있네."하면서 많이 먹었다.

BaRam
COFFEE
POHANG
STEEL ART
FESTIVAL

포항 영일대해수욕장 앞.
일출을 보기 위해 새벽에 나가서 커피 트럭을 열었다.
기대했던 것만큼 멋진 해가 떠올랐지만 너무 추웠다.
이젠 잠시 여행을 쉴 시간이 된 것이다.
집으로 돌아가자.

다음날 새벽 일출을 보기 위해 일찍 나섰다. 영일대가 보이는 주차장 앞에서 커피 트럭을 열었다. 새벽에 커피를 마시면서 일출을 보고 싶었다. 아침 운동을 하면서 지나가는 사람이 커피를 마시러 올 수 있으면 좋은 그런 자리다. 하지만 아침 운동을 하는 사람들은 그냥 열심히 뛰거나 걷는 일에 바쁘다. 커피를 마실 여유는 아침 운동하는 사람에게는 없나 보다.

서서히 동쪽 수평선 너머가 붉게 타오르기 시작했다. 물을 끓이고 커피를 내렸다. 커피향이 피어올랐다. 수평선 너머에서 붉은 해가 비쭉 얼굴을 내밀었다. 구름도 붉게 타오르기 시작했다. 커피를 한 모금 마셨다. 역시 잘 어울린다. 춥고 쓸쓸했던 공기가 한 순간에 따스해지는 기분이다. 커피는 어떤 상황에서든 자기 역할을 해준다.

일출은 금세 끝났다. 커피는 다 마셔버리고 아침 운동을 하는 사람들은 여전히 열심히 자기 운동을 한다. 어떤 이는 뛰고 어떤 이는 걷고, 어띤 이는 스트레칭을 하고, 어떤 이는 뒤로 걷고 있다. 해는 떠올랐지만 공기는 더욱 차가워졌다. 남자 둘이 와서 커피를 달라고 했지만 5천원이라는 가격을 보더니 고개를 절래절래 흔들면서 그냥 가버렸다. 담요를 쓰고 있는데도 한기가 들어왔다. 이제 2013년의 여행을 마무리할 시간이 된 것이다.

다시 집으로 돌아가자.

Part 3

부르면 무조건 간다

겨울 지나고 봄, 다시 출발~

사계절이 뚜렷한 우리나라. 한겨울엔 매서운 추위 때문에 얼어 죽을 것만 같고, 한여름에는 더위로 쪄서 죽을 것만 같은 날씨다. 하지만 겨울이 지나면 봄이 오고, 여름이 지나면 가을이 온다. 시간은 계속 흐르고 있었다.

어느새 커피 트럭 여행을 시작하고 첫 겨울이 지나가기 시작했다. 점점 따스해지는 날씨를 느끼면서 엉덩이가 들썩이기 시작했다. 이제 다시 여행을 시작할 시기가 된 것이다. 3월까지는 아직 아침저녁으로 춥기 때문에 출발 일자를 4월 중순쯤으로 생각하고 준비를 했다.

워낙 장비가 단출하니 출발 준비랄 게 따로 없었다. 일회용 종이컵과 다니면서 볶을 생두 리스트를 정리해 보았다. 작년에 반응이 좋았던 커피들과 새로 가지고 다니면서 볶아서 맛보여줄 커피들을 로스팅해서 맛보기도 하고 시음후기를 인터넷으로 뒤져가면서 생두 목록을 작성했다. 따뜻해질 날씨에 대비해서 티셔츠와 속옷 정도를 챙기면 됐다. 이번에도 여행계획은 대충 짰다. 현장에서 움직일 때 그때그때의 흐름과 인연으로 바람처럼 흘러가면 되는 일이다.

2014년 봄을 맞아 일러스트레이터인 '너굴양'에게 메뉴판 작업을 부탁했다. 너굴양은 각종 색연필을 준비해 와서 칠판을 멋지게 장식해주고 나랑 똑같이 생긴 캐릭터를 그려주었다.

사실 계획을 꼼꼼하게 짜도 길 위에서는 어떤 일이 생길지 모르는 일이었다. 그래도 일단 출발 준비를 해야 한다. 트럭을 청소하고 생두도 종류별로 몇 키로씩 새로 주문을 해두었다. 시간 날때 이태원에 있는 챔프커피에 놀러가서 커피 이야기를 하면서 형제가 볶는 커피도 마셔보고 생두도 사왔다. 항상 열심히 하는 형제들이 고른 커피라면 믿을 수 있었다.

4월이 되면서 출발 준비를 대충 끝내고 날씨도 따듯해지고 있었다. 이제 출발만 하면 되는데 겨우내 둔해진 몸은 출발을 자꾸만 미루고 있었다. 일단 메뉴판 작업을 새로 하기로 했다. 그동안 칠판 페인트를 칠해놓은 트럭의 커피 메뉴판은 분필로 대충 썼는데 뭔가 깔끔하게 정리해서 다니고 싶었다.

커피 여행을 하면서 몇번 만나본 일러스트 작가인 너굴양에게 연락했다.

"혹시 메뉴판 좀 그려줄 수 있어? 트럭에 붙이고 다니는 거. 작업비는 없지만 대신 커피랑 맛있는 저녁 식사 대접을 할께."

▲ 창원에서 커피 모임을 하고 나오니 누군가가 노트에 쓱쓱 내 얼굴을 그려서 선물을 해주었다.

◀ 자라섬에서 사람들이 시럽과 라떼를 많이 찾아서 아예 'No Sugar, No Milk, Only Coffee'라고 써놨다.

"커피 아저씨? 좋아요. 맛있는 커피나 많이 주세요."

우리는 상암동쪽 차가 잘 안 다니는 공원 근처에 트럭을 세우고 작업했다. 너굴양은 부산 바람종카페 벽에도 일러스트로 그림을 그려놓아서 알게된 그림 작가이다. 눈 아래에 살짝 다크서클이 있어서 어렸을 때부터 너굴양이라는 닉네임으로 활동하고 있는 예쁜 아가씨다. 스포츠마케팅 회사에서 일을 하다가 뒤늦게 프리랜서로 독립해서 그림 그리는 일을 하고 있다.

각종 펜과 잉크를 바리바리 싸들고 온 너굴양은 바람커피로드 메뉴판에 예쁘게 글씨를 채우고, 그의 특기를 살려서 내가 커피를 내리는 모습까지 메뉴판에 그렸다. 대충 내 모습을 그린 것 같은데 손님들이 메뉴판의 그림을 보면서 나랑 똑같이 생겼다면서 아주 즐거워 한다.

너굴양과는 그 이후에도 종종 같이 작업하고 있는데 그때마다 그림이 주는 힘을 느끼게 된다. 예를 들어 홍대 앞에 있는 서교동예술센터 앞에서 커피 트럭을 열고 손님들이 커피 한 잔을 사면 그 종이 커피 잔에 너굴양의 일러스트 그림을 그려주는 이벤트 같은 것이다. 맛있는 커피를 마신 손님의 컵에 너굴양이 쓱쓱 그림을 그려주면 평범하고 버려져야 했던 커피잔이 하나의 작품으로 변신한다. 마치 마술같다.

메뉴판도 새롭게 완성이 됐으니 이제 출발만 하면 된다.

2014년 4월 16일 세월호 사건이 벌어진 후에는 아무 것도 못하는 나날이 계속 이어졌다. 그러다가 춘천 소양예술농원에서 김덕수 사물놀이의 '진도씻김굿' 공연이 열린다기에 춘천사람들과 함께 배를 타고 농원으로 넘어갔다.
오월의 춘천은 아름다웠지만, 마음은 무거웠다. 진도 앞바다에서 난 사고였다. 진도의 씻김굿이 차가운 바다 속에서 떠도는 희생자들의 원혼을 위로해주길 바랬다.

진도씻김굿을 보며 펑펑 울다

출발 준비를 얼추 끝낸 4월 16일이었다. 그날은 그냥 집에서 밥을 해먹고 봄 여행을 위해 로스팅을 하고 있었는데 TV에서 세월호 사고 소식이 속보로 떴다. 근방에 어선도 많고 섬도 많은 곳이다. '전원구조'라는 자막도 보였다. 큰 사고는 아닐 거라 생각하고 계속 여행에 쓸 커피를 볶았다. 트럭에서 커피를 볶을 수 있지만 아무래도 바람이라든가 날씨의 영향을 받기 때문에 집에 머물 때는 부엌에서 커피를 볶아서 가지고 나가는 것이 더 편했다.

그런데 커피를 다 볶고 나서 다시 TV를 켜니 세월호 사고는 최악의 상황으로 변했다. 바로 몇 달 전에 제주에서 인천으로 오는 오하마나호에 커피 트럭을 싣고 올라 왔었다. 세월호는 오하마나호와 함께 인천과 제주를 오가는 쌍둥이 배다. 가끔 배를 타고 제주를 오갈 때 수학여행을 가는 학생들과 같이 내려가곤 했었다. 그 어린 학생들의 재잘거림이 들려오는 것 같았다. 제주행 여객선의 사고 소식은 남의 일 같지가 않았다. 벌써 몇 번이나 오갔던 뱃길이었다.

이해할 수 없는 상황이 계속 되었다. 그 이후로도 TV에서는 사고 소식을 계속 전했지만 좋은 소식은 하나도 없었다. 절망적인 상황을 실시간 중계방송으로 보는 건 괴로웠다. 이 나라의 시스템은 도대체 어디로 간 것일까? 나는 여행을 시작할 수가 없었다. 나라 전체가 비통에 젖어있는 상황에서 커피를 들고 편하게 여행을 하기에는 너무나 죄스럽고 답답한 마음뿐이었다.

4월 중에 출발하려고 했던 커피 여행을 취소할 수밖에 없었다. 언제 다시 출발하게 될지는 몰랐지만 당분간은 움직이지 않기로 했다. 아니 움직일 수가 없었던 것이다.

세월호 사고가 터지고 나서 온 나라가 모두 멈춰 버렸다. 각종 모임과 행사는 취소되고 사람들은 밖으로 나가질 않았다. 나 또한 한참을 우울하게 집에서 조용히 지내고 있었는데 전화가 울렸다.

"이담님, 춘천에 한번 오세요."

춘천 파피루스의 원보경 대표의 전화였다. 모두가 너무 우울하게 있으니 안 되겠다 싶었나 보다. 파피루스 마당에서 커피 트럭을 놓고 맛있는 커피와 함께 자그마한 모임을 하고 싶다고 했다. 아직 세월호의 충격이 여전히 남아있지만 이렇게만 있으면 안 될 것 같았다. 5월 중순의 날씨는 화창하다 못해 눈이 부실 정도로 반짝이고 있었다. 일단 춘천 파피루스의 한옥갤러리에서 며칠 있으면서 그 다음 계획을 하기로 했다.

나는 오랫동안 주차장에 세워두었던 트럭을 끌고 나가서 세차를 하고 짐을 챙겨서 춘천으로 향했다. 춘천은 '봄내'라는 뜻이 있다. 오월의 춘천은 맑고 화창했다. 몇 개월 만에 다시 만난 원보경 대표는 여전히 활기찼다. 마당에 커피 트럭을 세워두고 커피 내릴 준비를 하고 있으니 춘천 사람들이 하나둘씩 모이기 시작했다.

지난번 모임에서 멋지게 색소폰을 불어주던 김진묵 선생님도 찾아왔고 커다란 인형을 만드는 강대선 작가도 찾아왔다. 강 작가는 생긴 모습이 나하고도 비슷해 잃어버린 형제를 찾은 것 같다며 사람들이 놀렸다. 우연히 찍힌 사진에 대선 씨와 내가 마치 데칼코마니처럼 똑 같은 모습을 하고 있어서 나도 깜짝 놀랄 정도였다. 오랜 만에 찾아온 커피 트럭 앞에 사람들이 모여서 커피를 마시면서 웃고 이야기를 했다. 가슴에는 노란리본을 하나씩 달고 있었다. 아직 세월호의 여파는 남아 있었지만 그래도 커피가 위로를 해주고 있어서 다행이었다.

낮에는 찾아오는 사람들에게 커피를 내려주고 밤에는 한옥갤러리에서 잠을 자면서 며칠을 보내고 있는데 원보경 대표가 오더니 "오늘은 소양강댐으로 놀러가죠. 소양예술농원에서 김덕수 사물놀이패가 와서 공연을 한대요."

마다할 이유가 없었다. 강대선 작가와 마침 춘천으로 놀러온 강원도 SNS 홍보위원으로 활동하고 있던 블로거 김대영 씨도 같이 일행이 됐다. 소양예술농원은 소양강댐으로 올라가서 유람선 터미널로 가면 예술농원 전용 배를 타고 들어가야만 하는 곳에 있었다. 육로는 없고 배를 타고 들어가야 하는 곳이다. 이곳 최인규 사장은 소양호 토박이라고 했다. 소양댐이 만들어지고 청평골 고향마을이 수몰이 되어 외지로 나갈 수밖에 없었다. 나중에 육로가 없는 이곳으로 돌아와 직접 다시 집을 지은 것이다. 농원에는 숙박시설과 닭갈비 전문 식당, 그리고 야외 공연장이 있다. 이곳에서 김덕수 사물놀이패가 와서 세월호 희생자를 위한 진도씻김굿을 하는 것이다.

'진도씻김굿'은 죽은 이의 영혼이 이승에서 풀지 못한 원한을 풀고서 즐겁고 편안한 세계로 갈 수 있도록 기원하는 굿이다. 세월호 사고가 난지 한 달이 조금 지난 5월 18일이었다. 광주민주화운동이 벌어진 날이기도 했다. 왜 봄에는 이렇게 슬프고 힘든 일들이 많은가?

진도씻김굿이 시작되자 갑자기 눈물이 펑펑 쏟아지기 시작했다. 전혀 예상치 못했던 일이었다. 흐느끼듯 천천히 흘러나오는 부녀의 노랫소리는 처연하면서도 묘하게 위로가 되었다. 세월호 사건이 터진 이후에 참 많이도 갑갑하고 힘들었나보다. 세월호 희생자들의 영혼이 위로를 받기를 바라면서 한참을 눈물을 흘릴 수밖에 없었다.

춘천 고택 앞에서 파피루스 대표 보경 씨와 함께.
춘천에 갈 때마다 같이 일을 벌이고 있기 때문에
이젠 오누이 같은 사이가 됐다.

춘천, 홍천, 영월 찍고 정선으로

춘천에서 며칠을 더 보낸 후에는 아예 강원도를 다녀보기로 했다. 2014년 5월은 강원도의 달이었다. 춘전 파피루스 한옥갤러리에서 며칠을 묵으면서 커피를 내리다가 홍천의 고물섬 친구들이 새롭게 캠핑장을 오픈했다고 해서 찾아갔다. 원래 있던 고물섬 게스트하우스에서 꽤 떨어진 곳에 그들의 캠핑장이 있었다.

예전에 식당으로 썼던 건물을 리모델링했고 마당에는 미군부대에서 집어온 것 같은 트럭과 막사가 설치돼 있었다. 세 남자가 겨울 동안 열심히 직접 리모델링을 한 것이다. 게스트하우스를 맡고 있는 수훈이는 아예 경트럭으로 조그만 커피 트럭을 장만해 놓고, 커피 로스팅과 커피 드립도 열심히 연습하고 있었다. 나는 도착하자마자 통돌이를 설치하고 수훈이를 불러서 커피 로스팅을 하면서 보여주었다. 통돌이 커피 로스팅은 무조건 돌려봐야 알 수 있다. 이론보다는 몸으로 느껴야 한다.

커피 로스팅을 끝내고 저녁이 되자 다시 네 남자들이 둘러앉아서 바비큐 파티를 했다. 여행을 하면서 만난 동생들인데 벌써 정이 많이 들어버렸다. 그날 역시 많은 고기와 술이 없어졌고, 커피도 많이 먹어치웠다. 술을 먹다가 커피가 마시고 싶어지면 물만 끓여서 커피를 내리면 된다. 술을 마시면서 커피를 마시면 잘 취하지도 않고 아침에 일어날 때도 개운하다.

홍천 고물섬에서 1박을 하고는 다음날은 영월로 넘어갔다. 대전의 블로거 김대영 씨와 영월의 김삿갓 계곡에 있는 한 캠핑장에서 만나기로 했다. 영월은 깎아지른 산과 계곡 사이, 동강과 서강이 만나는 곳에 자리 잡고 있었다. 조선조 6대 임금에서 숙부인 수양대군에게 왕위를 빼앗긴 단종이 머물던 유배지인 창령포는 삼면이 강으로 둘러싸여 있고 뒤로는 절벽으로 가로 막혀 있는데 산속의 섬과 같은 곳이다. 그 앞을 보니 역시 유배지로 쓰일 만큼 고독한 곳이었다.

김삿갓 계곡은 영월읍내에서도 한참을 들어가야 했다. 따뜻한 봄이 됐지만 계곡 속은 서늘하다 못해 추웠다. 그곳에서도 만나는 사람들에게 커피를 내려주면서 돌아다녔다.

그렇게 오월은 춘천과 홍천, 영월, 정선을 돌아다녔다. 산이 많은 곳이라 트럭이 움직이기는 힘들었지만 그래도 쉬엄쉬엄 돌아다녔다. 정선 가리왕산 앞의 게스트하우스에서 커피 트럭을 정차시키고 며칠 지내면서 답답했던 마음이 조금은 풀어지는 것을 느꼈다. 강원도의 깊은 산 속에서 느끼는 평화였다. 전직 산악인이었던 여자 분이 운영하는 게스트하우스에서 옻닭 파티가 열렸다. 근처에 사는 마을 친구들이 모두 와서 닭을 삶고 각종 나물과 장아찌를 꺼내왔다. 떠들썩하게 한바탕 놀다가 떠난 자리는 다시 조용해졌다.

이 게스트하우스는 산 중턱에 있는 오래된 집을 개조했는데 공사를 하던 사람들이 마무리를 해놓지 않고 떠나버려서 주인장이 마무리를 해 놨다. 그래서 그런지 여기저기 허술한 곳이 보였지만 방은 시원했고 특히 창밖으로 보이는 풍경이 좋았다. 새벽에 눈이 떠져서 툇마루에 앉아서 조용한 마을을 내려다보는 느낌은 너무 좋았다. 산속 한 가운데 온통 녹색의 물결이다. 역시 강원도다. 하지만 다시 도시가 그리워지기 시작했다.

춘천에서 나온 후 강원도 영월과 정선을 돌았다. 짙은 녹색 숲속에서의 시간은 마음의 평화를 주었지만 또 다시 도시의 번잡함이 그리워지기도 했다.

대구를 모르고 커피를 논하지 마라

6월 중순인데도 대구의 아스팔트는 화끈화끈 뜨거운 열기를 내뿜었다. 한낮의 대구는 주변을 에워싼 공기조차 헤어드라이기에서 나오는 열기만큼이나 뜨거웠다. 강원도를 한 바퀴 돌다가 더 더워지기 전에 서둘러 대구에 도착하길 천만다행이다. 조금만 더 시간이 지나면 대구는 엄청나게 뜨거워질 것이다. 얼마나 더우면 '대프리카'라는 말이 나왔을까? 언제부터인가 더위에 약해진 나로서는 더위가 너무 싫다. 에어컨도 안 나오는 트럭을 몰고 무더위를 뚫고 다닐 생각만 해도 머리가 어질어질해졌다.

하지만 대구는 커피를 하는 사람으로서는 그냥 지나칠 수 없는 곳이다. 대구는 부산과 포항, 울산과 더불어서 경상도를 대표하는 커피집들이 모여 있는 곳이다. 대구 사람들은 일찍부터 좋은 카페를 찾아내어 커피를 마고 커피를 즐길 줄 알았다. 대구에 엄청난 규모의 먹자골목들이 존재하는 이유는 가치가 있는 것에 돈을 아끼지 않는 대구사람들의 기질이 한 몫을 했을 것이다. 여기저기 돌아다녀 봐도 서울을 제외하고 커피를 가장 사랑하는 지역은 대구가 아닐까 싶다.

대구는 오래 전부터 자리를 잡고 있는 카페뿐만 아니라 계속 새롭게 수준

높은 카페가 생겨나는 곳이다. 또 새로운 문물과 재미있는 것에 대해 열린 마음을 갖고 있는 도시인 것 같기도 하다. 커피 트럭을 몰고 다니는 내게도 꽤 호의적이다. 다만 대구도 너무 대도시라 트럭을 세워둘 곳을 찾기가 어려운 것이 문제라면 문제다.

페이스북으로 알게 된 몇몇 지인이 커피 트럭을 초청해 주었다. 첫 모임은 대구 호수공원 옆 공터였다. 초저녁 무렵 풀밭 위 벤치에 자리를 잡고 모인 사람들과 함께 커피를 내려 마시면서 이야기를 했다. 공원이라 관리하는 사람들이 와서 뭐라뭐라 했지만 장사를 하는 것이 아니고 지인들끼리 커피를 내려 마시는 것이라 큰 문제는 되지 않았다. 커피 트럭을 열고 제대로 장사했으면 바로 제지당했을 것이다.

한국에서는 푸드 트럭을 열고 장사할만한 곳이 정말 찾기 어렵다. 길거리에서 커피 트럭을 열지 않고 계속 모임이니 이벤드를 진행하면서 나니는 이유이기도 하다. 대구의 커피 애호가들은 커피 트럭을 환영해주었다. 시내의 더 스타일 게스트하우스의 주인장 김성훈 씨는 흔쾌히 1층 카페공간을 내주어 모임을 열고 커피를 팔 수 있게 해주었다. 내가 대구에 있다는 소식을 들은 페북 친구들은 먼 곳까지 일부러 찾아와서 커피를 마시고 이야기를 하다 갔다.

▶ 대구 호수공원에서 즉식 커피파티를 열었다. 6월의 대구는 벌써 더워지기 시작하고 있다.

여름의 끝자락, 괴산에서 벌어지는 페스티벌에 커피 트럭 풍만이가 찾아갔다. 내륙 깊숙한 시골에서 벌어지는 뮤직페스티벌에 얼마나 많은 사람들이 올지 궁금했지만, 사실 무척 재밌는 페스티벌이었다. 해마다 페스티벌이 열릴 때마다 찾아가기로 마음먹었다.

유기농 포크가수 사이와 신나는 괴산페스티벌

<서울을 떠나는 사람들>을 함께 집필한 저자 중에는 괴산에서 사는 유기농 포크가수 사이가 있다. 여행을 하면서 같이 글을 쓴 사람들을 가능하면 다 만나보고 싶었다. 이미 화천의 극단 뛰다는 방문해보았으니 가수 사이를 보기로 마음먹었다. 마침 8월 말에 괴산뮤직페스티벌을 한다는 소식이 들려왔다. 충청북도 괴산이라는 곳에서 뮤직페스티벌이라니! 어떻게 진행될지 상상이 잘 안 되었다. 사이에게 메시지를 보내서 커피 트럭이 들어갈 수 있는지 물어봤더니 아무런 문제없다고, 날짜에 맞춰서 들어오라는 답장이 왔다.

괴산은 사과와 고추가 유명하다는 것밖에 몰랐다. 페스티벌 오픈 날짜에 맞춰서 핸들을 돌렸다. 8월말이지만 아직은 뜨거웠다. 내비가 알려주는 루트를 따라서 열심히 달리다보니 어느새 괴산읍내에 들어갔다. 페스티벌이 열리는 곳까지는 아직도 20여 분을 더 가야한다. 읍내는 괴산고추축제 깃발이 펄럭이고 있었지만 뮤직페스티벌이 열린다는 깃발이나 플랜카드는 보이지 않았다. 읍내에서는 괴산 페스티벌이 열리는 것을 모르는 것 같았다.

내비를 따라서 괴강을 건너고(괴산에 괴강이 있다는 것도 이때 처음 알았다), 괴산청소년수련관에 도착했다. 이른 시간에 도착해서인지 운동장 한쪽 구석에서 무대를 설치하고 있었다. 오늘 저녁에 페스티벌인데 이제야 무대를 설치하다니. 뭔가 불안했지만 정작 뮤직페스티벌 관계자들은 느긋했다. 일단 트럭을 적당한 자리에 주차시키고 커피 내릴 준비를 했다. 트럭 문을 열고 테이블과 의자를 내어 놓고, 가스를 연결해서 물을 끓일 수 있도록 했다. 다들 느긋하게 움직이니 나도 급하게 움직일 필요가 없었다.

괴산페스티벌은 2014년 현재 4회째다. 이곳 괴산에 사는 사이 씨가 '시골에서 돈 없이도 재밌게 놀 수 있다'는 것을 보여 주기 위해 2011년 근처 폐교를 빌려 시작했다. 포스터를 보면 '축제는 낮부터 아주 늦은 밤까지' '주차장 없음, 친절함 없음, 엄-마 없음', 서로 나눠 먹을 것을 가져와보자, 입장료는 형편에 따라 등등 페스티벌에서 준수해야 할 여러 가지 사항들이 쓰여 있다.

여기까지 와서 공연해줄 뮤지션이 있을까? 내심 우려했는데 의외로 묵직한 뮤지션들이 보인다. 재밌게 놀고 싶어 하는 사람들이 와서 공연하고 관객이 되고 자원봉사자가 되는 멋진 페스티벌이다. 나는 운동장 입구 쪽에, 그리고 바로 앞에는 솜사탕을 예술적으로 만드는 아저씨가 자리를 잡았다.

페스티벌은 걱정과는 다르게 순조롭게 진행되었다. 멀리서 온 관람객들과 근처의 괴산 주민들은 운동장에 돗자리를 펴서 앉고 옆에 텐트를 쳐놓고 공연을 편안하게 즐겼다. 나 또한 흘러나오는 음악소리를 들으면서 커피를 내리기 시작했다. 이날의 수익금 중 일부는 괴산페스티벌의 후원금으로 사용할 예정이었다. 얼마가 벌릴지는 모르지만 음악과 커피는 잘 어울리는 한 쌍이다. 페스티벌에 참여하는 뮤지션들의 성향은 다양해서 지루하지 않았고, 관람객들은 음악에 따라 조용히 감상하거나 춤을 추면서 뛰기도 했다.

밤이 되면서 페스티벌의 열기가 한창 뜨거워졌다. 나도 열심히 커피를 내리고 있는데 개량한복을 입고 수염을 기른 분이 오셔서 가만히 커피를 내리는 걸 쳐다보다가 "아니, 커피 값이 어떻게 5천원이나 하나? 너무 비싸게 받는 거 아니냐?"고 시비를 걸듯이 이야기했다. 막걸리를 좀 드셨는지 얼굴이 발갛게 달아올랐고 혀가 살짝 꼬여있다.

트럭을 열어 놓고 있으면 가끔 시비를 걸러 오는 사람들이 있다. 그냥 대충 대답하고 보내드리지만 어떤 분들은 커피를 하는 사람 입장에서 듣기 거북할 정도로 집요하게 딴지를 걸기도 한다. 다행이 이분은 그 정도는 아니고, 진심으로 커피 값이 너무 비싸다고 느낀 것 같았다. 주문받은 커피를 내릴 때 원두분량을 더 써서 커피 한 잔을 더 내려 그분께 드렸다. 에티오피아 시다모였다.

"커피 한 잔 드셔보세요. 이 커피는 단순한 음료가 아니에요. 커피를 마시면 마음이 움직이기 때문에 그만한 가치가 있죠."

그 분은 커피 한 잔을 다 드시고 다른 데로 가지 않고 커피 내리는 모습을 계속 보고 있어서 나도 커피 한 잔 마실 겸 인도네시아 만델링을 진하게 내려서 더 드렸다. 페스티벌 무대에선 일렉트로닉 계열의 공연이 진행되고 있었다. 관객들은 모두 일어나서 춤을 추고 있었다. 만델링은 당연하지만 기가 막히게 맛있었다. 조금은 차가워진 공기와 일렉트로닉의 둥둥거리는 북소리는 만델링의 그 진하고 향기로운 맛과 어우러졌다.

"이건 정말 맛있는 커피군. 마치 재즈 음악처럼 느껴지네."

만델링을 드시던 남자분이 나지막하게 탄성을 터트렸다. 어느새 우리는 트럭을 사이에 두고 만델링을 바닥까지 핥아 마시는 사이가 됐다. 커피를 다 마신 후에 그분은 굳이 커피 값 5천원을 내 손에 쥐어주고 갔다. 나도 굳이 거절하지 않고 5천원을 받고 성함을 물어보니 동요가수 이성원이라고 했다.

페스티벌은 새벽까지 계속 됐다. 관객들과 공연자들은 함께 노래하고 춤을 추다가 새벽이 돼서야 조용해졌다. 나도 트럭을 정리하고 짐칸에 매트를 깔고 침낭 속에 들어갔다. 자기 전에 유튜브에서 이성원의 동요를 검색했다. 익히 알고 있는 동요들이 이성원의 목소리로 흘러 나왔다. 한 음 한 음 정성들여 노래하는 목소리다. 조금은 낯설다. 나이든 남자 어른도 이런 목소리로 동요를 부를 수 있구나. 그날은 동요를 들으면서 깊이 잠에 빠져들었다.

"우리 다큐멘터리 하나 찍어볼래요?"

어느 날 메일을 열어보니 낯선 메일이 있었다. 예전에 제주 바람카페의 손님이었던 소혜 씨의 남편인 현진식 감독이 보낸 메일이었다. 잠시 어안이 벙벙했지만 커피 여행을 영상으로 남겨보면 좋겠다는 생각이 들었다.

첫 미팅은 소혜 씨가 사무실을 쓰고 있는 망원동의 건물 옥상이었다. 나는 커피를 준비하고 소혜 씨와 그의 동료 소영 씨는 몇 가지 음식과 와인을 준비했다. 우리는 햇빛이 쏟아지는 옥상에서 음식과 와인을 먹고, 내가 준비해 간 커피를 내려 마셨다.

현진식 감독은 제주 서귀포가 고향인데 제주에서는 한 번도 못보고 망원동 옥상에서 처음 만났다. 바람카페에 와서 커피를 마신 적이 있다는데, 난 기억하지 못하고 있었다. 현 감독은 그때 내가 내린 커피를 맛있게 먹은 기억이 있어 마침 커피 트럭 여행을 하고 있다는 소식을 듣고 다큐멘터리로 만들고 싶다는 생각을 했다고 한다.

우리는 몇 가지 원칙을 정한 후에 다큐를 촬영하기로 했다. 원칙이라고 해야 '영화를 위해 인위적인 설정을 하지 않는다'와 '여행 일정에 간섭하지 않는다.' 정도였다. 예전에 TV 방송에 출연해본 적이 있는데, 그땐 '이렇게 해라, 저

커피 트럭 여행자의 일상을 담아낸 다큐멘터리 '바람커피로드'의 현진식 감독. 본인이 워낙 커피를 좋아하는 마니아라 커피 영화를 만들고 싶었다고 했다. 우리는 서로의 영역을 간섭하지 않기로 하고 촬영을 시작했다. 현 감독은 카메라를 드는 순간 투명인간처럼 변신하는 능력의 소유자라 영화에서는 커피를 마시고 이야기하는 사람들의 자연스런 표정들이 잘 담겨있다.

렇게 해라'는 주문이 너무 많아 힘도 들고 짜증도 났기 때문이다. 긴 시간을 함께 찍어야 하는 다큐멘터리에선 그런 일들이 생기면 너무 힘들 것 같았다. 나 또한 감독에게 이런저런 요구를 가능하면 하지 않을 작정이었다. 커피 여행은 내 것이지만, 영화는 감독의 것이라고 생각했다. 재료를 어떻게 요리할지는 요리사의 마음이다.

첫 번째 촬영은 며칠 후 의정부에서 진행했다. 의정부 문화발전소의 황현호 소장이 몇 명을 불러 같이 저녁식사와 커피를 마시자는 연락을 했는데 그날 처음으로 동행했다. 일종의 테스트 촬영이었다. 카메라가 앞에 있으면 어떻든 긴장하기 마련이다. 하지만 다행히 이미 몇 번 얼굴을 본 사람들이 같이 있어서 편하게 촬영이 시작됐다. 사진작가인 김석종 선생님이 얼마 전부터 배운 이탈리아 요리 솜씨로 스파게티를 만들었고, 황현호 소장은 유기농 콩으로 만든 일명 '마약두부'란 걸 주문해서 가지고 왔다. 몇 잔의 막걸리가 돌고 또 몇 잔의 커피가 내려졌다.

2016년 DMZ국제다큐영화제에서 바람커피로드를 상영한 후 기념사진을 찍었다. 관객들의 반응이 무척 좋았다.

좁은 방에서 여러 사람들이 옹기종기 모여서 먹고 커피를 마셨는데 무척 재밌고 즐거웠다. 카메라를 든 현 감독은 놀랍게도 어느새 투명인간처럼 존재감 없이 촬영하고 있었다. 사람들도 처음에는 카메라 앞이라 긴장했지만 또 어느새 편안하게 상황을 즐기고 있었다.

밖은 비가 내리기 시작했다. 스파게티와 두부와 커피로 배를 채운 우리들은 2차로 근처에 있는 지인의 초벌구이 고기집으로 갔다. 고기와 소주를 배불리 먹고서 나는 또 커피를 내려야만 했다. 아직 커피를 제대로 못 마셔봤다는 식당 사장 내외와 여전히 맛있는 커피가 고프다는 모임 참석자들이 계속 커피를 원했기 때문이다.

커피의 매력은 어울림이다. 달콤한 케이크와 마시는 커피도 맛있고, 스파게티와 두부를 먹고 마시는 커피도 맛있고, 고기와 소주를 먹은 후에 마시는 커피도 맛있다. 그래서 커피를 들고 다니는 커피 여행자는 어디서든 환영받는다. 그게 커피의 매력이자 커피의 힘이다.

첫날 카메라 테스트 겸 촬영은 그렇게 끝났다. 현 감독은 시간이 날 때마다 커피 트럭 여행을 따라 다니면서 2년 정도를 함께 다니면서 촬영했다. 그 촬영의 결과가 다큐멘터리 영화 '바람커피로드'다.

예가체프라는 이름의 즉흥곡

본격적으로 다큐촬영을 시작한 것은 늦더위가 남아있던 2014년 8월 말이었다. 뜨거웠던 여름 더위가 한풀 꺾이기 시작했다. 2014년 하반기 여행을 춘천부터 시작해서 동해안까지 도착하는 것으로 일정을 잡았다.

다시 찾은 춘천은 이번에도 커피 여행자를 환영해주었다. 파피루스의 한옥갤러리 앞에 트럭을 세우고서 커피를 내리기 시작했다. 많은 사람들이 커피를 마시러 찾아와주었고, 마당에선 저녁때쯤 술자리까지 펼쳐져서 새벽까지 이어졌다. 다음날 우리는 춘천 근처 산 중턱에서 사시는 김진묵 선생님을 찾아가기로 했다. 춘천에 트럭을 몰고 갈 때마다 일부러 찾아오셔서 꼭 커피를 드시고 같이 시간을 함께 보내주셨기 때문에 나도 댁에 찾아뵙고 하루를 같이 보내려고 약속을 잡았던 것이다.

내비에 주소를 받아서 등록해보니 소양호를 넘어 30~40분 정도 가는 거리다. 꽤 멀다. 난 마트에 들러서 닭백숙용 재료로 토종닭과 마늘, 그리고 사이드로 불고기와 야채를 사고 소주와 막걸리도 몇병 사서 출발했다. 산 입구에 도착하니 선생님이 마중을 나왔다.

"트럭으로는 집까지 못 올라가니 내 차로 갈아타고 올라가세."

커피 도구를 챙겨들고 선생님의 낡은 지프차로 옮겨 탔다. 뒷자리 짐칸에는 현진식 감독이 카메라를 들고 앉았다. 차는 곧바로 산길로 들어서더니 덜컹덜컹 거리면서 위로, 위로 올라가기 시작했다. 며칠 전에 큰 비가 와서 길이 엉망이라고 미리 경고는 받았지만, 이런 산길 위에 어떻게 집이 있는지 이해가 안 됐다.

약 10여 분을 올라가서 드디어 산 중턱에 있는 선생님 집 마당에 도착했다. 해발은 그렇게 높지는 않지만 주위를 둘러보니 첩첩산중 안쪽이라 해발 1000미터는 되는 기분이다. 집 안으로 들어가니 생각했던 것보다는 넓고 쾌적했다. 한쪽 구석에는 간이침대와 흔들의자가 놓여있고 그 옆에는 업라이트 피아노와 선생님이 부는 색소폰도 있다. 부엌도 쓸 만해서 음식하기도 괜찮고 식탁도 준비돼 있다.

김진묵 선생님과 둘이 함께 찍은 사진이 별로 없다. 춘천 오항리에서 1박을 하고나서 헤어지기 전에 찍은 사진인데, 바로 그 전날 커피와 소주와 막걸리와 음악으로 거창하고 멋진 파티가 벌어졌었다.

일단 커피를 하나 갈아서 내려드리고 음식을 준비했다. 토종닭은 깨끗이 씻고 마늘만 한 주먹 넣고 백숙을 끓이기 시작했다. 마트에서 사온 양념불고기를 프라이팬에 볶고, 야채를 씻어서 샐러드를 만들었다. 백숙이 익는 동안 불고기와 샐러드를 먼저 먹기 시작했다. 나는 소주를 따라 마시고 선생님은 막걸리를 드시기 시작했다. 산속이라서 그런지 술이 저절로 들어갔다. 백숙이 다 되어서 닭을 꺼내오고 육수에는 찹쌀을 씻어 넣어서 죽을 끓이기 시작했다. 닭을 다 먹는 동안 맛있는 죽이 완성될 것이다. 소주병은 점점 늘어났다. 선생님은 막걸리 한 잔 들어가자 자신의 전공인 흑인음악 이야기부터 시작해서 락과 재즈, 뽕짝까지 이야기보따리를 풀어 놓으셨다.

낮에 시작한 술자리가 어두컴컴한 저녁때까지 이어졌다. 이날 나는 몇 병의 소주를 마셨을까? 먹다가 남으면 두고 오려고 소주를 10병 쯤 산 것 같은데 그게 다 없어졌다. 선생님은 막걸리 3병쯤은 드셨을 것이다. 몸은 취했지만 머리는 맑았다. 중간중간에 몸이 힘들면 커피를 내려서 마시고 다시 술을 마셨다.

"이 커피는 뭐지?"

"에티오피아 예가체프에요."

술에 취한 상태에서도 예가체프는 향기롭고 감미로웠다. 날이 점점 어두워지고 있었다.

"내가 예가체프라는 즉흥곡을 연주해 볼께."

더운 날씨에 이미 웃통을 벗고 있던 선생님은 색소폰을 목에 걸더니 멋드러지게 불기 시작했다. 한동안 산골짜기를 따라 색소폰 소리가 물결치면서 흘러갔다. 맛있는 안주와 수없이 오간 술잔들, 그리고 커피와 음악이 어우러진 너무나 행복한 시간이었다.

깊고 깊은 지리산 속 산내에서의 커피 모임

경상도를 여기저기를 다니다가 진주를 거쳐 지리산 산내를 향해 출발하는 날이 됐다. 벌써 여름이 훌쩍 지나가고 9월의 끝을 향해 달려가고 있었다. 제주에 다음커뮤니케이션이 있었던 시절, 그때 다음세대재단에서 일하던 조아신 씨가 지리산에서 살고 있으니 커피를 들고 오라는 메시지를 받았다. 지리산 산내의 마을카페 '토닥'에 와서 커피를 좀 봐주면 좋겠다는 내용과 함께 게스트하우스의 방 하나를 내줄테니 편하게 쉬고 가라는 내용이었다. 거부할 수 없는 제안이었다. 여행자의 삶을 살기 시작하면서 결심한 것은 부르면 달려가자, 재워주면 자자, 먹여주면 먹자 정도를 생각하고 있었는데 여기에 딱 맞았다.

지리산 산내는 실상사가 있고, 실상사 작은학교라는 대안학교도 있어서 귀농, 귀촌해서 내려간 도시 사람들이 많이 살고 있는 곳이다. 트럭은 지리산 남원에서 일광을 거쳐 산내로 들어가는데 일광을 지나자 깊은 계곡을 따라 한참을 더 들어갔다. 겉으로 봤을 때보다 지리산은 훨씬 깊다. 산에 올라가는 걸 별로 좋아하지 않아서 대학시절 친구들이 지리산 종주를 한다고 떠날 때 환송식만 하고는 지리산은 근처에도 가지 않았었다. 산 밑 계곡에서 발 담그고

지리산 산내 아침산책 중 만난 실상사 풍경.
느릿느릿 걸어 다니는 것이 좋았다.

노는 것이 훨씬 좋았다. 그런데 나이 50이 되어 지리산으로 들어가 보는 것이다. 왜 어렸을 때 더 열심히 안 다닌 것일까? 계곡 사이 도로를 운전하면서 펼쳐진 경치에 감탄하고 후회도 하면서 천천히 달렸다.

산내는 꽤 큰 마을이었다. 산내에 있는 사람들은 농사도 짓고 게스트하우스도 하고 글도 쓰고 요리도 하고 빵도 만들고 요가도 하고 마을신문도 만들면서 일종의 공동체처럼 오순도순 재밌게 살고 있었다. 산내 마을에서 운영하는 귀촌학교는 항상 인기가 많아서 개학 공지가 올라가면 순식간에 정원이 찰 정도였다.

산내의 마을카페 토닥은 그런 사람들이 모이는 공간이었다. 이곳에서 사람들은 커피를 마시고 간단한 식사도 하고 이야기도 하고 아이들을 기다리고 새로운 재밌는 일을 도모한다. 토닥 앞에 도착해서 전화를 하자 아신 씨가 마중을 나왔다. 항상 싱글벙글 웃는 얼굴이다. 일단 숙소로 안내해줬다. 감꽃홍시 게스트하우스. 소박한 한옥을 게스트하우스로 꾸몄다. 옛날식의 툇마루와 옛날식의 창호지문 그리고 옛날식의 구들장이 있는 그런 방이었다. 아쉽게도 지금은 문을 닫아 다시는 갈 수 없지만 그땐 그냥 시골집에 놀러온 것만 같은 기분이 들었다. 마당에는 각종 꽃들과 채소들이 자라고 있고 평상도 놓여있다. 9월 중순이지만 지리산의 밤은 추울 거라며 아신 씨가 아궁이에 불을 때주었다.

이날 저녁 무렵 시작된 커피 모임은 산내 마을사람들뿐만 아니라 근처에 놀러왔다가 카페로 커피를 마시러온 여행자들이 함께 했다. 서로 잘 모르는 사람들도 많았지만 지리산의 품 안에서 모두늘 싱글 오리진 커피의 개성에 한껏 취해서 커피를 즐긴 시간이었다. 그런데 커피 모임을 끝내고 모두 돌아간 후에 아신 씨가 조금 미안한 얼굴로 왔다. 여행 온 사람들이 참가비를 안 내고 그냥 가서 사례금이 거의 없다는 것이다. 조금 서운하기는 했지만 이런 날도 있는 것이다. 모두 즐겁게 커피를 마시고 행복해했으니 그걸로 됐다.

▲ 지리산 산내의 마을카페 토닥. 동네 사랑방과 같은 곳이다.

▼ 실상사 작은학교 마당에서 예술가캠핑을 하면서 커피를 나누고 있다. 커피는 어디가든 환영 받는다.

숙소인 감꽃홍시에선 여유 있게 지낼 수 있었다. 별다른 일정을 잡지 않고 그냥 친구네 집에 놀러온 것처럼 편하게 지냈다. 저녁때는 조용히 비가 내렸다. 동네 슈퍼에 가서 막걸리와 안주거리를 사다가 어두운 평상에 앉아 혼자 마셨다. 톡톡톡 처마 밑으로 떨어지는 빗소리가 술안주가 됐다. 밤이 되자 공기가 싸늘해졌다. 다행히 군불을 때준 덕분에 방은 따뜻했다.

살짝 취한 상태에서 따뜻한 방에 누우니 온 몸이 노곤노곤해졌다. 내 여행은 언제쯤 끝나게 될까? 아직은 잘 모르겠다. 아직은 못 가본 곳이 너무 많고 만나야 할 사람도 많다. 그냥 어정쩡한 상태로 여행을 끝내고 싶지 않다.

시작은 있지만 끝은 알 수 없는 여행이다. 언젠가는 여행을 마치고 반복되는 일상으로 되돌아가겠지만 지금은 그냥 바람 부는 대로, 물 흐르는 대로 흘러 다니는 삶을 살아야 한다. 제대로 여행을 해야 한다. 그것이 지금 나의 목표다.

지리산 산내 감꽃홍시 게스트하우스에서 보내는 시간은 휴가 같았다. 하지만 여행자가 한 자리에 오래 머무르는 것은 너무 큰 사치다. 적당한 시간에 일어서야 한다.

화개장터에서 반가운 인연을 만나다

지리산 감꽃홍시 게스트하우스에서 2박을 한 후에 다음 행선지를 향해 출발해야 했다. 머물고 싶으면 더 머물 수 있었지만 아무리 편한 곳에 있어도 시간이 조금이라도 지나면 엉덩이가 들썩거렸다. 가만히 머물러 있는 것보다 천천히라도 움직이는 것이 더 좋았다. 움직여야 할 때는 계속 움직여야 한다. 그것이 할 일이었다.

산내에서 나와 운봉을 거쳐 정령치로 달려갔다. 지도를 살펴보니 산내에서 계속 남서쪽으로 내려가는 861번 국도를 타면 구례로 넘어간다. 구례에서 남쪽으로 내려가면 순천과 여수로 간다. 이날은 지리산을 넘어서 구례까지만 가는 것으로 정했다. 구례에서 1박을 하거나 순천까지 가서 1박을 하면 된다.

'풍만이'는 평지는 그럭저럭 달리지만 언덕만 만나면 영 힘이 달린다. 벌써 10년이 넘은 나이에 20만 km를 훌쩍 넘은 늙은 트럭이니 이상할 것도 없다. 지금까지 전국 여기저기를 큰 사고 없이 돌아다녔고 무사히 지리산을 넘어가는 것만 해도 대견한 일이다. 속도는 내지 못하지만 저단으로 천천히 올라가면 못가는 곳은 없다.

그럼에도 불구하고 해발 1170미터 정령치 휴게소까지의 도로는 무척이나 난코스였다. 경사도 심하고 구불구불 굴곡진 왕복 2차선의 좁은 산길이다. 풍만이는 거친 숨을 내쉬면서 힘겹게 2단과 1단을 오르락내리락 하면서 정령치 휴게소에 겨우 도착했다. 정령치에 도착하니 올라오느라 고생한 보람이 있다. 지리산을 감상하기 가장 좋은 곳은 정령치가 아닐까? 천왕봉과 함께 중봉, 재석봉, 연하봉, 촛대봉, 형제봉, 토끼봉, 반야봉 등의 지리산 봉우리들이 한 눈에 들어온다. 그 사이 깊은 계곡들과 부드럽고 넉넉한 산세를 감상하기에 최적의 장소였다.

잠시 정령치에서 숨을 고른 풍만이는 다음 목적지인 성삼재 휴게소를 향해서 출발했다. 정령치까지 올라오는 길에 비해서는 성삼재까지는 훨씬 수월하다. 성삼재 휴게소에서 산 아래를 내려다보니 왼쪽에 구례가 보였다. 성삼재에서 구례까지는 내리막길이라 훨씬 더 조심해서 운전해야 했다.

막 떠나려는데 낯익은 이름의 전화가 왔다. 제주에서 알고 지내던 P였다. 아직은 제주가 조용할 무렵, 그는 바닷가에서 조그맣게 카페를 시작했는데 해변이 워낙 예쁘고, 독특한 콘셉트의 카페라 곧 유명세를 탔다. 그 바닷가는 지금은 카페 거리가 되었지만 난 아무 것도 없던 쓸쓸한 바닷가의 그 카페를 아직도 그리워한다.

"아니, P씨! 어쩐 일이야?"

"이담! 지금 지리산에 있다면서? 난 제주에서 나와서 지리산으로 들어와서 살고 있어. 이리로 놀러와."

페이스북에서 내가 지리산을 지나고 있다는 것을 본 그의 친구가 알려줬다고 한다. 갑자기 일정이 변경되었다. 구례에서 순천만 쪽으로 갈 생각이었는데 구례에서 좌회전을 해서 섬진강변을 따라 하동을 향해 달렸다. 섬진강은 다행히 4대강 개발사업의 광풍이 비껴간 곳이다. 편도 1차산의 아담한 강변길이 구례에서 하동까지 부드럽게 연결되고 있어서 운전도 즐거웠다.

경상도와 전라도가 만나는 화개장터에 도착하니 P가 반갑게 웃으면서 기다리고 있었다. 조금은 마른 모습이지만 언제나 한결같은 모습이다. 운전석에는 P의 남자친구가 타고 있었다. 같이 반갑게 인사하고 저녁식사를 한 후에 그의 집으로 향했다. 화개에서 쌍계사로 가는 하동십리벚꽃길 중간쯤 산 중턱에 있는 아담한 집이었다. 마당에 내려가서 보니 지리산 능선이 굽이굽이 물결이 친다. 바로 근처는 온통 녹차 밭이다. 산비탈을 따라 계단 모양으로 가지런히 자라고 있는 녹차 밭은 눈부신 녹색을 내뿜으며 이국적인 느낌까지 주었다. 모든 것이 조용하고 청아했다. 마당에는 사람처럼 깊은 눈빛을 하고 있는 청삽살이도 한 마리 앉아 있었다.

"전에 지리산에 한 번 온 적이 있었는데 그때가 벚꽃이 만개할 때였어. 아무도 없는 한밤에 벚꽃길로 내려가서 온 세상이 벚꽃비가 내리는 정말 아름다운 황홀한 모습을 보았지. 그래서 이곳에 살기로 결심한 거야."

P는 바람 부는 제주를 떠나 이곳 지리산 남쪽 기슭에 스며들었다. 여기는 바람도 안 불고 따뜻하다고 했다. 몸도 마음도 편안하다고 했다. 같은 동네에 사는 친구가 많은 도움을 주고 있다고 했다.

우리는 동네를 산책하고 하동까지 나가서 자장면을 먹고 섬진강 끝까지 가서 전어를 사왔다. 일솜씨 좋은 P의 남자친구가 방에 군불을 때면서 전어를 굽고 커다란 왕꼬막도 구웠다. 어두컴컴해진 지리산에서 우리는 술을 마시고 음식을 먹고 이야기를 하고 커피를 마셨다.

새벽이 되어서야 자리가 끝나고, 나는 P가 마련해준 잠자리에서 깊이 잠이 들었다. 내년 벚꽃이 필 때는 다시 화개로 와서 제대로 벚꽃 구경을 해야겠다고 생각했다.

죽은 줄 알았던 시인이 돌아왔다

"그런데 이진우 시인 너무 안됐어."

"아니 왜? 이진우 시인이라면 나랑 친구인데.."

"얼마 전에 자살했다고 하던데?"

"뭐라고? 나랑 며칠 전에도 통화했는데?"

P와 이런저런 얘기를 하다가 통영이 나오자 이진우 시인 이야기를 했다. 이야기가 나오기 며칠 전에도 통화를 했는데 죽었다는 말이 나왔으니 깜짝 놀랄 수밖에.

"이상하네. 전에 대통령 선거에서 박근혜가 되자 자살한다고 한바탕 소동이 벌어진 건 아는데……"

"그래? 여기 지리산 쪽에선 다들 시인이 죽었다고 하던데……"

"그럼 한 번 전화 좀 해 볼께."

나는 전화기를 들고 이진우의 전화번호를 찾아서 통화버튼을 눌렀다. 신호가 갔다. 혹시라도 진짜 죽었으면 어떡하지? 나도 모르게 긴장이 돼서 침을 꼴깍 삼켰다.

"어~ 이담."

▲ 이진우 시인의 선셋 게스트하우스. 지리산에 시인이 죽었다는 소문이 퍼져있었다. 갑자기 거제도의 시인이 보고 싶어져서 달려왔다.

▼ 선셋에서 머물고 있다보니 SNS를 통해서 알게 된 분들이 커피를 마시러 찾아왔다. 커피를 나누고 이야기를 나눴다.

다행히 진우는 몇번 통화벨 소리가 울린 후에 전화를 받았다.

"여~ 살아 있었구나. 나 지금 지리산인데 여기선 다들 네가 죽었다고 알고 있어."

"하하.. 그래? 나야 뭐 여전히 잘 살고 있지."

"그래? 다행이다. 그럼 조만간 또 보자."

다행이었다. 소문이 어떻게 돌았기에 멀쩡히 잘 살고 있는 사람이 죽었다는 이야기가 나왔을까? 우리는 헛소문에 기가 막히기도 하고 살아 있어서 다행이라는 생각에 한참을 웃었다.

"이왕 말이 나온 김에 거제도로 놀러갈까?"

지도 검색을 해보니 하동에서 이진우가 있는 거제도 저구리까지는 약 3시간 정도 걸리는 거리다. 가는 김에 남해군으로 들어가서 바다를 따라 가면 반나절 정도면 도착할 것 같다. 문제는 P의 건강이었다. 남자친구의 얼굴에는 걱정이 묻어났지만 P는 오랜만에 여행을 떠난다는 것에 기분이 한껏 들떠있었다.

다음날 아침, 우리는 간단히 출발 준비를 하고 풍만이에 올라탔다. 즉흥적으로 거제도 여행을 하게 됐지만 축하할만한 여행이 될 것이다. 죽었던 시인이 돌아왔기 때문이다. 조금은 긴 시간이었지만 우리는 풍만이를 타고 느릿느릿 움직여서 거제도로 들어갔다. 거제도 또한 큰 섬이다. 거제대교를 타고 들어가서 또 한참을 움직여서 저구리에 도착하니 뉘엿뉘엿 저녁 무렵이 됐다. 선셋 게스트하우스. 그 이름처럼 이곳에 오면 환상적인 일몰을 감상할 수 있었다.

건물에 가려서 바다는 보이지 않는 곳이지만 마당에 나와 앉아있으면 그래도 슬쩍 바다 냄새가 났다. 가만히 귀를 기울이면 파도소리도 작게 들려왔다. 미리 기별을 해 놓았더니 손님용 방을 깨끗하게 정리해 놓았다. 광고도 안 하고 오는 손님을 귀찮아할 때도 있지만 그래도 공식적으로 영업하는 게스트하우스 주인장이다.

P는 긴 여행이었지만 오랜만에 바다다운 바다를 보니 무척 기분이 좋은 것 같았다.

"그 동안 제대로 바다 구경을 못했어. 제주에선 문밖에 나가기만 하면 바다였는데."

우리는 언제나처럼 저구막걸리와 치킨을 주문했다. 이진우는 냉장고에서 오래 묵은 젓갈을 꺼내왔다. 비록 즉석에서 준비된 음식들이었지만 막걸리를 퍼먹기에는 부족함이 없었다.

이렇게 죽은 줄 알았던 시인이 살아온 기념식이 조촐하게 펼쳐졌다. 술자리는 새벽녘까지 이어졌다. 시인은 새로운 자작시를 꺼내 와서 P에게 낭송하게 했다. 나는 새로 볶은 커피를 꺼내 와서 모두 같이 내려 마셨다.

숲속의 작은 책방

거제도 여행을 마치고 다시 괴산을 찾아갔다. 괴산페스티벌 중 커피를 마시러 온 한 여자 분이 자신은 괴산에서 작은 책방을 운영한다면서 언제 한번 와서 커피를 내려주면 좋겠다고 이야기했기 때문이다.

괴산페스티벌이 무척 재밌었기 때문에 또 다시 괴산에 가고 싶어졌다. 내비에 의지해서 목적지인 '숲속작은책방'에 도착해보니 귀촌인을 위한 휴양단지 마을의 중간쯤에 있는 집이었다. 깨끗하게 만들어진 마을과 예쁘게 생긴 2층 서양식 건물, 그리고 정성들여 가꾼 마당과 정원은 저절로 예쁘다는 탄성을 자아냈다.

나를 초청한 분은 숲속작은책방의 주인장 백창화 선생님이다. 괴산으로 귀촌을 한 백창화와 김경록 부부는 아무도 찾아올 것 같지 않은 이곳에 책방과 게스트하우스를 열었다.

"아니 작은 개인 도서관이 아니고 진짜로 책을 파는 서점이에요?"

마당 한 가운데 트럭을 주차시키면서 내가 물었다.

"이래뵈도 진짜 책을 파는 서점이죠. 좋은 책은 빌려보는 게 아니라 제 돈을 주고 사서 봐야 해요."

백 선생님은 나를 집으로 안내하면서 이렇게 말했다. 맞다. 좋은 책은 빌려보는 게 아니라 사서 봐야 한다. 아니나 다를까. 집 안으로 들어갔더니 사고 싶은 책들이 너무 많다. 보고 싶고, 갖고 싶은 책들을 어쩌면 그렇게 잘 모아두었는지. 작은 책방의 큐레이션이 얼마나 중요한 것인지 실감할 수 있었다.

"책은 잘 팔리나요? 사람들이 찾아오기 힘들 텐데."

"하하…… 그래도 꾸준히 나가요. 여기 묵으러 오시는 손님들이 책을 좋아하시니 사가고 이곳까지 일부러 찾아와서 사가는 분들도 있으니까요. 뭐 그렇다고 해서 많이 팔리지는 않죠."

백 선생님은 내가 온다고 하니 동네사람들과 근처에 커피를 마시러 오라고 미리 연락해서 커피 모임을 준비했다. 지녁때 시간이 되니까 꽤 많은 사람들이 마당에 모여 30여 명 정도가 됐다. 차로 30분쯤 걸려서 오신 이웃 마을 분들도 많았다. 이날은 마당에 의자를 배치하고 나도 트럭 밖으로 나와 테이블 위에서 커피를 내리기로 했다. 초록색 잔디가 예쁘게 깔려있는 마당에 노란색 커피 트럭은 꽤 잘 어울렸고, 9월의 가을 날씨도 청명하고 깨끗했다. 괴산 쪽에는 귀농귀촌한 사람들이 많았다. 시골이라서 기대를 많이 하지 않았는데 젊은 사람들도 커피를 마시러 많이 왔다. 근처에 유기농농업을 하는 솔뫼농장에서도 사람들이 여러 명이 와서 같이 커피를 즐겼다.

커피 모임은 밤늦게까지 진행됐다. 내륙의 산속이라 어둠은 금세 찾아왔다. 모닥불을 피우고 촛불을 켜놓고 밤늦게까지 커피 모임이 진행됐다. 커피로 취하는 행복한 밤이다.

숲속작은책방의 주인장 부부는 이 이후에 <우리 책 좀 팝니다>란 제목으로 전국의 작은 책방을 소개하는 책을 냈고, 전국을 순회하면서 토크쇼를 진행하면서 우리나라의 작은 책방의 열풍을 불러 일으켰다. 책 한 권이 주는 힘을 느끼게 되는 순간이다.

숲속작은책방에서 고래야 밴드가 노래하고 있다. 괴산의 마을 사람들이 모여서 음악을 즐기는 모습을 보니 이 정도라면 시골 생활도 꽤 괜찮겠다는 생각이 들었다. 도시 사람들이라면 꿈도 꾸기 힘든 멋진 공간에서의 멋진 공연이었으니까.

▲ 괴산 솔뫼농장에 커피 트럭이 출동했다. 농사를 짓는 분들의 입맛은 무척 예민해서 좋은 커피만 골라서 내려줘야 한다. 충청도 사람들은 감정표현을 잘 안하지만 이곳 솔뫼농장에서는 리액션이 좋아서 정말 즐겁게 커피를 내렸다.

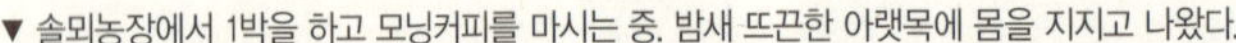

▼ 솔뫼농장에서 1박을 하고 모닝커피를 마시는 중. 밤새 뜨끈한 아랫목에 몸을 지지고 나왔다.

다음날 아침은 백창화 선생님이 직접 만들어 준 아침을 얻어먹고 솔뫼농장으로 향했다. 전날 솔뫼농장에서 온 분이 농장에도 많은 분들이 있는데 맛있는 커피를 같이 마시고 싶다고 초청했기 때문이다. 같은 괴산이라서 금세 갈 줄 알았는데 꽤 먼 길을 달려서 도착했다.

솔뫼농장은 우리나라에서 유기농 농사를 초기부터 한 곳이다. 이곳에 도착하니 20주년 기념이라는 플랜카드가 붙어있었다. 솔뫼농장이 처음 생긴 것이 94년이라고 했다. 당시 개별적으로 친환경농업을 실천하던 지역주민 6명이 솔뫼농장을 결성했으며 20년이 넘는 지금은 18농가가 힘을 모아서 생명농업을 실천하고 있는 곳이다. 2000년대 초반부터 회원 전원이 유기농업을 실천하고 있으며 유기농 토마토, 유기농 건고추, 유기농 벼 외에 고추장, 된장, 메주 등의 가공품도 생산해 생명농업을 바탕으로 생산자와 소비자간 직거래 운동을 펼치고 있는 한살림에 납품하고 있다.

솔뫼농장 마당에 트럭을 세워놓고 넓은 평상에서 커피를 준비하니 30여 명이 넘는 농장 사람들과 마을 사람들이 커피 트럭을 찾아왔다. 아이들은 넓은 마당을 뛰어놀았고 어른들끼리 커피 파티를 진행했다.

농사를 짓는 사람들은 커피맛을 기가 막히게 안다. 평소에 먹는 각종 채소와 과일들, 들판에 피어있는 꽃의 향이 커피의 맛에서 나오기 때문이다. 갓 볶은 신선한 커피를 제대로 내리면 맛이 없을 수가 없다. 매일매일 농사를 지으면서 흙과 땅과 신선한 공기를 마시던 사람들에게 커피는 또 다른 황홀한 기쁨을 선사해 주었으리라.

풍만이도 춤추는 자라섬 재즈페스티벌

2014년 봄, 여행을 하는 중에 문자가 하나 왔다. 자라섬 재즈페스티벌 운영국인데 커피 트럭으로 돌아다니면서 자라섬 재즈페스티벌 홍보를 해주면 페스티벌 기간 중에 자라섬 안에 커피 트럭을 열 수 있게 해주겠다는 것이다.

자라섬 재즈페스티벌은 2004년에 1회가 시작됐다. 내가 제주로 내려간 시기와 맞물려서 페스티벌에 참석해본 적이 없었다. 간간히 자라섬 재즈페스티벌 소식이나 후기를 보면서 무척 부러워했었다.

2013년 커피 트럭을 끌고 육지로 나와 그해 가을 처음으로 가본 자라섬은 너무나 인상적이었다. 넓은 잔디밭에서 편안하게 누워서 재즈 감상을 하는 분위기가 너무 좋았다. 저녁때가 되자 차가운 공기 때문에 벌벌 떨면서 담요를 뒤집어쓰고 앉아있기는 했지만 그때 연주되던 재즈는 무척이나 멋지게 느껴졌다.

그런데 자라섬 쪽에서 연락이 왔으니 당연히 안 할 이유가 없었다. 마침 근처에 갈 일이 있어서 가평에 있는 자라섬 운영국에 가서 인사도 하고 홍보물을 건네받았다. 그리고 여기저기 다니면서 홍보물과 포스터를 붙여주고 커피 트럭을 열 때면 자라섬 재즈페스티벌 깃발도 같이 펼쳤다.

▲ 자라섬 재즈페스티벌은 우리나라의 대표적인 뮤직 페스티벌 중 하나다. 넓은 잔디밭에서 자유롭게 펼쳐지는 공연을 놓치지 마시길.

▼ 자라섬 입구 쪽 조용한 곳에 커피 트럭 풍만이를 세워놓고 손님을 기다렸다. 맑은 가을 날씨와 녹색의 잔디밭, 그리고 노란색 풍만이는 꽤 잘 어울렸다. 하지만 이런 평화스러운 풍경은 곧 전쟁터로 바뀌었다. 커피를 좋아하는 손님들이 끝없이 밀려왔기 때문이다.

자라섬 재즈페스티벌이 10년 넘게 진행되고 있지만 지방에서는 그게 뭔지 모르는 사람들이 많았다. 아무래도 지역적 한계로 인해 서울과 수도권을 중심으로 홍보가 진행되기 때문이기도 했고, 지방 쪽에선 자라섬까지 가기가 쉽지 않아서 아예 관심 밖인 경우가 많았다. 하지만 조금은 먼 곳에 있어도 시간을 내서 좋은 페스티벌에 같이 가서 즐길 수 있기를 바랐다.

이렇게 몇 달을 다니면서 홍보를 해주고, 드디어 자라섬 재즈페스티벌이 시작되는 10월 초가 됐다. 나는 커피 트럭을 몰고 페스티벌 시작 전날 미리 도착했다. 그런데 날씨가 좋지 않았다. 조금씩 내리던 비는 자라섬에 도착하자 점점 더 굵어졌다. 이렇게 비가 계속 오면 공연이 꽤 힘들 것 같아서 걱정이 되었다. 다큐 촬영을 위해 따라온 촬영 팀도 바빠졌다. 지금까지 커피 트럭 여행을 하면서 이번처럼 많은 사람들이 나오는 씬은 없을 것이기 때문이었다.

다행히 비는 페스티벌이 시작되는 아침에 그치고 하늘은 말끔하게 개었다. 본격적인 가을 하늘이다. 자라섬에 서서히 관중들이 몰려들기 시작했다. 모두들 안으로 들어가기 바빠서 거의 대부분 커피 트럭을 그냥 스쳐 지나갔다. 나도 커피를 팔겠다는 생각보다는 재즈 공연을 즐기고 싶었다. 10월 초이지만 한 낮이 되자 점점 더워졌다. 자라섬 근처에서 얼음을 살 곳이 없어서 아이스커피를 안 만들고 있는데 오는 손님들마다 아이스커피를 찾는다. 아예 간판에 'No Ice'라고 써놓았다. 쓴 김에 설탕도 없다고 'No Sugar'도 써놓았다. No Ice, No Sugar, Only Coffee.

커피 트럭에서 잠시 여유를 즐기고 있으니 작년 창원에서 만났던 '릴리'가 친구들과 함께 찾아왔다. 재즈 매니아인 그는 벌써 몇 번이나 자라섬에 와서 페스티벌을 즐기고 있다. 릴리의 페이스북에는 항상 음악과 친구와 술자리가 올라온다. 자라섬에 커피 트럭이 왔다는 소식을 듣고서 일부러 친구들과 함께 찾아온 것이다. 창원에서 커피 모임을 할 때 만난 이후로 창원에 들를 때마다 여행자를 환영해 준다. 여행을 계속 하다 보니 여러 번 만나는 사람들이 생긴다. 이렇게 길 위에서 만나면 정말 반가웠다.

그런데 뜨거운 기운이 한풀 꺾인 오후 늦게부터 손님들이 몰리기 시작했다. 핸드드립 커피는 준비하는 시간이 조금 더 걸릴 뿐이지 실제로 내리는 시간은 그렇게 길지 않다. 특히 한 번에 여러 잔을 내릴 수 있기 때문에 20명 정도는 10분 정도면 한 번에 처리할 수 있다.

문제는 끓는 물이 계속 공급되어야 한다는 것이다. 휴대용 가스버너까지 총동원해서 물을 끓이는데 아무래도 물이 끓는 시간이 더뎠다. 트럭 앞에 손님 줄이 점점 더 길어지기 시작했다. 이 장면을 촬영하는 현 감독은 신이 났다. 자신은 촬영해야 하기 때문에 절대로 일을 도와주지 않는다. 아마도 내가 땀을 뻘뻘 흘리면서 고생하는 모습을 카메라에 잡고 싶었을 것이다.

마침 그때 자라섬에 놀러와서 맥주라도 한 잔 할까 하고 놀러온 세용이 커피 트럭을 찾아 왔다. 처음 만난 지 10년이 넘는 오래된 동생이다. 한참 먹기 위해서 모이고, 모여서 먹으러 다니던 식도락 모임의 인연이 여기까지 이어졌다.

"여기 물통 있으니 물 좀 떠다줘. 바로 건너편 캠핑장 쪽에 가면 물받는 데가 있으니까. 그리고 물 떠오면 여기서 커피 좀 갈아줘."

잠시 동안에 손님 줄이 더 늘었다. 손바닥에서 땀이 나기 시작했다. 싱글로 커피 주문을 받던 것을 하나로 통일시켰다. 예비용으로 갖고 있던 서버를 다 꺼냈다. 낑낑대면서 양손 가득 물통을 들고 들어온 세용에게 자센하우스를 던져 주었다.

"이제 거기 앉아서 커피 좀 갈아줘."

손님이 몰릴 때를 대비해서 미리 커피를 갈아놓기는 했지만 어느새 준비한 커피가 바닥을 보이기 시작했다. 원두를 갈아가면서 커피를 내려야 한다. 손님이 없을 땐 내가 직접 갈면서 천천히 커피를 내리면 되지만 지금은 수십 명의 손님들이 트럭 앞에서 줄을 서고 있다. 물은 끓지 않고 원두는 일일이 손으로 갈아야 하는데 트럭 앞에서 손님들은 슬슬 짜증을 내고 있는 것 같았다.

▲ 풍만이 안에 앉아 있는 내 모습. 메뉴판에 있는 너굴양의 그림과 비슷해서 사람들이 무척 재밌어 한다.

▼ 자라섬 재즈페스티벌의 불꽃놀이가 펼쳐지고 있다. 자라섬에 들어가 있으면 여러 곳에서 펼쳐지는 공연을 다 볼 수 있을 줄 알았지만, 현실은 커피를 내리느라 트럭 밖으로 나가기조차 힘들었다.

"오늘은 바빠서 원두는 제가 골라서 내려드릴게요. 지금 케냐 커피를 내리고 있는데 이걸로 드릴까요?"

커피를 드리퍼로 옮기면서 이렇게 말했다. 오늘은 무조건 내려야 한다. 가능하면 제일 대용량으로 내려서 오는 손님들을 너무 오래 기다리게 해서는 안 된다.

"케냐는 밸런스가 좋으니까 맘에 드실 거에요."

손님은 고개를 끄덕거린다.

"이 커피는 정말 제가 좋아하는 커피에요. 케냐만이 갖고 있는 아주 좋은 풍미가 있어요."

드리퍼에 물을 부으면서 말을 했다. 에스프레소 머신이 있다면 버튼 하나 누르면 커피가 나오지만 이야기를 나누기는 힘들다. 조금 시간이 걸리더라도 핸드드립을 하면서 훨씬 자연스럽게 이야기를 나눌 수 있다.

드디어 커피가 다 내려졌다. 한 번에 열잔 정도의 커피가 손님들에게 전달된다. 잔으로 옮겨 담은 후에 커피를 내주고 한 모금 마셨을 때의 표정을 살펴본다. 사람들은 입맛이 예민하다. 커피가 조금만 맛이 없어도 인상을 찡그린다. 다행히 한 모금 마셔보고는 얼굴이 환해진다. 맘에 든 커피를 만난 것이다. 나도 비로소 그런 표정을 볼 때 마음이 놓인다.

세용은 다음날 제주로 놀러가기로 해서 지금 다시 서울로 출발해야 한다. 한 사람의 손길도 아쉬운 날이다. 일을 도와줄 사람이 필요해서 페북에 SOS를 올렸다.

<자라섬에서 커피일 도와줄 수 있는 아르바이트 모집 - 일당 10만원>

마침 춘천에 사는 이다현 씨에게서 연락이 왔다. 예전 제주의 게스트하우스에 놀러갔을 때 스텝으로 일하던 친구라 안면이 있었다. 카페에서 알바를 하다가 잠시 쉬고 있는 중이라고 했다. 집도 춘천이라 멀지 않았다. 다행이다.

"응. 그럼 내일 아침 10시까지 자라섬으로 와."

밤 11시쯤이 돼서야 트럭 문을 닫을 수 있었다. 첫날 약 200잔 정도를 팔았다. 금액으로 치면 100만원이다. 커피 여행을 하면서 최고로 많은 매출을 기록했다. 아마도 내일은 더 많은 손님들이 몰려올지 모르겠다.

다음날 아침은 일찍 일어나서 트럭에서 커피를 볶기 시작했다. 미리 준비한 커피 원두는 벌써 바닥을 보이기 시작했다. 시간이 있을 때 열심히 볶아놔야 한다. 커피를 볶고 나니 다현이 트럭으로 찾아왔다. 일단 물부터 떠오라고 했다. 일단 물부터 끓여야 한다.

오전에 조용하더니 오후가 되면서 또 다시 손님들이 줄을 서기 시작했다. 또 다시 정신없이 커피를 내리기 시작했다. 그래도 다현이 옆에서 도와주니 어제보단 훨씬 더 수월했다. 카페에서 일해 본 경험이 있어서 만족스럽진 않지만 핸드드립도 할 줄 알아서 내가 잠깐 트럭에서 자리를 비워야 할 때 커피를 내려서 팔 수도 있었다. 잠깐 화장실을 다녀오거나 근방을 한 바퀴 걸어서 쉴 수 있는 시간이 있다는 것은 얼마나 좋은지.

다현이를 처음 본 것은 제주에 있는 레인보우 게스트하우스에서였다. 친한 동생이 운영하는 게스트하우스라 그곳에서 오무라이스를 만들어 먹고 커피도 내려서 나눠마시려고 놀러갔는데 그곳에서 스태프로 일을 하고 있었다. 커피를 내리는 모습을 유심히 보던 다현이는 이것저것 관심을 갖고 물어봐서 열심히 설명해주었다. 처음 봤을 때가 10대 후반. 어린 나이라서 아직은 어떤 일을 해야 할지 고민이 많은 시기였다. 그 이후로 간간히 회사의 디자이너로 일하기도 하고 카페에서 바리스타로 일을 하기도 하는 등 다양한 일을 했다는 소식을 들었다. 하고 싶은 일도 많고 꿈도 많은 그런 시기. 앞으로 어떤 일을 하면서 살게 될지는 나는 모른다. 하지만 잠깐의 만남을 통해서 삶의 방향이 바뀔 수도 있다.

자라섬에서의 3일은 엄청나게 힘들었지만 그만큼 배운 것도 많고 보람도 많았다. 핸드드립 커피를 잘하려면 여러 번 커피를 내려봐야 한다. 하루에 수

아무런 무늬가 없는 무지 종이컵에 로고 도장을 찍는 중. 차안에서 일일이 손으로 해야 하는 고난이도 인쇄 작업이다. 그래서 난 '차내수공업자'다.

백 잔의 커피를 내려 볼 수 있는 기회는 일부러 만들 수가 없는 것인데 그걸 해냈으니 아마도 그 이전과 이후의 커피 맛은 뭔가 변화가 있을 것이다.

집에서 커피를 내려서 마시는 사람들이 많이 늘었지만 실제로 카페 사장과의 차이는 경험에서 난다. 커피를 내리는 것은 비슷해보여도 변수를 컨트롤 할 수 있는 것은 수없이 많은 반복을 통한 경험과 진지한 복습이다.

똑같아 보이는 커피 원두도 다 상태가 다르기 때문에 물의 온도와 붓는 방법, 속도, 커피굵기 등을 조절해야 하는데 그것은 커피의 상태를 읽을 수 있는 눈이 필요하다. 이 눈은 결국 수없이 반복해서 얻은 경험과 손님을 상대했을 때의 경험으로 생긴다. 집에서 커피를 만드는 사람은 아무리 열심히 해도 하루에 2~3회 정도밖에 내리질 못하기 때문에 경험이 빨리 늘지 않는다.

실제로 직원을 뽑아서 핸드드립 교육을 시켜보면 열심히 노력하는 직원도 제대로 커피맛이 나기까지는 최소 6개월 정도의 시간이 필요한 것 같다. 물론 완성된 상태가 아니라 그때부터 시작인 상태다. 꾸준하게 노력해서 3년, 10년, 20년을 하면 그만큼 맛있고 깊이 있는 커피가 나오게 된다.

하지만 오래 한다고 계속 커피 맛이 좋아지는 것은 아니다. 그냥 예전 스타일에 머물러 있는 곳도 있다. 계속 공부하고 트렌드를 읽어야 한다. 커피 맛은 그냥 고정되어 있는 것이 아니라 시대에 따라서 어떤 트렌드가 있다. 그런데 문제는 십년 전이나 오년 전의 맛에 고정되어 있는 커피가 좋을 때도 있는 것이다. 그때의 느낌을 얻기 위해서는 그 맛을 유지하는 카페에 가기도 한다. 이렇게 기준이 왔다갔다 하니 도대체 커피는 뭐가 정답인지 알기가 힘들다. 그런데 요즘 느끼는 것이 있다. 그냥 그것이 커피라는 것.

자라섬 재즈페스티벌은 마지막 날 절정으로 치달았다. 수많은 사람들이 트럭 앞을 지나가고, 커피를 마시고, 가끔은 아는 사람들이 와서 반가운 인사를 했다. 이렇게 많은 커피를 내려 본 적은 이번이 처음이고, 앞으로도 없을 것이다.

축제는 끝났다. 시끌벅적하던 자라섬은 어느새 조용해지고, 사람들도 저마다 집으로 돌아가기 시작했다. 정신없던 축제의 삼일이 지난 것이다. 나도 커피 트럭을 정리하기 시작했다. 3일 동안 옆에서 조용히 촬영하던 현 감독과 미누, 이틀 동안 알바를 뛴 다현, 그리고 나 모두 말이 없었다. 탈진을 한 것이다. 우리는 조용히 트럭을 몰고 춘천으로 들어가 밤늦게 하는 닭갈비집에서 닭갈비를 먹었다. 밥과 술이 조금 들어가자 다시 정신이 되돌아오는 것 같았다.

삼일동안 정신없이 커피를 내렸다. 바보같이 커피를 핸드밀로 갈아서 커피를 내렸다. 이렇게 사람들이 몰릴 줄 알았다면 최소한 전동밀을 미리 사두었을 텐데. 바보 같았지만 어쨌든 축제는 끝났다.

지리산 가수와 커피 한 잔

2014년 하반기 커피로드는 순조로웠다. 자라섬에서 올린 매출이 제법 커서 자라섬 재즈페스티벌 집행진과 뮤지션들에게 제공되는 커피를 무료로 후원하고도 한동안 돈 걱정 없이 편하게 다니는데 큰 도움이 되었다. 새로 자동차 보험을 갱신하고 몇 가지 필요한 커피 도구와 전동 그라인더도 새로 샀다. 그렇게 많은 손님이 몰릴 것을 예상치 못하고 핸드밀로 미련하게 커피를 갈았는데, 다시는 못할 짓이었다. 낡아서 불안불안하던 트럭도 새로 정비했다.

가을이 깊어지자 또 엉덩이가 들썩 거렸다. 이번에는 다시 지리산 쪽을 향해서 출발했다. 지난 번 화개에 있을 때 바로 옆에 세워둔 커피 트럭을 보고 연락한 분이 있었다. 지리산 구례에서 살면서 노래를 하는 지리산 가수 고명숙 씨다. 춘천의 김진묵 선생님과 함께 공연을 여러 번 해서 이름은 알고 있었는데 화개로 놀러왔다가 노란색 커피 트럭을 발견하고는 연락을 해 온 것이다. 그때 마침 외출 중이었기 때문에 직접 얼굴을 못 봤지만 이번에 다시 연락해서 아예 구례에 있는 고명숙 씨 집으로 놀러가기로 했다.

먼 길을 달려서 도착한 구례는 여전히 편안한 느낌을 주었다. 지리산 굽이굽이 한 사람씩 지인이 생겨나고 있었다. 구례 읍내에서 조금 더 지리산 방향

지리산 가수 고명숙 씨와 함께 커피 타임을 즐기고 있다. 맛있는 커피를 마시고 기분이 좋아지면 바로 앞에서 노랫소리가 흘러나온다. 단, 맛없는 커피를 내주면 국물도 없다.

으로 들어가자 고명숙 씨 집이 나왔다. 비록 이날 처음 만났지만 고명숙 선생님은 여러 번 만난 구면인 것처럼 날 반겨주었다. 지리산 자락 중턱에 자리 잡은 집은 아담했고 넓은 마당이 있었다. 집 주위로는 감나무 밭이 있었는데 가을이라 감이 주렁주렁 매달려 있었다.

"이담 씨, 거기 감나무 밭에 가서 먹고 싶은 만큼 감을 따서 가져가요. 약도 안 친 거니까 그냥 먹어도 돼요."

고명숙 씨는 감을 까서 접시에 올려주면서 말했다. 고마웠지만 이리저리 이동하는 입장에서 감을 가지고 가기는 힘들었다. 그래도 마음이 고마워서 봉투에 감을 십여 개 챙겨 넣었다. 다른 곳에 가서 감을 또 나눠주면 되니까.

우리는 방으로 들어가서 본격적으로 커피를 내리기 시작했다. 고명숙 씨

집에는 이미 커피 드립세트가 준비되어 있었다. 드립포트도 본막의 멋진 동포트를 갖고 있었다. 자주 쓰지 않아서 조금은 색이 조금 변했지만 바로 커피 원두만 있으면 아주 맛있는 커피가 나올 수 있는 분위기다. 차의 고장답게 커피 말고 좋은 차들도 많이 있었다. 나는 준비해 가지고 간 커피를 갈아서 커피를 내렸다. 봉긋하게 올라오는 커피빵을 보면서 고명숙 씨는 감탄했다.

"어떻게 그렇게 커피가 부풀죠? 내가 하면 절대로 안 되는데."

"볶은 지 얼마 안 된 좋은 원두를 쓰면 이렇게 예쁘게 커피빵이 올라와요. 커피가 맛 없으면 커피빵도 제대로 안 올라 오고 모양도 미워요. 이렇게 봉긋한 커피빵은 커피가 맛있을 거란 하나의 증거죠."

우리는 커피잔 대신 찻잔으로 쓰는 다완에 커피를 내려서 두 손으로 감싸고 커피를 마시기 시작했다. 손잡이가 있는 예쁜 커피잔도 좋지만 이렇게 투박한 대접에 마시는 것도 좋다. 잔에서 느껴지는 따끈한 온기가 그대로 손으로 전달되기 때문이다. 널찍하게 열린 다완의 모양도 커피 향을 느끼기에 좋아서 나는 방문한 장소에 다완이 있으면 그것을 커피잔으로 쓴다. 나중에 고정적인 장소에서 커피집을 하게 된다면 예쁜 다완을 준비해서 커피잔으로 활용할 생각도 있었는데 벌써 몇몇 커피집에서는 손잡이 없는 다완 형태의 잔으로 커피를 내주는 곳들이 있으니 생각은 다 비슷한가보다.

커피를 마시고 기분이 좋아졌는지 고명숙 씨는 흥얼흥얼 노래를 하기 시작했다. 예전부터 흥이 나면 노래를 하곤 했는데 그 목소리에 반한 사람들이 가수를 권했다고 했다. 목 안쪽에서 흘러나오는 탁성이 마음을 흔들어 놓는다. 나이 들어서 시작한 가수의 길이지만 지금도 계속 노래를 연습하고 공연을 하러 다닌다. 고명숙의 '봄날은 간다'를 들으면 어쩌면 저렇게 깊은 슬픔을 가지고 있을까 감탄하게 된다.

물론 평소에는 사람을 좋아하고 씩씩하고 나눠주는 걸 좋아하는 사람이다. 그러다 무대에만 올라가면 전혀 다른 모습을 보여주니 천상 가수구나 하는 생각이 들었다. 커피 타임은 계속 이어지다가 저녁식사와 반주로 이어지고 흥이 나면 바로 노래가 흘러나오니 나 혼자 콘서트장에 온 것 같았다. 호사도 이런 호사가 어디 있나 싶다.

오늘은 구례에서 하루를 묵고 내일은 순천으로 갈 계획이다. 고명숙 씨는 방 하나를 내어주고 자기의 방으로 들어가서 TV를 켜놓았다. 깜깜한 밤에 누구라도 말소리가 들리지 않으면 불안하다고 했다. 커피로 각성된 머리는 쉽게 잠이 오지 않았지만, 두런두런 들리는 TV소리를 듣다보니 어느새 깊이 잠들었었나보다. 눈을 떠보니 고명숙 씨는 아침 일찍 모임이 있다면서 아침밥상을 차려주고는 나갔다.

"편안하게 쉬다가 가요. 문은 안 잠궈도 되니까 그냥 창문만 닫아주고 가면 돼요."

아침을 먹고 주인이 없는 집에서 잠시 누워 있다가 다음 일정을 향해 일어섰다. 구례까지 왔으니 화엄사에 들러서 절 구경을 하고 순천으로 향해 출발을 했다. 오늘의 목적지는 여수까지다.

순천만에서의 추락 사고

지도를 살펴보니 구례에서 순천까지는 그리 멀지 않았다. 지난번에 여수를 향해 가고 있다가 P의 연락으로 하동 쪽으로 방향을 틀어서 여수행은 뒤로 미뤘었는데 이번에야 말로 여수 밤바다를 보러 가야겠다고 생각했다. 그러면 일단 순천부터 가야한다. 순천만의 일몰 풍경이 너무나 궁금해서 직접 가서 보기로 했다. 게다가 갈대가 예쁜 10월의 끝자락이니.

구례에서 3시간쯤 달려 순천만 입구에 도착하니 오후 4시 반이다. 날씨는 흐리지만 구름 모양이 멋졌다. 사진을 찍으면 무척이나 예쁘게 나올 것 같아 기대에 차서 순천만으로 들어갔다. 직접 본 순천만 갈대밭은 내가 생각했던 것 이상으로 넓고 멋졌다. 가을이라 많은 사람들이 갈대숲을 보기 위해서 찾아와서 순천만 곳곳이 인파들로 넘쳐났다.

꽤 긴 나무 데크로 만들어진 산책로를 따라서 전망대를 향해 서둘러 갔다. 대부분의 관람객들은 이미 밖으로 나가고 있었다. 벌써 해가 뉘엿뉘엿 넘어가는 것만 같아서 불안한 마음으로 전망대로 향했다. 서두른 덕분인지 일몰 시간에 겨우 맞춰서 전망대에 도착했다. 잔뜩 찌푸린 날씨지만 서쪽에는 밝은 하늘이 보였고, 그 사이로 붉은 해가 떨어지고 있었다. 전망대 아래쪽으로 보

순천만의 일몰 풍경을 보기 위해 열심히 전망대까지
걸어가서 건진 사진 한 장이다.
이 사진을 찍고서 잠시 후에 낙상 사고가 났다.
아찔한 순간이었다.

이는 순천만 물길을 따라 배가 지나가면서 물 궤적을 만들고 있었다. 해는 천천히, 하지만 확실한 속도로 붉은 기운을 온 하늘에 뿌리면서 떨어지고 있었다. 나는 전망대 난간에 기대어서 연신 셔터를 눌러댔다. 차가운 밤바람이 불기 시작했지만 추운 줄 몰랐다.

해가 완전히 서쪽 산 뒤로 넘어간 후에야 정신을 차려보니 그 많던 사람들이 다 빠져 나가고 몇 명 남아 있지 않았다. 해가 넘어가자 급격히 어두워지기 시작했다. 나는 부랴부랴 짐을 챙겨서 다시 주차장 쪽으로 내려가기 시작해서 산책로 데크에 다다랐다. 이제 십여 분만 걸으면 출구가 나온다. 주변은 컴컴해져서 데크가 잘 보이지 않았다. 나는 핸드폰을 꺼내서 순천의 숙소를 검색하기 시작했다. 그냥 아무 생각 없이 순천까지 오느라 숙소를 정해 놓지 않았다. 게스트하우스나 찜질방을 검색해서 적당한 곳으로 갈 생각이었다. 지도 앱을 켜놓고 검색하면서 걷다가 몸이 기우뚱했다. 산책 데크 옆에 있는 낮은 분리대에 발이 걸린 것이다. 순간 나는 중심을 잃고 공중에 붕 떠서 바닥에 등 뒤로 쿵하고 떨어졌다.

등에 온 충격으로 한동안 숨을 쉬지 못하고 있다가 겨우 숨이 터졌다. 공중에 떠 있는 시간이 길게 느껴지는 걸 보니 꽤 높은 곳에서 추락한 것 같았다. 일단 숨이 쉬어지니 어디 다친 곳이 없는지 확인해야 했다. 일단 뼈가 부러지는 소리는 안 났으니 뼈는 괜찮은 것 같았다. 숨이 제대로 안 쉬어지고 등과 허리가 아팠다. 겨우겨우 일어나서 다시 숨을 고르기 시작했다. 다행이다. 팔이나 다리는 멀쩡하다. 등과 허리가 아픈데 어디가 부러지지는 않은 것 같았다. 충격으로 아픈 것일 뿐이다.

다행히 바닥이 갈대숲에 뻘이라서 충격을 많이 흡수해 주었다. 오른 손에 들고 있던 카메라는 그대로 오른 손에 들려 있었다. 바닥에 놓친 핸드폰도 찾았다. 이제 데크 위로 올라가야 하는데 데크가 너무 높고 발을 디딜 곳이 없었다. 떨어진 충격으로 힘을 쓰기 힘들어서 포기하고 그대로 있었다. 데크는 내

키보다 높았다. 여기서 나가려면 119를 불러야 하나를 고민하고 있는데 나보다 더 늦게 나오는 사람들이 지나가고 있었다.

"저기요~ 죄송한데 저 좀 올려 주실래요?"

어두컴컴한 밤에 바닥에서 이런 목소리가 나니 흠칫 놀라는 것 같았다. 다행히 뒤에 몇 사람이 더 와서 함께 나를 올려주었다. 위로 올라와서 다시 점검을 하니 등과 팔뚝은 온통 흙투성이었지만 뼈는 상하지 않은 것 같았다. 문제는 허리와 등에 온 충격 때문에 제대로 숨쉬기가 힘들 정도였는데 그땐 놀라서 그랬는지 아픈 것도 잘 몰랐다.

나는 겨우겨우 트럭으로 돌아와서 제일 가까운 모텔을 찾아 들어갔다. 다행히 욕조가 있는 모텔이다. 근처 약국에 가서 타박상에 바를 연고와 파스를 사서 돌아왔다. 일단 뜨거운 물을 받아서 몸을 담갔다. 온 몸이 비명을 지르는 것 같았다. 욕조 안에서 생각해보니 정말 아찔한 상황이었다. 만약 바닥이 딱딱하거나 돌이 많은 곳이었다면 이렇게 멀쩡하게 걸어 나오지 못했을 것이다. 만약 등으로 안 떨어지고 팔이나 다른 곳으로 떨어졌으면 골절상을 입었을 것이다. 최악의 경우 목으로 떨어졌다면? 정말 생각하기도 싫은 끔찍한 일이 벌어졌을 것이다.

그만하길 정말 다행이었다. 나는 절뚝거리면서 안 돌아가는 팔로 대충 몸을 닦고 침대로 들어가서 누웠다. 어떤 자세를 해도 불편했지만 잠시 후에 기절하듯 잠에 빠져들었다. 아침에 일어나서 다시 몸을 점검해봤다. 역시 뼈에는 문제가 없었지만 떨어질 때의 충격으로 등과 허리가 너무 아팠다. 일정을 취소하고 집으로 돌아가야겠다. 이상하게도 여수까지 가기가 참 힘들다. 집으로 돌아가서 병원에 가서 치료를 받고 쉬어야 한다.

운전석에 올라가는 것도 힘들어서 겨우겨우 올라갔다. 지금 몸 상태로 서울까지는 너무나 먼 거리다. 어디 근처에서 치료를 받아보는 것이 우선이다. 페이스북에 사고 소식을 올렸더니 부산 바람종카페의 김세경 사장이 페북 친구

▲ 동인천 배다리마을 텃밭에서 열린 커피콘서트. 노래 공연과 함께 커피 이야기를 야외에서 진행했다. 좋은 날씨에 좋은 노래, 좋은 커피까지 있었던 완벽한 하루.

▼ 배다리 마을 커피 콘서트를 끝내고 남아있는 사람들과 함께 기념사진을 찍었다. 모두 즐거워 보이는 얼굴 표정이라 사진을 볼 때마다 기분이 좋아진다.

인 '노랭이'님이 광양에서 한의원을 하고 있다고 알려줬다. 순천과 광양은 바로 붙어있으니 일단 침이라도 맞고 가는 게 좋을 것 같았다. 주소를 받아들고 광양의 서울한의원을 찾아갔다. 다행히 침을 맞고 물리치료를 받으니 등과 허리의 통증은 많이 가라앉았다. 그래도 당분간은 쉬어야 한다. 하지만 바로 쉬지를 못했다. 이틀 후인 10월 25일에 인천 배다리골에서 텃밭커피콘서트를 열기로 약속해둔 것이 있었기 때문이다.

인천에 도착한 나는 아픈 티를 내지 못하고 커피를 준비했다. 이번에는 도시 가운데에 있는 야외 텃밭에서 커피를 내리면서 조그만 공연도 펼쳐졌다. 텃밭 회원들은 한쪽 구석에서 직접 재배한 채소들과 수공예품을 꺼내 놓고 벼룩시장도 열었다. 이틀 전 사고의 여파로 등과 허리가 아팠지만 또 새로운 사람들을 만나니 아픈 걸 다 잊고 진행할 수 있었다. 하지만 행사가 끝나고 다시 밤이 되니 등이 쑤셔오는 건 어쩔 수 없었다.

배다리골은 인천에서 옛 모습을 많이 간직하고 있는 마을이다. 하지만 이곳도 개발의 광풍이 불고 있다. 시에서는 텃밭으로 활용되고 있는 마을 가운데에 커다란 도로를 추진하고 있고 마을 사람들은 그것에 반대하고 있었다.

배다리골 주변은 인천 근대화의 모습을 간직하고 있는 곳이다. 곳곳에 오래된 건물과 평범한 사람들의 삶의 모습이 그대로 남아있어서 나 같은 외지인이 보기에도 도로를 내는 것보다 지금의 모습이 훨씬 더 가치가 있어 보였다. 마을 사람들은 도로 예정지로 나 있는 황무지에 텃밭을 가꾸면서 또 다른 개발 반대운동을 자연스럽게 하고 있었다. 이곳 배다리골의 중고책방인 한미서점은 나중에 TV드라마 '도깨비'의 촬영지가 되면서 많은 사람들이 와서 기념촬영을 하는 곳이 되기도 했다.

보름달이 뜰 때마다 구례에서 달빛음악회가 열린다

순천반에서의 사고는 커피로드의 일정을 다시 한 번 점검하게 해주었다. 그냥 열심히 다니는 것만으로는 안 된다. 다치거나 자동차 사고라도 나면 그날로 여행은 끝이 날 수밖에 없다. 아직은 다녀야 할 곳도 많고 만나야 할 사람도 많았다. 여행을 시작한지 1년 조금 넘었을 뿐이다.

나는 그 이후로 더욱 조심하면서 다니기 시작했다. 일정을 무리하게 짜지 않고, 운전을 할 때나 걸어 다닐 때도 조심했다. 다행히 등과 허리의 통증은 빠르게 좋아졌다. 집으로 돌아와서 일주일 정도 푹 쉬었더니 다시 다닐만하게 회복되었다.

이번 여행은 다시 구례까지다. 한 달 만에 다시 구례까지 이렇게 열심히 달린 것은 '지리산 가수' 고명숙 씨가 개최하는 '달빛음악회'에서 커피를 내려주기 위해서였다. 매달 보름달이 뜨면 지리산 곳곳에서 음악소리가 흘러나온다. 고명숙씨가 직접 진행하는 '달빛음악회'가 열리기 때문이다. 음악회가 열리면 전국 곳곳에서 사람들이 찾아와서 보름달이 뜬 지리산의 정취를 한껏 즐기고 간다.

▲ 구례 '잼있는커피 티읕'의 아름다운 인테리어. 커피 맛이 저절로 난다. 손님으로 갔다가 주인장의 허락을 받고 주방을 차지해서 커피를 내린 곳이기도 하다.

▼ 지리산 가수 고명숙 씨의 '달빛음악회' 준비 중. 커다란 보름달이 뜰 때 열리는 달빛음악회는 구례에서만이 아니라 전국 곳곳에서 사람들이 달려와 음악회를 같이 즐긴다.

2014년의 마지막 달빛 음악회였다. 고명숙 씨 집 마당에는 조그만 무대가 마련됐다. 그 바로 옆에 커피 트럭을 세우고 생생한 라이브음악을 감상하면서 참석자들과 함께 커피를 나눴다. 밤늦게까지 노래와 시낭송, 그리고 춤 공연이 진행됐다. 커피는 또 얼마나 잘 어울리던지.

구례에서의 또 하나의 목적지는 커피집 '티읕'이다. 정확하게는 '잼있는커피 티읕'. 이미 커피를 찾아다니는 사람들에게는 어느 정도 알려진 구례의 소규모 로스터리 커피집이다. 구례경찰서 바로 맞은편에 자리 잡은 작은 카페. 직접 손으로 그린 만화 같은 간판은 이 카페의 성격을 너무나도 잘 보여주고 있다. 들어서는 입구 옆 창을 통해 통돌이 로스터기가 보였다. 내가 쓰는 것과 같은 유니온 샘플로스터. 볶기가 까다롭지만 일단 익숙해지면 아주 맛있는 커피가 나온다. 싸면서도 좋은 로스터기다. 로스터를 보면서부터 동질감을 느꼈다. 커피의 길을 같이 걸어가는 오랜 친구 같은 느낌이다.

안으로 들어서니 길쭉하게 생긴 홀에 왼편으로 드립바가 보였다. 작은 테이블 두개, 그리고 나머지는 바를 마주보고 앉아야 하는 좁은 카페다. 하지만 들어서면서부터 기분이 좋아지기 시작했다. 아니, 정확하게는 들어서기 전부터 이곳은 분명히 커피를 좋아하는 사람들을 위한 공간이라는 것을 바로 알 수 있었다.

바 테이블 구석에 앉아서 한 바퀴 둘러보니 이곳 주인장 모모가 직접 손으로 그림을 그린 메뉴판이 눈에 들어왔다. 동화처럼 알록달록한 그림메뉴판이다. '우유 속에 빠진 홍차'라든가 '찰랑찰랑 카스테라', '아항~마시는 초코' 같은 식이다. 벽에는 지미핸드릭스의 포스터가 걸려있고, 손님들이 남긴 메모들이 붙어 있다.

커피 메뉴는 융드립 커피, 모카포트로 만든 에스프레소, 더치커피가 있다. 일일이 손으로 정성들여 만드는 것들이다. 구석구석 돌아보면 모두가 핸드아트 작품들이다. 커피잔은 손잡이가 없는 도자기다. 지리산의 친구들이 직접 구운 것들이다. 물은 매번 가스불로 끓이고 융드립으로 내려준다. 카페 안에는 단골인 듯한 한 팀의 손님들이 바 테이블 앞에 앉아있었다. 바쁠 게 없는 곳이다. 만델링을 한 잔 주문하고 느긋하게 기다렸다. 그 사이 오래된 LP 플레이어에서 지직거리면서 조덕배의 노래가 흘러나오고 있었다.

한참이 지난 후에 나온 만델링은 무겁고 진했다. 달콤한 바닐라의 향이 코끝을 스쳤지만 강배전 커피의 쓴 맛이 길게 입안에 남는다. 그리운 맛이다. 티읕에는 두 대의 유니온 샘플로스터기가 있다. 하나는 밀폐형이고 다른 하나는 타공형이다. 생두의 종류에 따라서 적당한 걸로 골라서 로스팅을 했을 것이다.

음악은 어떤 손님이 가지고 온 펄 시스터즈 LP로 바뀌었다. '커피 한 잔'이 흘러나오는 순간 티읕에 있던 모든 손님들이 속으로 같이 노래를 따라 부르기 시작했다. 즐거운 기분이 들었다.

"저기요~ 제가 커피 트럭 여행을 하는 사람이거든요. 제 커피도 한번 맛보여 드리고 싶어요."

커피와 음악, 공간이 이처럼 잘 어울리는 곳이 또 있을까. 기분 좋고 흥에 겨워 커피를 더 나누고 싶어서 다소 무례한 부탁을 했다. 그런데 티읕 주인장 모모님은 손뼉을 치면서 반가워했다. 예전에 들른 또 다른 커피 트럭 여행자인 현두 씨 이야기도 하고 내 트럭도 보고 싶어 했다. 가끔 의심의 눈빛으로 커피 트럭을 보던 카페 사장들도 있지만 모모님은 호기심도 많았고 열린 마음의 소유자였다. 게다가 나 또한 통돌이 로스터라고 이야기를 했더니 더욱 반가워했다. 바로 근처 주차장에 세워놨던 트럭을 티읕 앞에 주차시키고 내가 볶은 커피를 들고 들어가니 아예 바를 내주었다. 마침 그때 온 손님들과 함께 모모님도 아예 손님 자리에 앉았다. 즉석으로 커피 모임 자리가 펼쳐졌다.

같은 통돌이 로스터로서 공통점이 있기 때문에 서로 커피를 나누면서 할 말이 더 많았다. 처음에는 내가 주로 질문했지만 어느 순간부터는 내가 하는 커피 여행에 대해 질문을 받는 시간이 더 많았다. 하지만 아무리 좋은 시간도 끝은 있는 법이다. 나는 다음 행선지를 향해서 아쉽게 다시 길을 떠나야 했다.

"이담님, 다음번에 오실 땐 동네 친구들도 다 부를게요. 같이 커피 마시고 뒤풀이도 해요. 근처에 숙소도 제공해 드릴게요."

나는 조만간 다시 와서 커피 모임을 하겠다고 약속했다. 하지만 그 이후 일정이 계속 구례를 스쳐 지나가기만 해서 구례 커피 모임은 아직도 이루어지지 못하고 있다. 언젠가 꽃이 필 무렵에 구례로 다시 가서 꽃 향기나는 아름다운 커피를 대접하고 싶다.

내 여행은 언제 끝날까?
아직은 잘 모르겠다. 시작이 있으면
끝도 있는 게 여행이니까 언젠가는
이 여행도 마무리를 해야 한다.
하지만 아직은 더 다니고 싶다.
풍만이가 잘 달리고 내가 멀쩡한 이상
계속 여행을 하고 싶다.
어딘가에서 나를 기다려주는
사람이 있고, 나는 커피가 있으니까.

님아 그 강을 건너지 마오

2014년 11월 바람커피로드 다큐멘터리를 찍고 있는 현진식 감독이 편집을 맡은 '님아 그 강을 건너지 마오'가 개봉됐다. 현 감독은 이 작업을 하기 위해 2014년 가을을 꼬박 작업실에 매달려 있어서 바람커로드 촬영은 뒷전이었다. 가끔 바람커피로드 촬영을 하기도 했지만 거의 대부분의 시간을 '님아 그 강을 건너지 마오'에 투자했다.

커피 여행을 하고 있는 내게는 잘 실감이 안 나는 일이다. 어쨌든 나도 시사회에 초대를 받았다. 시사회가 열리는 영등포 타임스퀘어에 도착하니 벌써 많은 사람이 영화를 보기 위해 모여 있었다. 님아는 그해 열린 DMZ 영화제에서 공개되면서 이미 많은 사람들 사이에서 화제가 되고 있었다. 시사회에도 영화 관계자들뿐만 아니라 일반 관객들도 많이 찾아왔는데 상영 전부터 술렁술렁하는 분위기가 느껴졌다. 그만큼 영화에 대해 기대가 큰 것이다.

현 감독이 편집을 맡고 있기는 했지만 내게는 따로 이야기를 자세히 하지는 않아서 그냥 커플한복을 입고 다니는 걸 좋아하는 할머니와 할아버지의 스토리라고 생각하고 있었다. 편집할 때 할아버지의 기침소리 때문에 귀가 많이 힘들었다는 등의 단편적이 이야기만 들었기 때문이다.

그런데 막상 영화를 보면서 그 속에 빠져들어 많은 생각을 할 수밖에 없었다. 사랑이 무엇이고 죽음이 무엇인가? 우리 한국의 현대인들이 직시하지 못하고 외면하고 싶어 하는 문제에 대해 영화는 진지하게 질문을 던져주고 있었던 것이다.

몇 번이나 터져 나오려는 눈물을 간신히 참으면서 스크린에서 담담하게 진행되는 노부부의 이야기에 빠져들 수밖에 없었다. 영화가 끝나고 불이 들어왔는데도 관객들은 자리에서 일어날 줄 몰랐다. 주위를 살펴보니 눈 주위가 발갛게 부어오른 사람들과 손수건으로 눈물을 닦는 사람들이 많이 보였다. 나 또한 눈이 발갛게 부어있었을 것이다.

영화는 다들 아시다시피 한국 다큐멘터리 영화의 한 획을 그었다. 이전에 워낭소리가 292만 명의 관객을 동원해서 부동의 1위였지만 '님아 그강을 건너지 마오'가 최종집계 480만 1,577명을 기록해 역대 1위를 기록했다. 아마도 앞으로도 다큐멘터리 영화에서 이 기록은 깨지기가 쉽지 않을 것 같다.

영화 개봉 이후 그 해 겨울은 어딜 가나 '님아' 이야기를 했다. 나중에 바람커피로드 촬영을 할 때 현 감독을 소개할 때도 '님아'에서 편집감독을 한 사람이라고 소개하면 모두들 반가워했다. 하지만 바람커피로드 촬영에는 큰 도움이 되지 않았다. 현 감독은 몇 군데 제작지원을 신청했는데 잘 안 됐다고 했다. 결국 비용은 현감독이 직접 마련해가면서 촬영해야 했다. 나야 원래 하던 대로 커피 트럭을 타고 움직이면 되지만 1년 넘게 별다른 수입 없이 촬영하고 있는 현 감독은 꽤 힘들었을 것이다.

그래도 커피로드는 계속 진행해야 됐다. 이제 추운 겨울에는 잠시 쉬어 가야 한다. 2015년도 이렇게 마무리가 되어 가고 있었다.

Part 4

여행의 시간만큼 인연도 깊어진다

바람앤더시티 그리고 커피 콘서트

열심히 돌아다니면 열심히 쉬어야 할 때도 있어야 한다. 사계절이 뚜렷한 우리나라에서 겨울은 쉼과 재충전의 계절이다. 2014년에서 2015년을 넘어가는 겨울은 조용히 지냈다.

나는 하남집에서 커피 원두를 볶아서 택배로 커피를 보내주고, 서울 홍대나 이태원 쪽에 친구들을 만나러 가끔 놀러가는 정도로 시간을 보내고 있었다. 그러다보니 어느새 2월이 되었는데 전화가 왔다.

"이담님, 서교동에 지하 카페가 하나 있는데 거기 맡아서 한 달 정도만 해볼래요?"

나야 거절할 이유가 없었다. 슬슬 좀이 쑤시기 시작했는데 잘된 일이다. 이제 슬슬 커피 여행자 모드로 발동을 걸 시간이 된 것이다. 서교동 에이브릭 카페에 가서 보니 위치는 좀 외졌지만 찾아오기는 어렵지 않을 것 같았다. 주인장이 가게를 내놓은 상태로 시골로 내려가 있어서 잠시 문을 닫고 있는 중이었다. 약 한 달 정도 후에는 새로운 주인장이 나타날 것이다. 그 사이의 공백을

커피 콘서트 〈바람커피, 음악에 취하다〉

커피를 마시면서 커피와 어울리는 뮤지션의 노래를 들으면 얼마나 좋을까? 서교동의 지하 카페에서 열린 커피 콘서트는 바로 그런 나의 바람으로 만들어진 음악회였다. 에티오피아, 과테말라, 케냐의 커피와 함께 조용히 흘러나오는 노랫소리는 너무나도 듣기 좋았고 향이 좋았다.

내가 채우는 역할이다. 지하는 넓었고 특별히 손을 볼 것 없이 커피를 만들면 되는 곳이다. 2월 말까지 3주 동안 '팝업' 카페를 열기로 했다.

미국 드라마 'Sex and the city'를 패러디한 'Baram and The city'라고 팝업 카페 이름을 지었다. 바람커피가 도시 한 가운데 있다는 것을 알리고 싶었기 때문이다. 메뉴는 트럭에서 하던 것 그대로 핸드드립 커피만이었지만 카페에 제빙기가 있어서 아이스커피도 가능했다. 우리나라 사람들은 아이스커피를 좋아해서 무조건 '아이스 아메리카노'를 외치는 경우가 많다.

서울 서교동에서 한시적인 팝업 카페를 운영한다고 하니 그동안 여행을 하면서 만났던 사람들이나 커피가 궁금한 사람들이 꾸준히 찾아와 주었다. 다시 만난 사람들이 무척 고마웠고, 새로 소식을 듣고 찾아와 준 사람들은 반가웠다. 장소를 소개해준 정소영과 김소혜는 저녁마다 친구들을 데리고 놀러와 커피를 마시고 술도 마시면서 놀았다. 현진식 감독과 님아의 음악을 담당했던 미누도 와서 촬영하기도 하고 다음 스케줄 작업도 했다.

3주 동안 많은 사람들이 왔다가 갔다. 길 위에서 마시던 커피를 편안하게 실내에서 마실 수 있어서 좋지만, 또 한편으로는 길 위에서 만나는 사람들이 그리워지기 시작했다.

현진식 감독은 공연 준비를 하기 시작했다. 지하의 아담한 공간을 보니 슬슬 공연본능이 깨어난 것 같았다. 그는 다큐멘터리 감독이지만 또한 '파울로 시티'란 락 밴드의 리더로 기타를 치고 작곡도 한다. 나 또한 커피와 음악을 함께 하는 자그마한 공연을 진행해보고 싶었다.

팝업 카페가 끝나는 2월의 마지막 날, '바람커피, 음악에 취하다'란 제목으로 콘서트를 열었다. 이번 콘서트의 콘셉트는 가수에 어울리는 커피를 찾아서 커피를 마시고 노래를 듣는 것이다. 싱글 오리진 커피마다 자신의 색깔과 개성이 명확하다. 커피를 마시면 여러 가지를 상상하게 된다. 그것은 색깔이 될 수도, 이미지일 수도, 음악일 수도 있다. 나는 콘서트에서 쓸 커피를 골라 미리 로스팅을 했다.

콘서트에 초청된 가수는 '당신도 제주 가나요'란 곡을 새로 낸 음총명, 한국대중음악상 최우수 포크노래를 수상한 권나무, 작사 작곡과 공연뿐만 아니라 영화음악 활동도 열심히 하고 있는 조동희 씨였다.

나는 이들의 음악을 여러 번 들으면서 어떤 커피가 어울릴까를 고민했다. 나 혼자만 정하는 것이 아니고 콘서트에서 커피를 마시는 사람들이 음악을 들으면 '아하~'하고 공감할 수 있는 그런 커피를 골라야 했다. 처음에는 쉽게 생각했는데 이들의 노래를 들을수록 더 어려워졌다.

권나무의 목소리는 담백하면서도 깊다. 그래서 커피를 고르기가 제일 쉬웠다. 이름도 '나무'다. 권나무에게 어울리는 커피는 '과테말라 안티구아'를 골랐다. 안티구아를 마시면서 그의 노래를 들으면 그렇게 잘 어울릴 수가 없다.

톡톡 튀고 상큼한 느낌의 음총명에게는 '에티오피아 콩가 내추럴'을 골랐다. 콩가는 예가체프랑 비슷하게 향이 좋고 여린 커피지만 조금 더 자신만의 색깔이 명확하고 깊은 커피다. '당신도 제주 가나요'를 들으면 제주의 여러 풍경들이 스쳐 지나가는데 거기에 콩가의 매력적인 향이 노래를 더 깊이 감상할 수 있을 것이다.

제일 고민은 조동희였다. 이런저런 생각을 하다가 케냐 피베리를 골랐다. 그는 가수 조동진과 베이시스트 조동익을 오빠로 두고 있는 음악가 가족이다. 이렇게 좋은 집안의 커피는 케냐가 적합하다. 하지만 지금은 오빠들의 그늘에 벗어나서 자기만의 독자적인 음악세계를 만들고 있으니 작고 단단한 '피베리'가 조동희의 이미지에 적합하다고 느껴졌다.

콘서트 당일에는 자라섬에서 아르바이트를 했던 춘천의 다현이가 와서 일을 도와주었다. 풍만이에게 메뉴판을 그려준 일러스트레이터 너굴양도 입간판을 그려놓고 있었다. 커피 여행을 하면서 맺은 소중한 인연들이다. 너굴양은 콘서트를 하는 중에 자신의 특기를 살려서 즉석에서 그림을 그리는 퍼포

먼스를 하기로 했다.

노래를 하는 가수들도 시간에 맞춰서 도착했다. 음총명은 키보드를 세팅하고 조동희는 자신의 예쁜 기타를 들고 와서 조율했다. 가장 멀리에서 온 권나무는 나를 보자 말을 걸어왔다.

"저 기억하세요?"

사람 얼굴을 잘 기억 못하는 내게 가장 난감한 질문이다.

"벌써 두 번 봤잖아요. 오늘이 세 번째인데."

"아 그래요? 어디서 봤더라……"

"창원에서 커피 모임 할 때 저도 참석했었어요. 그리고 지난 번 괴산페스티벌 때도 봤었죠."

그러고 보니 괴산에서 커피 트럭을 찾아와서 창원에서 만났는데 괴산에서도 만났다고 반갑게 인사를 하고 간 청년이다. 그때 페스티벌에서 노래를 한다고 했는데 난 손님들이 몰려와서 커피를 내리느라 제대로 노래를 못 들어서 기억을 잘 못하고 있었던 것이다. 권나무는 내가 여기에서 커피를 내릴 거라고는 생각하지 못하고 왔다가 또 마주치게 되어서 신기한 일이라며 반가워했다.

콘서트에는 생각보다 많은 사람들이 와주어서 빈틈없이 자리가 꽉 찼다. 관객석에는 조그만 촛불이 켜졌고, 나는 에티오피아 콩가를 갈아서 커피를 준비하기 시작했다.

"저는 평소에 커피와 음악이 어울리면 얼마나 좋을까 많은 생각을 하고 있었습니다. 오늘 저는 가수에 어울리는 커피를 준비해서 내려드리고요, 커피를 드시면서 음악을 감상하시면 되겠습니다."

관객들에게 커피가 전달되고, 조그맣게 피아노 소리가 들리면서 음총명의 노래가 시작됐다. 지하 카페는 아름다운 노래와 그에 어울리는 커피향으로 가득차기 시작했다.

"이번 여행은 꽃피는 남해부터 시작할 거야"

여행하는 전날은 괜히 움직이기도 싫고 멀리 떠나기도 싫어진다. 그냥 사서 고생하는 거 아닐까? 그래도 떠나기로 했으니 떠나야 한다. 일요일부터 비가 추적추적 내렸다. 트럭에서 짐 정리를 하고 청소를 해야 하는데 비 핑계를 대고 하루 종일 뭉그적거렸다.

2015년의 커피 여행은 남쪽부터 시작하기로 했다. 낭만적인 남해안 바닷가를 돌아다니고, 계단처럼 예쁜 다랭이 마을의 논도 바라보고 싶어서였다. 남해와 하동, 화개를 따라 올라가면서 섬진강변의 벚꽃을 보고 싶었다. 특히 화개에서 쌍계사로 가는 벚꽃 십리길!

작년에 지리산 화개에서 만난 P는 쌍계사 길의 벚꽃을 바라보면서 그렇게나 환상적이고 아름다웠다고 했다. 나보고 다른 때는 몰라도 벚꽃이 피는 봄에 꼭 와봐야 한다고 말해줬다. 그 이야기를 할 때의 P의 얼굴 표정은 꿈꾸는 것 같았다. 그 모습을 보면서 2015년 커피 여행은 남쪽부터 시작할 것이라고 결심했다.

바로 오늘이 그날이다. 혼자서 훌쩍 떠나려고 했지만 작년 여름부터 같이 움직이는 다큐 촬영팀과 같이 움직여야 한다. 항상 커피로드를 같이 따라다니

2015년 봄 남해의 여행에서 만난 풍경. 꽃과 함께
커피 여행을 하는 멋진 시간이었다.

고 싶다던 세용이도 이번 남해 일정을 같이 하기로 했다. 출발하기 며칠 전 함께 맥주를 마시면서 "이번 여행은 꽃피는 남해부터 시작할 거야"라고 했더니, 주중에 있는 약속을 미루고 그날 바로 휴가를 내버렸다. 아마도 함께 춘천을 여행했던 기억 때문인 듯 싶다. 회사 생활에 지쳐 축 쳐져 있을 때 나와 함께 2박 3일을 같이 움직였었다. 여행을 마치고 집으로 돌아가는 길에 세용이는 '이번 여행 덕분에 새로운 힘이 생긴 것 같다'면서 고마워했다.

혼자서 훌쩍 떠나는 커피 여행이 일행이 늘었지만 그리 불편하지는 않다. 다큐 촬영팀은 있는 듯 없는 듯 촬영한다. 나는 나대로 움직이면 그들이 따라다닌다. 가끔 좋은 그림을 만들기 위해 같은 도로를 서너 번 왔다갔다 해야 할 때가 있다. 그것만 제외하면 나는 그냥 혼자 여행하는 것처럼 움직인다. 적당히 좋은 장소를 찾아서 커피 트럭을 열기도 하고, 페북을 보고 연락하는 페친에게 찾아가서 커피를 내려 준다. 가끔은 수십 명이 모이는 세미나를 진행해야 할 때도 있다.

오전 11시쯤에 하남시 집 앞으로 모두들 도착했다. 새로운 시즌의 시작이니 트럭을 깨끗하게 청소하고 가는 게 좋다. 집 근처 셀프세차장에 가서 1만원을 동전으로 바꿔서 열심히 세차했다. 동전을 기계에 넣자마자 열심히 물대포를 쏘고 비누거품을 칠하고 다시 물대포를 쏴야 한다. 자칫 시간이 넘어버리면 다시 동전을 투입해야 하니까.

풍만이는 이제 여기저기 기스가 나고 페인트에 얼룩이 묻었다. 잘 살펴보면 페인트 밑이 부풀고 녹도 비친다. 10년 동안 20만 km를 더 뛴 낡은 트럭이다. 세차를 해도 깨끗해지질 않는다. 앞으로 얼마나 더 탈 수 있을까? 다행히 여기저기 낡은 모습에 비해 엔진은 쌩쌩한 편이다. 날씨가 추울 땐 시동이 제대로 걸리지 않아서 고생하지만 따뜻한 봄부터는 시동도 잘 걸리고 엔진 소리도 좋다. 올해도 말썽부리지 말고 잘 달려주기를 바라면서 남해를 향해 고속도로에 올랐다.

트럭에 앉으면 아이폰을 거치대에 꽂고 내비게이션을 켠다. 가고 싶은 목적지를 입력하고 검색하면 원하는 목적지까지의 경로와 도착 예정시간을 알려준다. 아마 스마트폰 내비가 없었다면 나의 여행은 지금보다 훨씬 더 고달팠으리라. 하남에서 남해까지는 383km, 14,000원의 통행료와 4시간 30분 정도의 시간이 걸린다고 나온다. 기름 값도 4~5만원 정도가 들고 이동 중에 휴게소에서 쉬면서 이것저것 사면 1만원 정도가 더 들 것이다.

이 비용을 보충하려면 얼마만큼 커피를 팔아야 하나? 커피 장사를 하면서 생긴 안 좋은 버릇 하나가 모든 가치를 커피 가격으로 환산하는 것이다. 이발을 하면 1만원이니 커피 두 잔, 택시비가 5천원이면 커피 한 잔…… . 이런 식으로 머릿속에서 자동으로 계산된다.

이런 버릇이 꼭 나쁘기만 한 것은 아니다. 좋은 점도 있다. 내가 파는 커피 값이 너무 비싸다는 것을 느끼게 된다. 다른 사람들이 훨씬 더 많은 재료와 시간을 투자해서 힘들게 만드는 가치를 나는 너무 편하게 얻는 것 같은 기분이 든다. 그래서 더 좋은 커피를 만들어야만 한다고 다짐한다. 마음을 움직이는 커피를 만들어 이 커피가 비싸기만 한 커피가 아니라 그만한 가치가 있는 커피라고 느끼게 해야 한다. 이런 생각으로 더 열심히 커피를 내리게 된다.

남해까지 가는 도중에 점심 식사를 해야 했다. 휴게소의 천편일률적인 음식은 먹고 싶지 않아서 옆 자리에 앉은 세용에게 맛집 검색을 부탁했더니 장수읍에 있는 오복식당을 찾았다. 옛날 스타일의 짬뽕을 하는 집이다. 고속도로에서 빠져나와 장수읍에 도착했다. 읍이라고 해서 오래된 옛날 거리를 생각하고 있었는데 생각보다 훨씬 더 번화하고 깨끗했다. 아쉽게도 간판들이 모두 현대식으로 예쁘게 바뀌었다. 옛날식 투박한 간판이 훨씬 더 정감이 가고 개성도 있는데 그것이 보기 싫다고 관에서 간판을 모두 바꿔버린 것이다. 새로 현대식 폰트와 디자인으로 만들어진 간판을 보는 건 그리 유쾌하지 않았다. 강남의 어느 성형외과 출신의 성형미인들을 보는 기분이랄까?

그래도 시장 한쪽에 오복식당은 아직도 예전 그대로의 모습으로 버티고 있었다. 짬뽕을 시키니 주방에서 재료 준비하는 소리와 웍으로 볶는 소리가 들렸다. 잠시 후에 나온 짬뽕에는 돼지고기와 오징어, 야채들이 듬뿍 들어있다. 투박해도 맛이 없을 수가 없는 짬뽕이다. 이런 옛날 스타일의 중국집들은 이제 지방 소도시나 읍내에 조금씩 남아 있을 뿐이라는 사실이 조금은 서글퍼진다.

짬뽕을 먹고 나니 자판기 커피가 마시고 싶어졌다. 입 안 가득 매운 맛과 양파 맛이 남아있는데 이걸 한 번에 씻어 주는 건 달달한 자판기 커피가 딱 좋다. 마침 길 건너편에 커피 자판기가 보여서 뽑아서 마셨지만 반 정도만 마시고 나머지는 버렸다. 이미 순수한 커피의 맛에 푹 빠져 버려 인스턴트커피가 입에 맞지 않는다.

저녁때가 되어서야 이번 여행의 시작점인 남해 미조리의 민박집에 도착했다. 비는 그치지 않고 꾸준히 흩뿌리고 있었다. 남쪽 지방이라 벚꽃이 벌써 졌을까봐 조바심을 내면서 달려왔는데 다행히 아직은 꽃이 많이 남아 있다. 내일 날씨가 좋아진다면 정말 환상적인 남해의 봄날을 맞이할 수 있을 것이다.

남해에서의 반가운 만남들

아침 일찍 인스타에 바람 커피 트럭이 남해 미조리에 있다고 올렸더니 2014년에 홍천 고물섬에서 만난 최보윤 씨한테 바로 연락이 왔다. 자기도 마침 남해에 놀러와 있는데 바로 근처 같단다. 지도를 확인해보니 미조리에서 17km 떨어진 곳이다. 아침에 가서 커피를 내려주기로 했다. 홍천 고물섬 파티 때 코카 스패니얼을 데리고 왔던 기억이 났다. 강아지 이름은 율무였다. 주로 음악과 CF작업을 하는 작가로 중간에 제주와 몇 군데에서 연락을 했었는데, 그때마다 시간과 장소가 안 맞아서 만나지는 못했다. 그런데 남해에서 딱 마주친 것이다.

커피를 내려주러 출발하니 어제 밤에 들어올 때는 잘 안보였던 벚꽃터널이 나타났다. 비가 내리고 있지만 아직도 꽃잎이 버티고 있었다. 하지만 이삼일 내로 후두둑 떨어질 것 같다. 빨리 화개로 가서 꽃비를 맞고 싶다.

목적지인 펜션은 독일마을 근처 몽돌해변 바로 앞에 자리 잡고 있었다. 이렇게 해변 가까이 있어도 되나 싶을 정도로. 차가운 비가 흩뿌리고 있었고 오랜만에 만난 최보윤 씨가 반가웠다. 홍천에서 신나게 뛰어놀던 율무는 눈이 멀었다고 했다. 아무것도 보이지 않는 어둠속에 살게 된 율무. 그런데 얌전하고

착하다. 지금은 눈이 안보여도 익숙해져 있어서 어디 부딪치지는 않는다고 한다. 나이는 11살? 12살? 보윤 씨는 어렸을 때부터 어디를 가든 율무를 데리고 다녔다. 지금도 율무를 떼어놓지 못해서 멀리 떠나질 못한다.

차가운 비가 흩뿌리는 자리에서 커피를 갈기 시작했다. 이런저런 살아가는 이야기를 하면서. 커피는 케냐 마사이. 차가운 빗속에서 마시는 케냐는 마치 뜨거운 와인 같다. 2015년 커피로드 첫 번째 손님이라고 하니 커피 값을 굳이 내겠다고 한다. 보윤 씨는 친구의 커피 값까지 2잔 값을 냈다. 2015년 커피로드의 첫 번째 매상을 올렸다.

보윤 씨와 헤어진 후에도 날씨는 여전히 좋지 않다. 현 감독은 감기 기운이 있는지 컨디션이 안 좋아 보였다. 차안에서 외투를 꺼내주고, 작년에 남해를 지나다가 들렀던 JP하우스로 가기로 했다. 혹시 쉬는 날일지 몰라서 전화를 했더니 쉬는 날이지만 그냥 오라고 하신다. 서울에서 남해로 와서 조그만 멸치국수집을 낸 사장님을 지난번에 처음 봤고 이번이 두 번째지만 뭔가 재밌는 것들을 많이 갖고 계신 분이다.

그냥 쉬는 날이라 지나가면서 커피 내려드리겠다고 말씀드렸는데 가게에 도착해보니 벌써 육수를 올려놓았다. 남해의 멸치와 다시마, 무로만 육수를 낸다. 거기에 나중에 남해의 마늘을 듬뿍 넣은 양념장을 얹어준다. 한참을 기다려 육수가 완성될 쯤 소면을 삶아서 잘 씻어서 건져 놓는다. 나중에 면을 분량대로 잡아서 뜨거운 물에 토렴을 한 후 육수를 부어준다. 고명은 부추와 채 썬 다시마가 약간 올라가 있다. 단순하지만 멸치 육수의 깊은 맛이 계속 입맛을 당긴다.

맛있는 국수를 얻어먹은 대신 나는 커피를 내려드렸다. 봄에 어울리게 여리여리하게 볶아 상큼한 브라질 스페셜티를 골랐다. 커피를 내린 후에 마시면서 이런저런 사는 이야기를 했다. 커피의 맛이 어떻고 향이 어떻고 하는 이야기는 하지 않았다. 그저 맛있는 국수를 먹은 후 커피 한 잔을 사이에 두고 이런저런 이야기를 하는 것이 좋다.

다시 미조리 숙소로 되돌아가는 중간에 벚꽃이 활짝 피어있는 주차 공간이 나타났다. 며칠 계속 내리는 비 때문에 트럭 짐칸을 제대로 정리하지 못하고 있었는데 마침 비도 그치고 벚꽃도 예뻐서 거기에 트럭을 세워놓고 청소하기 시작했다. 한참을 정리한 후에는 멋진 곳에 주차를 시킨 김에 오랜 만에 길거리 영업을 시작했다. 커피를 꺼내 놓자마자 어디 선가 여자 분이 오셔서 커피 2잔을 주문했다. 커피에 대해서 설명해드렸는데 별다른 표정 없이 커피만 받아갔다. 그저 커피가 필요하신 분이었나 보다. 어쨌든 문을 열고 있었던 덕분에 1만원 매상이 올랐다. 오늘의 총 매상은 2만원이다.

너무 늦지 않아 다행이다

미조리에서 남해읍으로 나오는 풍경이 정말 멋졌다. 깊은 만안에 한가로운 어촌이 있고, 잔잔한 바다에는 섬들이 둥둥 떠 있다. 층층이 쌓아올린 계단식 밭에는 노란색 유채꽃이 만발했다. 벚꽃들은 벌써 지기 시작해서 꽃잎들이 하얀 눈처럼 떨어지고 있었다. 화개로 급히 가는 이유는 쌍계사 벚꽃 십리길을 보기 위한 것인데 하동에서 화개까지 가는 길가의 벚꽃들은 거의 떨어져서 볼품이 없었다.

그냥 첫날부터 화개로 갈걸 그랬나보다. 작년부터 그렇게 기대하던 벚꽃길인데 제대로 감상하지 못했다는 생각에 조금 서글퍼졌다. 저 멀리 님이 가시는데 치맛자락만 살짝 보이는 기분이다. 하동에서 화개로 이어지는 섬진강 길은 여기저기 도로확장 공사가 한창이었다. 이 공사가 끝나면 왕복 4차선의 멋대가리 없는 도로가 생길 것이다. 그때는 이런 호젓하고 아름다운 벚꽃 길을 볼 수 없을 텐데. 우리나라는 여전히 도로를 확장하기 위해 전국 어디든 열심히 공사 중이다. 공사가 끝나면 10분 정도는 빨라지겠지만, 구불구불 아름다운 도로는 사라져버리고 길게 뻗은 도로만 남아있게 될 테지.

벚꽃 길이 아쉬워서 화개로 들어가는 길에 악양 평사리에 갔다. 바둑판

벚꽃이 져 있으면 어떡하나
안절 부절하면서 도착한 하동에는
아직 예쁜 벚꽃이 남아있었다.
참 다행이다.

모양의 논은 파릇파릇해졌고, 평원 안에 있는 부부송은 여전히 푸르르다. '이곳에 왜 왔나'하는 표정으로 보는 현감독과 미누를 데리고 전망대로 향했다. 전망대 위에서 바라보는 평사리 평원은 정말 멋지다. 왼편에는 최참판댁이 보이고 오른쪽에는 섬진강이 흐른다. 그 주위를 높은 산들이 둘러싸고 있다. 전망대에 올라서니 현 감독은 바빠졌다. 갑자기 타임랩스를 찍는다고 삼각대를 세웠다.

시간을 보니 12시가 가까웠다. 타임랩스는 30분 정도 걸어 놓았는데 아침부터 아무것도 안 먹고 계속 운전했더니 배가 고프다. 간단하게 요기라도 해야 하는데 트럭 짐칸에 있는 컵라면이 생각났다. 타임랩스 촬영시간 동안 물을 끓여서 컵라면을 만들어서 먹고 커피까지 내려마셨다. 우리끼리 마시는 거라 커피는 약 한달 정도 묵은 것을 꺼내서 갈았다. 로스팅한지 오래됐지만 날씨가 덥지 않은 계절이라 커피는 여전히 맛있다. 오히려 묵은 커피가 현 감독 입맛에는 맞았나보다. 아름다운 평사리를 바라보면서 먹는 커피는 맛이 없을 수가 없을 것이다.

커피를 마신 후에는 곧바로 화개로 왔다. 평사리에서 화개까지는 10여분밖에 걸리지 않는다. 얼마 전에 불이 나서 홀랑 타버린 화개장터는 새로 공사해서 깔끔하게 재개장을 했다. 그래서인지 입구에는 차들이 꽉 차서 지나갈 수가 없을 정도다. 화개장터를 지나 쌍계사까지 가는 길에는 벚꽃들이 그래도 볼만하게 남아있었다. 다행이다. 여기마저도 꽃이 다 떨어졌다면 정말 많이 실망했을 것 같다. 계속 내리는 비와 늦추위 때문에 꽃도 예년에 비해서 빨리 떨어졌나보다. 그래도 쌍계사 길은 아래 쪽 섬진강 길보다는 훨씬 더 많은 벚꽃들이 남아있어서 아름다운 벚꽃터널을 만들고 있었다. 계곡 안쪽으로 들어갈수록 꽃은 더 많이 남아있었다. 게다가 아래쪽에는 하얀 싸리나무 꽃들도 피어있어서 벚꽃 길과 어우러진 환상적인 풍경을 연출해내고 있었다.

너무 늦지 않게 와서 참 다행이다.

봄의 평사리 벌판은 또 다른 느낌을 받았다. 평사리를 바라보면서 내린 커피는 또 다른 느낌으로 다가왔다. 뜨거운 물만 준비하면 맛있는 커피를 내려 마실 수 있는 핸드드립 커피를 하고 있는 것이 얼마나 좋은지!

하동의 커피파티

봄 벚꽃은 남아있었지만 날씨는 계속 흐렸다. 짙푸른 녹차 밭과 어우러져 있는 벚꽃, 그리고 산기슭에 피어 있는 알록달록 봄꽃들이 아름다웠다. 화개에 커피 트럭이 있다고 페이스북에 올렸더니 가끔 페북 메시지로 연락하던 백겸중 화가가 직접 얼굴을 보고 싶다면서 하동으로 찾아온다고 했다. 우리는 하동군청에서 만나기로 했다. 화개장터를 지나서 다리를 건너 광양 쪽 길로 들어섰다. 하동-화개장터 길은 확장 공사 중이라 복잡해서였다.

오후의 늦은 약속시간에 맞춰 하동군청에 도착해 주차장에 트럭을 세우고 있으니 백겸중 씨가 반갑게 다가왔다. 그는 다리를 절뚝이고 있었다. 버스에서 내리다가 왼발을 심하게 접질렸다고 했다. 원래 계획은 나와 함께 며칠 동안 같이 동행하려고 했지만 발목 상태를 보니 빨리 치료해야 할 것만 같았다. 그는 현역 화가였다. 이야기를 나누다보니 이미 공통의 친구도 있고, 나이가 나보다 약간 적어서 금세 친해졌다.

백 화가는 하동군청에 나를 데리고 들어가 조문환 과장을 소개해 주었다. 지금은 평사리가 있는 악양면의 면장으로 가있는데 그 당시에는 경제수산과장이었다. 나는 트럭에서 핸드드립 도구가 들어있는 가방을 꺼내서 군청 사무

커피와 함께 여행을 하지만 가끔은 커피 없이도 잘 돌아다닌다.

실에서 커피를 내렸다. 향긋한 커피향이 퍼져 나가자 근처에서 일하던 공무원들이 모여들었다. 마침 퇴근시간이 다 되어서 즉석 커피타임이 진행되었다. 하동은 녹차 생산지라 커피 문화보다는 녹차 문화가 훨씬 더 강한 곳이다. 웬만한 집에 가보면 커피 드리퍼는 없어도 다구를 갖춰놓고 차를 즐기고 있었다. 하지만 커피의 향미는 차와는 다른 매력을 주는 존재다. 군청 공무원들은 커피를 내리고 있는 내 모습이 신기한지 가까이 와서 이것저것 질문을 던지고 내려준 커피를 음미하면서 마셨다. 어느새 서너 종류의 커피를 내려서 즉석 커피파티가 벌어졌다.

조문환 과장은 내게 자신이 쓴 책에 사인을 해서 선물했다. 조 과장은 '하동편지'라는 책을 썼는데, 5년 동안 매주 메일로 보내는 편지를 묶어서 낸 책이다. 아예 내친 김에 우리는 저녁식사 자리까지 같이 했다. 섬진강변 옆의 식당에서 '참게가리장'이라는 낯선 이름의 하동 음식을 먹었다. 섬진강에서 나는 참게를 갈아서 콩가루와 깻가루를 푼 국물에 죽처럼 끓인 음식이었다. 또다시 새로운 인연이 시작됐다.

달품 게스트하우스에 커피 배달 가다

다음날 아침에 일어나니 백 화가는 발목이 어제보다 더 아픈지 제대로 걷지를 못했다. 일단 한의원에 가서 침을 맞겠다고 하는데, 광양에서 한의원을 하는 '노랭이'님이 생각났다. 작년 순천만에서 사고가 나서 등과 허리를 다쳤을 때 치료를 받으러 갔던 곳이다. 하동에서는 30여분 정도밖에 걸리지 않는다. 마침 며칠 전에 원두를 볶아달라고 주문해서 한번 방문하려고 했는데 이번에도 환자와 함께 가니 이것도 또 인연이랄 수밖에.

간단하게 하동 재첩국으로 아침을 먹고 광양으로 출발했다. 한의원에 도착하니 여전히 반갑게 맞이해 준다. 미리 볶아두었던 원두도 전해주고, 백 화가의 발목 치료에 들어갔다. 나도 어깨 결림이 있어서 간 김에 옆에 누워서 치료를 받았다. 잠자리가 불편한 상태에서 쪼그리고 자다보니 왼쪽 어깨가 계속 아프고 힘을 쓰기가 힘들다. 밖에서 지내는 시간이 오래 이어지니 생기는 문제들이 많았다.

치료가 끝나고는 커피를 내려서 '노랭이'님과 간호사들과 함께 마셨다. 내친 김에 치료를 받으러 온 환자들에게도 커피를 한 잔씩 돌렸다. 한약재 향이 나던 한의원이 커피향으로 가득 찼다.

커피 배달 요청이 와서 남해 달품 게스트하우스까지 달려갔다. 바닷가의 예쁜 게스트하우스에서 커피를 기다리던 사람들이 달려 나왔다.

"이담님은 도시마다 하나씩 단골 한의원을 만들어 두세요. 어깨 결림은 꾸준히 치료하는 게 좋아요."

노랭이님은 자꾸 어깨를 만지는 나를 보고는 걱정해주었다. 사실 어깨만이 문제가 아니다. 트럭 짐칸에서 커피를 내리려고 오랜 시간 의자에 쪼그려 앉아 있으면 무릎 쪽에도 무리가 왔다. 원래부터 뼈가 튼튼한 편은 아니었지만 해가 갈수록 더 약해지는 느낌이다.

이날 아침 일찍 반가운 전화가 왔다. 예전 서울에서 알게 된 후배 어윤진이 근처에 있다면서 남해의 게스트하우스로 커피 배달을 주문한 것이다. 윤진이는 내가 운영하던 학원에 수강생으로 들어왔었는데, 지금은 IT 업체에서 열심히 일하고 있다. 평소에는 거의 연락을 안 하는데 가끔 남대문시장 같이 예상치 못한 장소에서 마주쳤다.

광양에서 남해를 들러 백 화가의 작업실이 있는 사천까지 가면 동선이 딱 맞을 것 같아서 오후 3시쯤에 남해에 도착한다고 메시지를 보냈다. 광양에서 2시쯤 출발했는데 남해 달품 게스트하우스에 도착하니 오후 3시 20분쯤 됐다. 오랜만에 윤진을 보니 무척 반가웠다. 예전 선배가 오픈한 게스트하우스라고 했는데 학교 선후배들이 같이 모여 있었다.

트럭을 주차시킨 후에 핸드드립 가방과 그라인더 등을 들고 올라가서 커피를 내리기 시작했다. 달품 게스트하우스는 남해 남면의 바닷가 바로 옆에 있어서 바다 풍경이 기가 막히게 멋졌다. 바다 풍경과 커피는 정말 잘 어울렸다. 에티오피아 시다모, 케냐 AA, 인도네시아 만델링까지, 잔잔한 남해 바다와 커피의 싸밋한 만남시간은 그 자리에 앉아있던 모두를 행복하게 만들어 주었으리라.

사천에서 완벽한 어둠에 빠지다

사천에 있는 백겸중 화가의 작업실로 가기로 했다. 지난 번 발목 다친 것은 빠르게 좋아지고 있다고 연락이 왔다. 우리는 일단 사천읍내의 오래된 중국집에서 만나 간단하게 저녁식사를 한 후 작업실로 향했다. 읍내에서 화가의 작업실까지는 20여분 정도가 걸렸다. 내비에 주소를 입력하고 백 화가의 차 꽁무니를 따라가기 시작했다. 사천에서 고성 방향으로 어느 정도 달려가다가 좌회전을 하더니 마을을 지나 산 속 계곡 쪽으로 들어갔다. 주위는 온통 컴컴해져서 길이 잘 보이지 않는다. 산중턱에 있는 작업실에 도착하니 주변에는 불빛 하나 보이지 않는다. 핸드폰 신호도 아예 잡히지 않는 곳이었다. 작업실 마당은 작은 학교의 운동장만해서 트럭을 세워 놓기 좋았다. 내일 아침에는 일찍 일어나서 커피 로스팅을 해야 한다.

그의 작업실에는 방은 서너 개 있었지만 여기저기 작품들이 쌓여있고 작업이 진행 중인 작품들도 많이 있어서 빈 공간이 별로 없었다. 그 사이에 차 탁자가 있어서 차를 마시면서 이야기를 할 수 있었다. 백 화가는 술과 보이차를 꺼내와 차를 내렸다. 우리는 밤새도록 술과 차와 커피를 번갈아 마시면서 이야기를 했다. 그는 중국과 일본에서 전시회를 하면 그림이 많이 팔린다고 했다.

그해의 봄은 남해와 사천 진주를 다녔다. 금오산 정상에선 남해안의 절경을 만났고, 사천의 밤은 불빛 하나 없이 깜깜했다.

술을 좋아하고 차를 좋아하는 화가는 단지 몇 살 차이로 나를 형이라고 부르기 시작했다. 좋다. 불과 만난 지 며칠 밖에 안됐지만 형 동생이 되었으니 앞으로도 친하게 잘 지내보자.

화가는 밖에서 만났을 때는 그냥 술 좋아하고 놀기 좋아하는 사람처럼 보였지만 작업실에 와서 보니 치열하게 작품을 만들어가는 예술가였다. 지난 번 화천의 극단 뛰다에 가서도 느낀 것이었지만 여행을 하면서 만난 예술가들은 겉보기와는 다르게 굉장히 성실하게 연습하고 작업하고 있었다. 타고난 재능에 꾸준한 연습과 성실한 작업의 결과가 작품으로 나오는 것이었다. 나 또한 성실하게 해야 한다. 커피 한 잔을 만들어 내려면 남들은 몰라도 꾸준하고 성실하게 해야 하는 것들이 있다. 그것을 제대로 해야만 커피 한 잔에 마음을 담아 낼 수 있는 것이다.

다음날 아침에 일어나니 어제는 보이지 않았던 주변의 산들이 훤하게 보였다. 사천의 이곳은 산들로 둘러싸인 오지였다. 여전히 핸드폰 신호는 잡히지 않았다. 차 소리도 들리지 않았다. 그냥 산속의 조용한 아침이었다. 정말 오랜만에 자동차 소리가 들리지 않는 산속에 들어와 있다.

마당은 넓었다. 커피 로스팅을 위해 트럭 문을 여니 시원한 아침바람이 들어왔다. 벚꽃이 거의 끝물이다. 커피 로스팅을 위해 버너를 연결하고 통돌이 로스터를 세팅했다. 생두 통에서 브라질과 케냐, 인도네시아 생두를 꺼내놓고 500그램씩 계량했다. 불을 켜고 빈 로스팅기를 돌려 살짝 예열한 후 통 안에 조심스럽게 커피 생두를 넣고는 다시 돌리기 시작했다. 적당한 열을 가하면서 통을 돌리다보면 10분 후쯤에 '탁탁' 소리를 내면서 콩이 터지는 소리가 들린다. 약 2분 후에는 1차 팝이 끝나고 약간의 휴지기를 거친 후 2차 팝을 향해서 간다. 커피의 맛을 결정하는 시간이다. 원하는 정도의 로스팅 포인트에서 커피를 빼서 식히면 커피 로스팅이 완성된다.

커피를 볶기 시작하자 남아 있던 벚꽃이 비처럼 흩날리기 시작했다. 서너 시간에 걸쳐 로스팅을 마치자 더 이상 벚꽃은 떨어지지 않았다. 커피는 만족스럽게 나왔다. 로스팅을 할 때 약간씩 불 조절을 하지만 기본적으로는 단순하게 로스팅을 해도 커피는 맛있게 나왔다.

재건냉면에서 나온 후 진주 까미노 카페의 행사 약속시간까지는 시간이 좀 남아서 진양호를 따라 드라이브를 했다. 진양호 옆 청동기박물관에 차를 세우고 트럭짐칸을 열어서 물을 끓이고 커피를 내렸다. 백겸중은 조수석에서 졸고 있었다. 전날 술과 차를 마시면서 새벽까지 잠을 못 잤다. 커피는 콜롬비아 디카페인이었다. 페친인 박상욱 씨가 선물로 조금 보내준 생두인데, 로스팅을 하다가 실수로 강배전이 되어버린 커피였다. 그럭저럭 버리지는 않아도 될 것 같아서 시험 삼아 커피를 내려본 것인데 화가는 눈이 동그래지면서 맛있다고 난리가 났다. 나도 마셔보니 따로 말을 하지 않으면 디카페인 커피라는 것을 알기 힘들 정도로 아주 맛있는 커피가 나왔다.

디카페인 커피는 맛있기가 힘들다. 카페인을 빼기 위한 과정에서 커피의 향이 많이 날아가 버리고 구수하고 쓴맛이 남기 때문이다. 하지만 최근의 디카페인 생두는 제대로만 로스팅하면 충분히 맛있는 커피가 나온다. 화가는 '역시 커피를 마시니까 정신이 맑아지네. 카페인의 힘이 참 위대해'라며 감탄을 거듭했다. 커피를 다 마실 때쯤에 '이건 디카페인 커피야'라고 말을 해주었다.

진주의 까미노 카페에 도착하니 주인장인 이종민 사장은 뭔가 하느라 바쁘다. 이날 모임에는 경상대에서 입학사정관을 하는 한경복 씨도 왔다. 예전에 제주 와인클럽 모임에서 만난 적이 있어서 더 반가웠다. 잠시 후에 경상대 학생이 와서 이날은 남자 4명이 커피와 와인을 마시면서 커피와 여행, 그리고 인생을 이야기했다. 커피와 와인이 함께 하는 진주의 밤은 그렇게 깊어갔다.

거제도 바람의 언덕 앞에 자리를 잡은 풍만이.
아름답고 평화로운 곳이었지만 잠시 후에 문을 닫아야 했다.
근처에서 해물좌판을 열고 계시던 할머니가 오셔서
짝발을 짚고 침을 탁 뱉으면서 자리싸움을 걸었기 때문이다.
나야 지나가는 사람이니 얼굴 붉힐 필요가 없다.

거제도 뱅아리 잔치

남쪽으로 오니까 또 통영에 가고 싶어졌다. 여행을 하면서 알게 된 친구들이 있는 곳. 아무래도 낯설고 배타적인 곳보다는 나를 환영해주는 곳에 자수 가게 된다. 작년에 하동에서 남해를 거쳐서 거제도까지 간 기억이 나를 또 이끌고 있는 것이다. 이진우에게 전화를 해서 거제도로 간다고 연락했다. 언제나처럼 진우는 환영해주었다. 현 감독에게 다음 코스는 거제도라고 했다. 현 감독은 계속 몸이 안 좋은듯 인상을 찌푸리고 있었다.

"제가 목 디스크가 있는데 그게 좀 심해진 것 같아요. 왼쪽 팔을 들기가 힘드네요."

한번 촬영하면 몇 시간씩 무거운 카메라를 들고 있어야 한다. 영상을 찍기 때문에 자세도 앞으로 구부정하고 LCD 화면을 봐야 하기 때문에 고개도 계속 숙이고 있어야 한다. 목에 아주 안 좋은 사세다. 그래도 징징 대면서 한순간도 촬영은 쉬지 않으니 대단한 열정이다. 하지만 그것도 한계가 있다. 거제까지 이동하면서도 계속 카메라를 들고 촬영하던 현 감독이 더 이상 못하겠다고 손들어 버린 것이다.

거제에 도착한 다음날은 우리 모두 빈손으로 관광했다. 저구리에서 멀지 않은 바람의 언덕에 가서 한동안 시간을 보내고 현 감독과 미누는 서울로 향했다. 아무래도 당분간 병원에 가서 본격적인 치료를 받아야 할 것 같다.

현감독을 보내고 나니 주변이 한적해진 느낌이다. 진우가 갑자기 물었다.

"너 병아리 먹어봤냐?"

"응? 병아리를 어떻게 먹어. 다 키워서 먹어야지."

"그 병아리 말고 '뱅아리'라고 있다. 거제 사람들은 봄이면 그걸 먹는다. 통영에서도 못 먹는 거야."

뱅아리를 병아리로 알아들은 것이다. 뱅아리는 3~4월에 거제도에서 딱 한 달 동안만 먹을 수 있는 계절 별미다. 죽으면 하얗게 변한다고 해서 '사백어'라고도 불리는 작은 생선이다. 뱅어라는 표준명이 있는데 거제도에선 뱅아리라고 부른다. 멸치만큼 작은 크기에 투명한 몸통을 지니고 있는데 바다에 올라와서 민물에서 알을 낳고 죽는 습성이 있다고 한다.

"바로 저쪽 저구리에서 뱅아리를 잡는다. 친구가 잡고 있으니 가서 좀 사오자."

차를 차고 5분쯤 가니 뱅아리를 잡고 있는 모습이 보였다. 바다와 연결된 수로를 가로 질러 그물을 펼쳐놓고 있다가 어느 정도 시간이 흐른 후에 그물을 터니 작고 투명한 뱅아리들이 두어 소쿠리 걸려있었다. 요즘엔 뱅아리가 많이 잡히지 않는다고 한다. 그래도 여기서 잡은 뱅아리가 거제도 곳곳의 식당에 들어가서 거제도 별미로 뱅아리 요리가 팔리고 있는 것이다.

진우는 뱅아리를 반 소쿠리 정도를 비닐봉지에 담고, 근처 저구막걸리 양조장에 가서 막걸리도 사서 집으로 돌아갔다. 뱅아리가 있다는 소식을 듣고 근처에서 유스호스텔을 운영하고 있는 임진강도 놀러와서 뱅아리 요리를 하기 시작했다.

뱅아리는 전으로 부쳐 먹거나 계란을 넣어 국을 끓여 먹는다. 요리법은 간단하다. 뱅아리를 흐르는 물에 씻은 후에 부침가루와 쪽파를 넣어서 기름에

지지면 된다. 기름에 지진 전을 뜨거울 때 바로 먹으면 맛이 없을 수가 없다. 거기에 슬쩍 뱅아리의 바다맛과 고소하고 달콤한 맛이 배어 있는데 참 맛있다. 생김새만 보면 뱅아리는 몸은 투명하고 눈만 까맣게 보여서 무미할 것 같은데 의외로 기름기 사이에서 은은하게 맛이 느껴진다. 이렇게 맛있게 먹고 있으니 미안한 마음이 든다. 임진강은 열심히 전을 부치고 나와 진우는 열심히 막걸리를 마셨다. 고소한 냄새가 동네에 퍼져갔는지 또 다른 동네 친구들도 자리에 끼었다. 뱅아리 덕분에 동네잔치가 벌어진 것이다. 커피 여행을 하다 보면 이렇게 예상치도 못했던 행복한 잔치가 종종 열린다. 커피 여행자만이 누릴 수 있는 보너스와도 같은 잔치들이다.

봄의 별미인 거제도 뱅아리. 계란과 쪽파를 넣고 지져먹으니 별미 중의 별미다.

경남 창원은 복잡한 도시이지만
그 때문에 오히려 하룻밤을 편하게 쉴 수 있는 도시이기도 하다.
창원에서 머물면서
상남동의 재즈라이브클럽에서 앉아서
음악을 듣고 있는 걸 좋아했지만
지금은 문을 닫아서 아쉽다.

커피로드의 쉼표, 창원

여행하면서 느낀 경상도의 장점은 도시끼리 서로 멀지 않게 붙어 있어서 쉽게 다른 도시를 왔다 갔다 할 수 있다는 것이다. 서울은 거대한 하나의 도시이면서 경제와 문화, 예술을 다 빨아들이는 거대한 블랙홀과 같아서 주변 도시와 교류할 이유가 없다. 서울 주변의 도시들도 독자적인 도시 문화를 만들려고 하고는 있지만 워낙 서울의 파워가 강해 잘 보이지 않는다.

내가 십년 넘게 살던 제주는 섬이기 때문에 이웃 도시를 왔다 갔다하는 것을 상상하기 힘들다. 같은 섬 안인 제주시와 서귀포시조차 자주 왕래를 안 한다. 하지만 경상도는 도시와 도시가 1시간 정도면 모두 이동할 수 있을 정도로 가깝다. 언제든 마음만 먹으면 자동차로 움직여서 사람을 만나거나 공연을 보거나 밥을 먹으러 갈 수 있다. 게다가 도시마다 개성이 강하다. 대구와 경주와 포항은 고속도로를 타고 금세 이동할 수 있는 도시지만 비슷한 곳이 하나도 없다. 진주와 통영, 창원과 부산도 전혀 다르다.

경상도를 여행하면서 가장 자주 머물렀던 곳이 창원이다. 처음 창원에 갔을 때는 생각보다 크고 넓은 대도시의 느낌 때문에 당황했다. 하지만 바로 그 점 때문에 하룻밤 편하게 쉬고 싶을 때 창원에 가기 시작했다. 대도시의 그늘에 잠시 숨어드는 것이다. 부산은 너무 크고 복잡하고, 통영은 너무 좁고 친구들이 많다. 바로 그 중간쯤에 창원이 있다.

창원의 용지호수 근처에 있는 허름한 여관이 내 단골 숙소다. 일박에 2만원의 싼 가격이지만 바로 앞에 1층 식당과 공유하고 있는 주차장이 있다. 식당이 문을 닫는 시간부터 다음날 영업시간 전까지는 아무런 걱정 없이 트럭을 세워놓을 수 있어 좋다. 조금은 그로테스크한 벽지와 어두컴컴한 조명의 녹색 복도를 지나서 빨간색 방문을 열면, 걱정했던 것보다 깨끗하고 넓은 방이 나온다. 침대도 넓고 시트도 깨끗하다. 수건과 비품도 빠진 것 없이 다 챙겨져 있다. 아쉽게도 옛날 브라운관 TV가 놓여있지만 원래 텔레비전을 잘 보지 않기 때문에 큰 문제는 없다. 나 혼자서 쉬기에는 이만큼 좋은 곳이 없다.

여관에 짐을 풀고는 핸드폰과 지갑만 챙겨서 밖으로 나온다. 여관 주변이 온통 커다란 건물을 세우기 위해 공사 중이다. 조만간 이곳도 밀고 새로 건물을 올릴 것 같아서 불안하다. 여관이 있는 곳에서 조금만 걸어가면 창원시청 앞 로터리가 나오고 거기를 건너가면 유명한 유흥가인 상남동이 나온다. 처음 상남동에 갔을 때는 너무나도 화려한 네온사인과 사람들 때문에 어안이 벙벙했다. 하지만 최근에는 창원도 경기가 좋지 않아서 예전의 상남동이 아니다.

상남동에 가면 지금은 문을 닫은 재즈 라이브클럽 '몽크'에 가곤 했다. 몇 년 동안 상남동 유흥가 가운데서 라이브 공연을 하면서 버텼는데 아쉽게도 2016년에 문을 닫았다. 이곳에 가면 커다란 눈을 가진 '실장님' 은희 씨가 반갑게 맞아주었다. 2015년 초봄에 1일 가이드를 해준 인연이 있다. 그때 즐겁게 1일 5식을 하면서 하루 종일 먹으러 다녔고, 그 이후로는 언제나 창원에 가면 환영해준다.

바에 앉아서 맥주를 한 잔 하면서 음악을 듣고 있으면 또 다른 멤버인 릴리문과 김지혜, 지금은 제주로 컴백한 이수홍이 등장했다. 릴리문은 처음 창원에서 커피 모임을 할 때 참석했고, 자라섬 재즈페스티벌에서도 만난 적이 있어서 항상 반갑게 만나게 된다.

몽크가 끝날 때쯤 다 같이 나와서 2차로 상남동을 헤매는데 한 번에 끝나는 법이 없이 차수를 더해 가면서 술자리를 하고 새벽이 되어서야 자리를 파한다. 항상 만나면 반갑고 즐거운 친구들이다. 가까이에 있으면 일주일에 서너 번씩은 같이 뭉칠 것 같아서 조금 무섭기는 하다.

이번에는 창원과 같이 붙어 있는 마산까지 다녀왔다. 작년 광주에 있을 때 마침 근처에 있다고 커피를 마시러 온 마산 친구가 있었는데 닉네임이 '그림제'인 강대중이다. 광주 대인시장에서 순대국에 막걸리를 같이 마시고 근처 공터로 가서 테이블과 의자를 펴놓고 커피를 내려서 마신 기억이 무척 좋았었다. 그는 마산 창동에서 스페이스1326이라는 갤러리를 하고 있으면서 지역 작가들과 함께 우리나라뿐만 아니라 외국의 아트페어에까지 열심히 참석하고 있다. 그의 행적을 보면 항상 어딘가에서 뭔가 일을 벌이고 있었다. 내가 창원에 있다고 하니 자신이 운영하는 갤러리에서 커피 모임을 하자는 연락이 왔다.

창원에서 마산까지는 얼마 걸리지 않았다. 하지만 분위기는 전혀 달랐다. 마산은 오래된 바닷가의 도시 느낌이 많이 났다. 창동은 예전에는 엄청난 번화가였지만 지금은 사람들이 잘 찾지 않는 낡은 느낌이다. 하지만 이곳에서 그림제와 같은 젊은이들이 작은 갤러리와 카페, 식당, 공방 등이 들어선 창동예술촌이 열리면서 또 다시 새로운 변화를 꿈꾸고 있다. 한편으로는 젠트리피케이션(gentrification)의 희생자가 될지도 모르지만 낡고 오래된 골목이 주는 매력이 꿈꾸는 젊은이들을 모으고 있는 것이다.

스페이스1326은 창동의 작은 골목 사이에 있었다. 한 눈에 모든 것이 다 들어오는 작은 공간이지만 그 안에는 멋진 작품들이 걸려 있었다. 공간도 공간이지만 무엇보다 테이블이 없었다.

"형, 테이블이 없어 불편할 텐데 어떡하죠? 여기선 가끔 모임을 돗자리 깔아 놓고 누워서 해요."

그림제가 커피 가방을 받아주면서 걱정했다. 스페이스1326은 단순한 갤러리가 아니라 지역문화예술인들의 사랑방 같은 역할을 하고 있었다.

"그럼 나도 바닥에서 그냥 하지 뭐. 커피 내릴 때 받침이 필요하니 그것만 만들면 돼."

편하게 바닥에서 뒹굴뒹굴 하면서 마시는 커피도 좋을 것 같다. 바닥에는 매트를 깔고 작품 전시용으로 쓰이는 박스 두 개를 연결해서 드립용 바를 만들었다. 모임 시간이 되기도 전에 벌써 사람들이 왔다. 갤러리에서 전시도 하고 같이 작업도 하는 노은희 작가와 이정희 작가였다. 잠시 후에는 초등학교 선생님이면서 수요일밴드를 하는 박대현 선생과 이가현 선생도 왔다. 경남도민일보의 이서후 기자도 와서 커피를 마시면서 취재도 해가서 나중에 신문에 인터뷰 기사도 실렸다.

작은 공간에 사람들과 커피향이 가득 찼고, 다양한 커피를 한 번에 맛볼 수 있어서 모두들 커피 맛에 취했다. 커피 모임이 끝나고 그림제는 남아있는 사람들과 함께 뒤풀이로 근처에 있는 '통술집'으로 나를 데려갔다. 통술집이 뭐하는 곳인지 몰랐는데, 통영의 다찌집처럼 술을 시키면 알아서 안주가 나오는 곳이란다. 마산의 통술집 골목은 건물을 오렌지색으로 칠해놓아서 마치 영화 세트장처럼 보였다.

통술집에 들어가자 정말 다양한 안주들이 깔렸다. 굴무침, 미나리나물, 콩나물들깨무침, 톳나물, 장조림이 반찬으로 깔리고 잠시 후에는 산낚지, 쏙찜, 전복회, 해삼, 미더덕회, 오징어회가 나오더니 다음에는 광어회, 두릅, 고등어조림이 깔렸다. 이것이 끝이 아니라 가자미구이, 갈치구이, 장어구이가 나오더니, LA갈비찜도 등장했다. 거기에 작기는 하지만 전복삼계탕까지 나왔으니 정말 무궁무진한 안주의 퍼레이드였다. 그날 나는 친구들과 함께 하얗게 밤을 불태웠다.

▲ 스페이스1326은 의자가 없어서 그냥 장판을 깔고 그 위에서 커피를 내렸다. 좁고 불편한 자리였지만 여러 사람들이 옹기종기 모여서 마신 커피는 더 친숙하게 느껴졌다.

▼ 커피 모임을 끝내고 뒤풀이를 하기 위해 간 마산 통술집 골목. 이곳은 애주가들에게는 천국 같은 곳이었다.

김해 장유의 라온제나 카페에서 커피토크를 하는 중에 찰칵.
지방 어디를 가든 커피 여행자는 환영받는다.
새롭고 맛있는 커피와 함께 여행 이야기보따리를 풀어 놓기 때문이다.

지리산 예술캠프에 커피 한 잔을 더하다

2015년 4월은 마산과 창원, 거제, 통영을 다람쥐 쳇바퀴 돌듯 계속 돌아다녔다. 아무런 계획을 잡지 않아도 꼬리에 꼬리를 물고 새로운 모임과 초청이 와서 쉴 수가 없었다. 그러던 중에 시사인의 고재열 기자가 전화를 했다.

"이번에 실상사 쪽에서 캠핑할 건데 이담님도 오셔서 커피 내려주세요."

실상사라면 다시 산내다. 고재열 기자는 취재하고 글 쓰는 것 외에 캠핑 모임도 열심히 진행하고 있다. 그냥 단순한 캠핑이 아니라 취재하면서 만났던 사람들 중에서 같이 모이면 좋겠다고 생각한 사람들을 초대해서 1박 2일 캠핑하는 것이다.

한동안 경상도에서 못 벗어나고 있었는데 이번에 산내에 갔다가 하남시 집으로 컴백해야겠다는 생각이 들었다. 4월 한 달 동안 계속 밖에서 있다 보니 조금 피로한 느낌이다. 아무리 편하게 자고 잘 먹고 다녀도 밖은 밖이다. 허름하고 불편하긴 해도 집에서 아무 생각 없이 쉬면 제대로 충전된다.

창원과 김해에서의 커피 모임을 두 번 더 진행하고 다시 창원에 들어와서 창원 패밀리들과 함께 새벽까지 환송식을 하고는 다음날 아침에 산내를 향해 출발했다. 목적지는 실상사 작은학교 마당이다. 지리산권에서 예술생태계 구축 작업을 하고 있는 지리산 프로젝트의 모임(지프달모)으로 캠핑을 진행하는 자리다.

실상사 작은학교에 도착하니 아직 대부분의 사람들이 도착 전이다. 서울에서 출발한 사람들은 오후 늦게야 도착할 것 같다. 마당 적당한 곳에 트럭을 주차시켜 놓고 커피를 준비하고 있으니 오늘의 캠퍼들이 속속 도착했다. 고재열 기자는 오자마자 무쇠 솥을 걸어놓고 스지를 끓이기 시작했고 각자 준비해 온 음식들을 꺼내 놓고 바비큐 파티를 하기 시작했다. 지리산 프로젝트를 진행하고 있는 관계자들과 실상사 작은학교 선생님들 그리고 서울에서 온 여러 분야의 사람들이 오늘의 멤버들이다.

그냥 밥 먹고 술을 마시면서 진행될 줄 알았는데 지리산 프로젝트 팀에서 그동안 진행된 내용들을 브리핑하고 싶다면서 강의실로 사람들을 불렀다. 그런데 간단히 끝날 것 같지 않았다. 밤 늦은 시간이었지만 제대로 브리핑을 하고 토론하기 시작했다. 이번에도 느낀 것인데 예술가들은 내가 생각했던 것보다 훨씬 더 진지하고 성실하다.

나는 회의시간에 마실 수 있게 커피를 가지고 와서 내려고 지리산 프로젝트의 활동 내용을 듣기 시작했다. 지리산 프로젝트는 지리산 둘레길과 인근 마을에서 펼쳐지는 아트 프로젝트다. 예술가와 주민이 함께 참여하는 둘레길 가꾸기와 마을미술관 프로젝트가 진행됐고, 주민들이 참여하는 창작 퍼포먼스 워크숍, 우주예술캠핑, 지리산 학술대회를 개최하기도 했다. 한 번에 끝나는 것이 아니라 몇 년에 걸쳐서 진행되는 장기 프로젝트다.

프레젠테이션과 토론이 끝나고 다시 학교 마당에서 불을 피우고 캠핑은 계속 되었다. 고재열 기자의 스지탕은 몇 시간에 걸쳐 끓어서 맛있게 준비가 되었고, 아직도 고기와 술도 많이 있었다. 차가운 지리산의 밤공기가 내려앉았지만 따뜻한 모닥불과 끊임없는 이야기들은 새벽까지 이어졌다. 물론 중간중간에 맛있는 커피 한 잔이 지리산의 밤을 더 따뜻하게 만들어 주었으리라.

▲ 지리산 실상사 작은학교 마당에 1일 캠핑장이 생겼다. 지리산 프로젝트와 함께 1박을 하면서 많은 이야기를 나눌 수 있었다. 예술가들은 역시 바쁘다. 자신의 작품을 만들기 위해, 그리고 사람들과 함께 놀기 위해.

▼ 캠핑 다음날 커피 트럭을 열고 모닝커피를 내렸다. 마을에 사는 이웃 분은 커피 트럭이 왔다는 소식을 친구에게 전해 듣고 아이들과 함께 커피 트럭으로 놀러왔다.

금계마을 나마스떼와 산내의 달팽이

실상사 작은학교 마당에서의 캠핑도 잘 끝났다. 아침에 일어나서 모닝 커피를 한 잔씩 마시면서 다음에 또 기회가 되면 같이 모이자고 약속하고는 다들 서울로 향했다. 나는 급한 것이 없기 때문에 며칠 더 지리산 쪽에 있다가 서울로 갈 생각이다. 작년에 산내에 왔을 때 커피 포스팅에 대해서 이런저런 질문을 하던 지리산 둘레길 인월센터에 있는 송정준 씨를 만나기로 했다. 그는 나중에 언젠가는 자신만의 커피숍을 만들고 싶어 했다. 가끔 자신이 로스팅한 커피를 내게 보내주는데 그가 볶은 커피는 원초적인 느낌의 커피 맛이 난다. 강하고 쓰고 잡맛도 느껴지는데 불 조절에 더 신경 쓰면 세련된 커피 맛이 나오겠지만 지금 상태로도 즐기는 데는 문제 없다. 자신의 스타일을 잡아나가는 것이 중요한 것 같다.

같이 점심을 먹고는 센터에서 일하는 분들에게 커피 한 잔씩 내려 드릴 참으로 센터로 갔다. 둘레길 남원센터는 지리산 둘레길을 관리하고 운영하면서 걷는 여행자들에게 쉼터와 정보를 제공하는 곳이다. 센터에 들어가니 넓고 쾌적한 공간이다. 한쪽에서는 봉사자들이 일하고 있고, 지리산 안내 책자와 팜플렛, 그리고 손으로 직접 만든 수공예품들도 전시되어 있다. 가운데는 넓은 테이블이 있어서 잠시 쉬어가기에 좋은 곳이다.

커피 드립도구를 꺼내어서 커피를 내리고 있으니 센터 방문객들 몇 명도 함께 자리해서 커피 모임이 꽤 커져버렸다. 우연히 합석하게 된 여행자는 걷느라고 피곤했는데 이렇게 맛있는 커피를 마시니 정신이 번쩍 든다면서 좋아했다. 지리산 둘레길 곳곳에 맛있는 커피 휴게소를 만들면 좋을 것 같다는 생각이 들었다. 둘레길을 걷다가 맛있는 커피를 마실 수 있으면 얼마나 좋을까? 하지만 이것도 꽤 많은 준비 작업이 필요할 것이다.

커피 모임이 끝나자 정준 씨는 소개해주고 싶은 사람이 있다면서 나를 지리산 금계마을로 데리고 갔다. 센터가 있는 인월에서 지리산 계곡을 따라 중심부로 차로 약 30분 정도 달려 목적지인 금계마을에 도착했다. 인월이 지리산의 입구라면 금계는 지리산 한 가운데다. 가파른 경사 길을 올라가니 '나마스테'란 간판이 보였다. 민박을 하면서 직접 커피를 로스팅해서 쉼터를 운영하고 있는 김태오 씨의 집이다.

태오 씨 또한 액티언 스포츠를 개조해서 자그마한 커피 트럭을 만들고 여행을 다니면서 커피를 내리고 있기도 하다. 하지만 나이 드신 어머님을 모셔야 해서 장거리 여행은 잘 가지 못한다. 태오 씨는 내 커피 트럭을 보고 무척 반가워했다. 우리는 한동안 서로의 트럭을 살펴보았다. 태오 씨의 나마스테 커피 트럭은 작고 낮지만 돈을 꽤 들여서 잘 만들어 놓았다. 다리가 불편한 태오 씨의 앉은키에 맞춰서 작업하기 편하게 되어 있다. 그에 비해 내 커피 트럭 풍만이는 거의 짐만 싣고 다니는 짐차였다. 장거리를 뛰다보니 짐칸에는 짐이 한 가득이다. 핸드 드립 커피만 하니 특별히 커피 장비도 많지 않다.

나마스테의 테라스에 나가니 금계마을에서 바라보는 지리산의 풍광이 눈앞에 가득 펼쳐졌다. 바로 맞은편에 칠선계곡 입구가 보였고 고개를 들면 왼쪽부터 두리봉, 하봉, 중봉, 천왕봉, 제석봉 등 지리산의 가장 높은 봉우리들이 눈에 들어왔다. 봄의 친긴한 연 녹색빛과 함께 중산중산 연분홍색 철쭉꽃

▲ 지리산 금계마을의 '나마스떼'에서 하루를 묵기로 했다. 지리산 천왕봉이 보이는 테라스에 이웃 함양에 사는 아가씨 둘이 바람 커피를 마시러 놀러왔다.

▼ 지리산 산내의 한옥 게스트하우스 '달팽이'의 큰 아들에게 커피 로스팅기를 돌려보라고 맡겨보았다. 고3 시절의 커피 로스팅 경험은 그에게 어떤 기억으로 남아 있을까?

이 아름답게 수놓고 있다.

태오 씨가 자신이 볶은 커피로 아메리카노를 내려서 가지고 왔다. 쓰고 진한 커피다. 커피가 흔하지 않던 시절 강하게 볶고 진하게 내린 커피의 맛이다. 커피는 모두 다 옳지만 요즘 마시는 커피가 아닌 오래된 스타일의 커피다. 지리산의 풍광을 바라보면서 마시는 커피라서 나름대로 매력이 있지만 좀더 좋은 향과 깔끔한 맛이 나면 더 좋을 것 같다.

마침 근처 함양에서 페이스북을 보고 커피를 마셔보고 싶다고 온 아가씨 두 명이 나마스테에 도착했다. 요리를 하다 잠깐 쉬고 있다는 지혜 씨와 그의 친구였다. 나는 요리를 공부하는 사람들은 커피도 많이 알고 있어야 한다고 생각한다. 좋은 요리와 그것에 어울리는 커피는 더욱 더 좋은 기억으로 남는다. 세상에는 맛있는 요리를 제공하고 허접한 커피로 망치는 식당이 얼마나 많은가?

나는 트럭에서 커피를 꺼내와 함양의 아가씨 두 명과 태오 씨를 위해 커피를 내렸다. 지혜 씨는 요리를 하던 사람이라서인지 커피를 마시면서 맛과 향에 예민하게 반응하고 무척 행복해 했다. 조용히 커피를 음미하던 태오 씨도 뭔가 느끼는 게 많은 듯 했다.

커피 여행을 하면서 내 커피 맛도 제주 시절과는 많이 달라져 있었다. 제주에 있을 때는 중배전 이상 강배전 커피를 많이 했지만 지금은 좀더 로스팅 포인트를 앞으로 땡겨서 커피의 꽃 향과 과일 맛, 고소함과 달콤함을 강조하는 스타일이다. 여행을 하면서 수많은 사람들에게 커피를 내려주고 이야기를 하면서 조금씩 커피 스타일을 바꾼 탓이다. 우리나라 사람들은 신맛 커피를 싫어하지만 그만큼 쓴맛 커피도 싫어한다는 것을 알게 됐다. 신맛은 그 자체로는 불쾌하지만 신맛의 강도를 조금 낮춰주고 단맛과 고소한 맛을 더 살려주면 아주 맛있는 과일의 신맛이 느껴진다. 달달해서 쓴맛도 많이 없어진다. 바로 그러한 포인트로 커피 로스팅을 해서 커피를 내려주면 사람들은 커피의 화려한 향과 맛에 깜짝 놀란다.

커피 모임을 끝내고 나마스테에서 1박을 하면서 커피 로스팅과 맛에 대해서 태오 씨와 많은 이야기를 했다. 그도 커피를 들고 여행하는 여행자라 가끔 지리산이 아닌 다른 곳에서 마주치거나 근처를 스쳐지나갈 때도 종종 있다. 나중에 다시 만난 태오 씨는 커피 로스터기를 나와 같은 유니온 샘플로스터로 바꾸고 커피 호스팅 스타일도 좀더 밝고 화려해졌다. 여전히 커피를 좋아하고 여행을 좋아하는 것은 변하지 않았다.

금계마을 나마스테에서 1박을 한 후에 다시 산내로 돌아갔다. 이번에는 산내의 한옥 게스트하우스 '달팽이'에서 묵을 예정이다. 달팽이의 주인장 류순영 씨는 목수 일을 하는 그의 남편과 함께 한옥을 지어서 게스트하우스를 운영하면서 요리도 연구하는 분이다. 차분한 성격의 순영 씨는 게스트하우스 손님들에게 정성스레 맛있는 차와 식사를 대접한다. 한옥 방은 조금 좁지만 편안했다. 창호 문으로 들어오는 빛이 너무나도 부드럽다.

부엌으로 가서 차를 얻어 마시고 커피를 준비하니 도윤, 도연 형제들도 커피 자리에 한 자리를 차지했다. 도연이는 아직 어려서 커피를 못 마셨지만 큰아들 도윤이는 실상사 작은학교를 졸업해서 커피를 마실 나이라 옆에서 커피 맛을 보더니 많은 관심을 보였다. 내일 커피 로스팅을 할 때 옆에 앉혀놓고 로스팅하는 걸 보여줄 생각이다. 커피를 조금 더 일찍 알게 되면 좋은 일도 더 많이 생길 것이다.

순영 씨는 손님이 왔다고 저녁에 두릅 밥을 한다고 했다. 한동안 부엌에서 달그락 거리는 소리가 났다. 그런데 저녁 무렵에 갑자기 머리 위에서 헬리콥터 소리가 크게 들렸다. 밖에 나가보니 뒷산에 산불이 나서 헬리콥터가 왔다 갔다하면서 진화하고 있는 것이 보였다. 순영 씨는 식구가 같이 저녁을 먹기 위해 열심히 음식을 했지만 남편과 큰아들 도윤이기 마을 사람들과 함께 산불을 끄러 올라가서 밤늦도록 돌아오지 않았다.

두릅 밥과 순두부찌개, 그리고 지리산의 산나물로 한 상 가득 차려진 음식은 차갑게 식었고 순영 씨는 걱정과 함께 미안함으로 안절부절 했다.

"이왕 기다린 거 좀더 기다리죠. 아직 그렇게 배가 고프지는 않아서요."

불은 잡혔지만 잔불 작업 때문인지 밤 11시가 되어서야 다들 저녁식사 자리로 모였다. 그나마 큰 불로 번지지 않아서 다행이다. 순영 씨 남편은 기분이 좋은지 찬장에 놓아두었던 술도 꺼냈다. 비록 늦은 밤에 먹는 밥이었지만 모두들 편안하고 감사한 마음으로 식사를 한 날이었다.

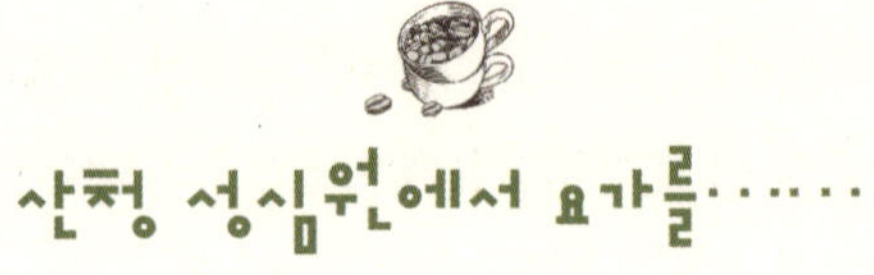

산청 성심원에서 요가를……

달팽이 게스트하우스에서 하루를 자고 다음날 아침은 큰아들 도윤이에게 커피 로스팅하는 걸 조금 가르쳐 주었다. 직접 통돌이를 돌리게 하면서 커피가 로스팅되는 과정을 설명해주었다. 통돌이를 돌리는 것은 지루한 일인데 도윤이는 의외로 잘 해냈다. 이 정도로는 커피 로스팅에 대해 이해하기는 힘들겠지만 앞으로의 삶에서 커피를 가까이 할 수 있는 계기는 될 것이다. 나는 도윤이가 로스팅한 커피를 선물로 달팽이에 두고 작별인사를 했다. 순영 씨는 자신이 직접 만든 차와 계란 삶은 것을 싸서 내게 주었다. 산내는 앞으로 또 올 수 있으니 떠나는 발걸음이 무겁지는 않다.

다음 목적지는 산청으로 잡았다. 둘레길의 송정준 씨가 산청 성심원의 둘레길 센터와 게스트하우스를 소개해 주었고, 지난번 지리산 프로젝트의 작업장 중 하나가 이곳 산청 성심원에 있었기 때문이다.

성심원은 가톨릭 계열의 한센인 치료를 하고 공동으로 생활하는 곳이다. 한국전쟁이 끝난 지 얼마 안 된 54년 경남 진주시 이현동 한센인 마을 구생원에서 신구교 종교 갈등으로 가톨릭 환자 한센인들이 더 이상 살기 힘들어지자 이곳 지리산 기슭 산청으로 옮겨와 1959년 설립되었다. 진주에서 산청까지 한센인들이 함께 이동하는 것은 무척 어려웠다고 한다. 예전에는 마을에서 한참 떨어져 있고 나룻배로 강을 건너야만 들어갈 수 있는 섬과 같은 곳이었는데 지금은 다리가 생겨서 편하게 들어갈 수 있다.

성심원에 도착하니 생각했던 것보다 규모가 꽤 컸다. 아침부터 부슬부슬 내리던 빗줄기가 꽤 굵어졌다. 성심원은 빗속에서 조용하게 자리를 잡고 있었다. 도착하기 전에는 한센인을 만나면 어떻게 하나 내심 걱정하고 있었는데 비가 와서인지 사람들 모습은 보이지 않았다. 이곳은 전문요양원과 한센인 생활시설 외에도 성당과 수도원 등 종교시설, 직원 기숙사와 교육관, 봉사자 숙소 등도 같이 자리 잡고 있었다. 건물들이 크고 조경이 잘되어 있어서 그냥 아무런 생각 없이 바라보면 대학교 캠퍼스처럼 보였다.

성심원 가장 안쪽에 게스트하우스 '쉬는 발걸음'과 지리산 둘레길 산청센터가 있었다. 쉬는 발걸음에 도착하니 게스트하우스를 관리하면서 요가교실을 운영하는 선생님이 기다리고 있었다. 우리는 곧바로 성심원에서 운영하는 직원식당에 가서 저녁식사를 했다. 식당은 요양원 지하에 있었는데 커다란 중정이 있는 요양원 건물은 오래된 병원처럼 보였다. 식당은 자원봉사자들이 운영하는데 저녁 식사를 하고 난 후에 봉사자 분들을 위해서 커피를 내려드렸다. 식당 봉사를 하시는 분들은 모두 성격이 좋고 활달했다. 직접 커피를 내리는 걸 보더니 주변에서 커피를 마실 사람들을 불러왔다. 처음에는 서너 명 정도라고 생각하고 커피를 준비했는데 어느새 십여 명 정도의 봉사자들이 와서 커피를 즐겼다. 지하에 커피향이 퍼져 나가서 너무 좋다고 하면서 금세 식당 정리를 하러 들어가셨다.

게스트하우스는 이내 조용해졌다. 침대가 없이 바닥에 요를 깔고 잠을 자야 했지만 바닥은 따뜻하고 이불도 편안했다. 지리산은 참 넓고 아늑하다. 그동안 남원 산내와 구례, 화개, 하동, 진수 등을 가서 지리산을 한 바퀴 돌아봤는데 가는 곳마다 또 다른 느낌으로 푸근하게 감싸주는 느낌이다.

다음날 아침이 되자 요가 선생님이 날 요가교실로 데리고 갔다. 직원들 요가 시간인데 같이 참여해 보라는 것이다. 계속 여행하면서 트럭 운전을 하고 불편한 자세로 잠을 자는 경우가 많아서 어깨죽지와 목 쪽이 계속 아프기는 했다. 특히 왼쪽 어깨가 아프고 손목도 아파서 제대로 물건을 들지 못하는 증상이 심해진 상태였다.

산청에서는 특별히 할 일이 없었기 때문에 나도 요가를 한번 해보기로 하고 동작을 따라 하기 시작했다. 단순한 동작인데도 10분쯤 지나자 땀이 비오듯 쏟아졌다. 요가는 일부러 불편하고 힘든 자세만 만들어 놓은 것 같다. 하지만 요가 시간이 끝나자 몸이 좀 풀리고 편안한 느낌이 들었다. 요가 선생님은 어깨가 아픈 나를 위해 특별히 몇 가지 자세를 가르쳐 주었다. 여행을 하면서 시간 날 때마다 이 자세를 하면 좋다고 했는데, 사실 나중에 몇 번 하다가 바빠서 잊어먹고 다니고 있다.

하지만 그날 이후로는 자세나 움직임에 좀더 신경을 쓰고 있어서 왼쪽 어깨가 많이 좋아진 것 같다. 여행자는 아프면 안 된다. 항상 건강을 조심하고 사고가 나지 않도록 조심해야 한다.

경주에서 일본 아줌마들과 함께

천천히 다닌다고 했는데도 어느새 2015년의 중반이 지나가고 있었다. 시간은 내가 움직이는 것하고는 상관없이 흘러가 버리는 것이니까.

경주에 다시 가기로 했다. 경주는 여행을 처음 시작한 2013년 초겨울 즈음에 잠깐 들린 적이 있다. 편안하고 아늑한 그때의 기억이 너무나도 좋았다. 고등학교 시절 단체 수학여행으로 갔던 경주하고는 전혀 느낌이 달랐다. 그때는 숙소에서 잠도 안자고 미친 듯이 장난만 치고 놀다가 낮에는 병든 닭처럼 버스에서 졸기만 했었다.

경주에는 날씨가 따뜻할 때 다시 오겠다고 마음을 먹었지만 2014년을 건너뛰어서 아쉬운 맘이 가득했다. 이번에는 커피 여행을 하다가 만나 친해진 권오민이 경주에 게스트하우스를 새로 오픈했으니 축하차 방문도 해야 했다.

그리고 마침 일본에서 살고 있는 페이스북 친구 김명희 씨가 일본인 친구들과 함께 경주에 온다는 소식을 알렸다. 명희 씨는 '명짱'이라는 닉네임으로 일본에서 한국 음식을 알리고 있는 요리 연구가이다. 경주에서 한식 교실이 있어서 요리하는 친구들과 함께 온다는 것이었다. 기회가 된다면 내가 만든 커피를 마시고 싶다고 해서 겸사겸사 경주에서 만날 약속을 잡았다.

불국사를 한 바퀴 돌아 보면서 일본 아줌마들의 수다가 장난이 아님을 확인한 하루. 일본에서 온 요리 선생님들의 경주 가이드를 마치고 딥 게스트하우스로 와서 커피 대접을 했다. '오이시~'와 '스고이~'를 연발하면서 같이 마신 후에 다 함께 모여 기념사진을 찍었다.

열심히 달려서 도착한 경주의 딮 게스트하우스는 마음에 꼭 들었다. 오래된 여관건물을 리모델링한 게스트하우스는 1층에 넓은 커뮤니티 룸이 있었고 파이프와 타이포로 인더스트리얼 느낌이 나게 꾸며져 있는 방은 깨끗한 침구가 놓여있고 욕실이 딸려 있었다. 전직 디자이너였던 주인장의 손길이 그대로 느껴지는 공간이었다.

게스트하우스도 노란색이 포인트로 꾸며져 있어서 앞 공간에 세워놓은 노란색 커피 트럭은 건물하고도 잘 어울려 보였다. 내가 경주에 도착한다고 하니 2년 전에 묵었던 모도리네 게스트하우스 주인장인 찬석 씨가 놀러왔다. 1층 테이블에는 근처 시장에서 사온 문어숙회와 족발과 김밥으로 만찬이 펼쳐졌다. 경주에서 나오는 막걸리도 빼놓을 수 없었다. 여행자의 밤은 언제나 맛있는 안주와 술과 기피의 향연이었다.

다음날은 일본에서 온 명짱과의 약속 시간에 맞춰서 호텔 로비에 갔는데 명짱과 그 일행이 한꺼번에 내려와서 반갑게 인사했다. 모두 여섯 명이었는데 요리를 좋아하고 연구하는 일본 아줌마들이었다. 정신없이 인사하고 얘기하는데 일본말을 할 줄 모르는 나는 꿀 먹은 벙어리가 될 수밖에 없었다. 다행히 한국 사람인 명짱이 통역해주었고, 한국 사람처럼 말을 잘하는 유미 사토상이 계셔서 어느 때부터인가 편안하게 이야기를 할 수 있었다.

우리는 일단 경주 관광을 하기로 하고 불국사로 갔다. 갑자기 내가 경주 관광 가이드가 되어버렸다. 평일의 늦은 오후에 도착하니 불국사에도 한가로움이 느껴졌다. 명짱을 제외한 모두가 불국사는 처음이라고 했다. 그들은 일본의 절과는 다른 불국사의 아름다움에 감탄하면서 기념사신 씩기에 정신이 없었다. 아닌 게 아니라 일본사람들과 같이 와서 보는 불국사는 내게도 또 다른 감흥을 주었다. 불국사에서도 일본 아줌마들의 수다는 끝이 없었다. 모두가 즐거워하니 나 또한 덩달아서 즐거워졌다. 하지만 말도 통하지 않는 분들을 데리고 가이드 역할을 하다 보니 점점 어질어질해지는 것은 어쩔 수 없었다.

아예 내친 김에 경주의 전통시장을 구경하기로 하고 일행을 이끌고 성동시장으로 갔다. 모두들 요리를 하는 사람들이라서인지 한국의 식재료에 무척 관심이 많았다. 길거리 분식집에서 떡볶이와 순대를 사먹기도 하고 식혜를 먹으면서 무척 즐거워했다. 어떤 이는 한국산 참깨가 맛있다면서 참기름을 몇 병씩 사기도 했다. 한참의 쇼핑시간을 갖고서 다음 코스는 게스트하우스로 갔다.

명짱이 나를 한국에서 여행하는 커피 선생님이라고 소개는 했지만 커피를 같이 내려 마시지는 못했기 때문에 딮의 1층에서 같이 커피를 마셔보기로 한 것이다. 사실 우리나라의 커피 문화는 일본의 영향을 많이 받았다. 커피를 일찍 받아들인 일본은 그들 특유의 차 문화와 커피를 결합시켜서 독특한 커피 문화를 만들었고, 뒤늦게 커피를 시작한 한국은 일본 커피 영향을 많이 받은 것이 사실이다. 특히 핸드드립 커피의 경우에는 더욱 그렇다.

하지만 커피를 마시는 일본 아줌마들의 표정은 달랐다. 스타일은 비슷하지만 일본의 커피맛과는 많이 다르다고 이야기했다. 한국말을 잘하고 자주 한국으로 온다는 유미 사토 상은 "예전에는 일본 커피를 사서 한국 사람들에게 선물을 많이 줬어요. 그런데 요즘엔 거꾸로 한국 커피를 사서 일본 사람들에게 선물을 주기도 해요. 몇 년 전부터 한국의 커피가 무척 맛있어졌어요. 한국의 커피들은 신맛을 잘 살리는 것 같아요."라면서 한국 커피 칭찬을 했다.

커피를 새로 내릴 때마다 또 새로운 감탄사가 터졌다. 급기야는 즉석에서 커피 로스팅을 해달라는 주문이 나왔다. 일본에 돌아갈 때 선물로 사가지고 가서 친구들과 나눠 마시고 싶다는 것이었다. 커피 여행을 계속할 돈이 조금 더 들어왔지만 더 기쁜 것은 강배전 커피에 익숙한 일본 사람들에게도 산미가 있고 향이 좋은 커피도 좋아한다는 것이었다.

커피 타임이 끝나고 다시 족발과 막걸리가 펼쳐진 즐거운 파티가 시작되었다. 커피로 한껏 기분이 좋아진 사람들은 맛있는 한국족발과 막걸리로 또 다시 즐거워졌다. 요리 연구가인 그분들에게 그때의 경험이 어떤 영향을 끼쳤을

지 무척 궁금하다. 가끔 페이스북으로 연결된 일본 아줌마들의 소식이 올라오는데 여전히 보기 좋고 맛깔난 음식 사진들과 친구들의 파티가 열리고 있었다. 그때마다 참 반가운 마음이 들고, 경주의 어수선했던 야매 가이드도 기억난다.

원주가 다시 좋아졌다

경주여행을 끝내고 천천히 홍천 고물섬에 올라갔다. 고물섬의 수훈이가 새로 칼디 로스팅기를 샀다고 하기에 구경하고 수훈이의 로스팅 실력도 점검할 겸 들른 것이다. 칼디 로스팅기는 한번에 200그램씩 볶을 수 있는 국산 제품이다. 비록 소형이지만 보온에도 신경 쓰고 온도계도 달려 있어 집에서 홈로스팅을 할 때 아주 좋을 것처럼 보였다. 손으로 돌리는 수동 로스터이지만 모터가 달린 자동모델도 있어서 한결 편하게 로스팅을 할 수 있다. 내가 쓰는 유니온 통돌이와 기본적인 원리는 같기 때문에 비슷한 방식으로 로스팅을 하면 커피도 맛있게 나올 것 같았다.

일 때문에 외출했던 영맨과 집사도 밤늦게 고물섬에 도착해서 같이 술자리를 하고 새벽녘에야 잠이 들었다. 영맨은 또 넘치는 아이디어로 새로운 사업을 구상 중이었다. 그것이 지금은 술집 '어른이놀이터'로 모습을 드러냈다. 자신이 가장 재밌어하고 열심히 했던 것을 접목시켜서 좋은 결과가 나오고 있으니 옆에서 볼 때도 무척 기쁜 일이다.

수훈이는 조그만 라보 트럭을 중고로 사서 커피 트럭으로 개조를 해놓았다. 본격적으로 커피에 집중하기 시작한 모습이다. 수훈에게 다시 한 번 커피

천천히 다닌다고 했는데도
어느새 2015년의 중반이 지나가고 있었다.
시간은 내가 움직이는 것하고는 상관없이
흘러가 버리는 것이니까.

▲ 원주 커피라디오에 다시 방문했다. 여행 첫해 원주에서 몸이 아파져서 안 좋은 기억이 남아 있는 곳이지만 커피라디오 덕분에 원주의 느낌이 다시 따뜻해졌다.

▼ 커피라디오 한쪽에서 커피 모임을 하고 있을 때 커피를 내리고 있는 내 모습이 찍혔다. 자신의 카페에 다른 사람이 와서 커피를 내리게 하는 건 쉽지 않은 일이다.

로스팅에 대해 이야기를 해주었다. 아무 것도 모를 때와는 달리 자기가 로스팅을 직접 해보고서 듣는 것과는 큰 차이가 있을 것이다.

고물섬에서 하루를 묵고 다음날은 원주로 이동했다. 원주의 유명한 커피라디오에서 커피 모임을 하기로 해서이다. 원주는 2013년에 도착했을 때 몸이 아파서 중간에 일정을 포기한 곳이었다. 한번 안 좋은 느낌이 생기니까 근처에 가면 또 안 좋은 기억이 떠올라 왠지 꺼려지는 곳이기도 했다.

물론 지금도 그때의 기억이 남아있지만 느낌은 완전히 달라졌다. 길 위에 있는 느낌은 여전하지만 훨씬 더 편안하고 따뜻한 곳으로 바뀌었다. 그렇게 된 데는 커피라디오의 역할이 컸다. 원주 근처를 지날 때면 잠시 들러서 커피 한 잔으로 긴 여행의 피로를 풀기도 하고 김기일 대표와 함께 커피 이야기를 하면서 새롭게 충전할 수 있었다. 좋은 카페는 나 같은 전국의 여행자들에게 아주 좋은 휴식 공간이 되는 법이다.

커피라디오의 김 대표는 원주가 아닌 서울의 한 커피 모임에서 처음 만나게 되었다. 그는 언제나 에너지가 넘치는 스타일이다. 항상 새로운 일을 꾸미고 진행하는데 다행스럽게도 주제는 언제나 커피다.

원주의 관설동에 본점을 갖고 있는 커피라디오는 벌써 창업한지 10년이 넘는 카페이다. 원주와 서울, 판교, 계룡시 등에 분점을 갖고 있다. 원주에서는 '원주벅스'라는 애칭으로 불리고 있다고. 하지만 기존의 프랜차이즈 카페와는 달리 분점 운영방침이 특별하다. 가맹비와 로열티를 안 받고 재료에 대한 강제성이 없이 커피라디오란 이름으로 일종의 조합처럼 운영하고 있다.

김기일 대표는 특이하게도 커피를 하기 전에 스타크래프트 프로게이머를 한 경력이 있다. 전국대회에서도 우승하고 배틀넷에서는 꽤 유명한 게이머였다. 그러다가 군대를 다녀오고 복학한 후 대학 3학년 때 카페를 창업했다. 그때가 28살이었다.

"그때 3개월 동안 뉴질랜드 여행을 했어요. 인스턴트 커피를 하루에 5잔씩 마시면서 폼 잡을 때였어요. 우연히 숙소 앞에 있는 'B4'라는 커피전문점을 가게 되었어요. 제일 싼 게 에스프레소여서 그걸 시킨 거에요. 한약같이 쓴 에스프레소였어요. 저의 첫 커피의 인상은 암울했죠. 하하하. 그래도 카페 분위기가 너무 좋아서 다음날 또 가게 되었는데 바리스타가 절 알아보고는 "어제 왔었지? 어제 마신 게 맛있었구나. 널 특별히 대해 줄께. 단골하자!"는 느낌으로 에스프레소를 한 잔 주더군요. 전 그날도 인상을 쓰면서도 그 친구 얼굴을 보면서 다 마실 수밖에 없었죠. 그러던 중 서비스로 준 카푸치노가 저를 커피업계의 길로 들어서게 해줬어요. 이런 커피 문화를 한국에도 알리고 싶다는 생각으로 시작하게 되었어요."

커피라디오를 방문하면서 가장 즐거운 것은 역시 커피를 마시는 것이다. 카페 한 구석을 차지하고 있는 로스팅실에는 프로밧과 스트롱홀드가 자리잡고 있다. 커피 리스트를 보고 있자면 아무렇지도 않게 스페셜티 커피들의 이름들이 나온다. 어떤 커피를 마셔 봐도 커피라디오의 커피는 편안하면서도 신선한 충격을 준다. 싱글 오리진의 핸드드립 커피들만 눈에 들어오는 것이 아니라 다양한 사이드메뉴와 바리에이션 음료들도 즐거움을 준다. 집 근처에 있다면 매일매일 찾아와도 질리지 않을 것만 같은 그런 카페다.

이날 커피 모임 시간이 되자 반가운 사람들이 모이기 시작했다. 원주에 안경점을 하시는 페친은 친구랑 같이 참석했고, 마침 원주로 놀러온 춘천의 원보경 대표와 선미 씨도 참석했다. 처음 원주에 왔을 때 같이 국밥을 먹어준 친구도 자리를 함께 했다.

김기일 대표가 카페의 한쪽 자리를 내주었기 때문에 나는 남의 카페에서 내가 볶은 커피로 커피 모임을 하는 첫 번째 진상 손님이 됐다. 하지만 커피는 역시 맛있었고, 우리는 모두 즐거운 기분이 되어서 모두들 2차로 근처 식당에 가서 뒤풀이를 했다. 그런데 그 식당이 제주 돼지고기 집이었다. 제주에 나와서도 제주를 떠날 수가 없구나.

라라무리, 우리는 열심히 달렸다

여름이 시작되기 전 마지막 일정을 동해안으로 잡았다. 여름 휴가철이 본격적으로 시작되기 전에 동해안 쪽을 돌아보고 싶었다. 2015년의 여름은 제주로 들어가서 좀 쉬다가 다시 선선한 바람이 부는 가을에 육지로 나올 계획이었다. 한여름이 되면 너무 더워서 트럭으로 움직이기가 힘들어진다. 에어컨 없이 작은 USB 선풍기로 뜨거운 열기를 견디기에는 한계가 있었다.

다음날은 원주에서 출발해서 정선을 거쳐 동해시로 들어갔다. 동해안의 도시 중에서 한 번도 가보지 않은 곳이기도 하고, 애국가의 영상 중에 등장하는 촛대바위도 보고 싶었다. 하지만 막상 도착해보니 동해시는 바다에 접해 있지만 낭만적인 곳은 아니었다. 추암 촛대바위를 찾아서 갔지만 주변이 산업단지로 공장지대였다. 그 사이에 길지 않은 추암 해변이 있고 그 해변 북쪽 끝에 촛대바위가 있었다. 아침 일찍 해돋이를 보러 갔다면 조금은 느낌이 났을까? 오후 늦게 찾아간 추암 해변은 쓸쓸하고 외롭게 느껴졌다.

일단 잠을 자기 위해 시내 중심가로 가서 근처 찜질방을 찾았다. 초저녁 무렵 동해시 번화가에 도착하니 심심하기도 하고 쓸쓸하기도 해서 영화 한 편을 보기로 했다. 다행히 동해시 중심가는 꽤 번화했고, 커다란 빌딩에 롯데 시네

라라무리의 카페 주방에서 바라보면
바다가 한 눈에 다 들어온다.
이 프레임 안에서 커피를 준비한다.

마가 있었다. 영화를 한 편 보고 나오니 밖이 깜깜해졌다. 찜질방에 들어가기 전 밤늦게 하는 해장국집에서 뼈 해장국 한 그릇과 소주 한 잔을 청했다. '30년 동안 방송에 안 나온 집'이라고 자랑스럽게 간판을 붙여놓고 그 아래에 '동해시민이 인정하는 맛집 1위'라고 써있는 곳이었다. 야외 테이블에서 앉아서 먹고 있노라니 너무나도 낯선 느낌이 들었다. 아마도 해장국에서 중국 향신료 같은 맛이 나서일지도 모르겠다. 30년 동안 방송에 안 나온 집인 것은 확실히 알겠는데, 동해시 맛집 1위라는 것은 동의를 못하겠다. 분명히 동해시에서 이 집보다 맛있는 집이 수두룩할 것 같다.

다음날 아침에 일어나니 음총명에게서 연락이 왔다.

"이담님 ~ 잘 지내시죠? 제가 전에 갔었던 라라무리라고 있잖아요? 이담님이 분위기 좋다고 얘기하셨던. 거기 한번 가보실래요? 제가 연락해 놓을 께요. 거기 언니 오빠들 만나면 아주 좋을 것 같아요."

라라무리라는 이름이 특이한 곳, 바닷가 바로 옆에 있는 그곳은 작은 카페가 있는 게스트하우스라고 했다. 예전에 총명이 사진을 찍어서 페북에 올린 사진이 있었는데 너무나 마음에 드는 풍경이 있었다.

"응. 좋지. 총명이가 가보라고 하면 가봐야지."

음총명은 지난번 서교동 에이브릭 카페에서 커피 콘서트를 할 때 노래를 불러준 가수이다. 아직은 어린 소녀 같은 느낌을 가지고 있는데 그래도 자신이 하고 싶은 걸 차근차근 해나가는 강단이 있다.

동해에서 강릉 라라무리까지는 그리 오래 걸리는 거리는 아니었다. 트럭은 라라무리까지 들어갈 수가 없었다. 해변과 주차장을 철길이 가로 막고 있었다. 철길을 건너서 해변으로 나가자 짙푸른 동해바다가 한 눈에 펼쳐졌다. 정동진의 북적북적한 느낌과는 전혀 다른 진짜 동해 바다다.

해변에 들어서서 왼쪽 소나무 숲을 따라 조금 더 걸어가니 파란 페인트를 칠한 라라무리가 보였다. 철길 바로 옆 모래사장 안에 거짓말처럼 집이 있었

▲강릉 라라무리의 셔리킴과 박수비 커플과 함께. 커피 여행자를 언제나 환영해주는 곳이자 편하게 쉼을 얻을 수 있는 곳이다.

▼티격태격 언제나 즐겁게 사는 보기 좋은 친구들이다. 라라무리에선 바다 구경은 원 없이 할 수 있다.

라라무리 바닷가 카페.
라라무리는 멕시코의 은둔 부족인 타라우마족을 의미한다.
스스로를 '달리는 사람들(raramuri)'이라 부르는 가장 빠르고
오래 달리는 부족이기도 하다.

다. 눈만 돌리면 바로 거센 파도가 치는 바다다. 이 집에는 방이 두 개가 있고 그 사이에 조그만 부엌이 있다. 바닷가 쪽에는 조그만 공간을 개조해서 커피도 내리고 맥주도 파는 작은 카페를 만들었다. 방은 아름아름 찾아오는 사람들을 위한 게스트 룸이다. 방이 두 개밖에 없어서 한 번에 두 팀밖에 받을 수 없지만 라라무리에서 쉬고 싶어 하는 사람들이 꾸준히 찾아오고 있다.

이 집의 주인은 셔리와 수비 커플, 그리고 쉐이라는 말라뮤트 개다. 셔리는 설치예술가다. 머리를 노랗게 물들이고 심각한 표정으로 언제나 뭔가를 만들고 있다. 해변에 산책을 왔다가 다 허물어져가는 집을 발견하고 주인을 수소문해서 집을 빌리고는 직접 수리하고 예쁘게 색칠했다. 그것이 지금의 라라무리다. 집 자체가 그의 설치예술이라고 할 수 있겠다.

라라무리 곳곳은 그가 어딘가에서 주워 오거나 사온 고물들을 멋지게 재탄생시킨 작품들이 가득하다. 낡은 물건들은 테이블이 되고 벽걸이 액자가 되고 벽 등이 되었다. 수비는 아이들을 가르치는 국어강사다. 아이를 가르치는 시간이 끝나거나 휴일이면 강릉 시내에서 여기 라라무리에 와서 게스트들과 같이 놀거나 커피를 만들어 판다.

나는 처음 보는 이들 커플이 마음에 들었다. 수비는 언제나 행복한 여자다. 항상 웃고 주변을 덩달아서 기분 좋게 만들어 준다. 셔리는 말수가 적고 무표정하지만 친해지고 나니 은근히 귀엽게 애교를 부리는 스타일이었다. 이 둘은 항상 덩치 커다란 말라뮤트 쉐이를 끼고 다녔다.

우리는 강릉 시내 마트에 가서 먹을 것을 사와서 이것저것 만들어 먹고 술을 마시고 커피를 마셨다. 눈만 돌리면 넓은 바다가 눈앞에 펼쳐지는 외딴 바닷가 집이다. 난 술을 마시면 밤 12시쯤 졸음이 쏟아져서 슬쩍 방으로 가서 눕는다. 그래서 이들 사이에 별명이 신데렐라가 되었다. 방안에 누워서 창문을 열면 언제나 파도소리가 들렸다. 파도소리는 밤새도록 그치지 않고 철썩철썩거렸다. 바람이 불거나 파도가 심한 날은 우르르 울었다. 낮에는 카페에 앉아있으면 가끔 산책 나온 손님이 커피나 맥주를 한 잔씩 사먹는다. 주말이 되면 어딘가에서 방을 빌린 손님이 찾아온다. 그러면 또 새로운 파티가 시작되는 것이다.

처음 라라무리에 방문한 날, 셔리는 술을 먹다 말고는 나무판자와 종이를 들고 와서 뭔가를 뚝딱뚝딱 만들기 시작했다. 내일 아침에 해가 뜰 때 멋진 그림자놀이를 하겠다는 것이다. 일명 '일출프로젝트'다. 라라무리에서 바다 쪽을 보면 바로 앞에서 해가 뜨는데 그때 모래사장 위에 뭔가를 설치해서 이야기를 만드는 것이다. 예전 사진을 보니 무척 재미있는 작업이다. 나는 졸려서 방으로 들어와 잠을 잤는데 새벽에 잠을 깨워서 보니 벌써 설치작업이 끝나 있었다. 셔리가 밤을 새서 만든 것이다. 평소에는 특별히 하는 일이 없어보였는데 작업에 들어가면 집중해서 하는 것이 역시 다르다.

새벽에 바닷가에 나가보니 각목과 얇은 나무판자와 종이로 커피 트럭 모형을 만들어 세워 두었다. 그냥 볼 때는 어설퍼 보였지만 일출을 배경으로 사진을 찍으니 멋진 그림자 작품이 완성되었다. 이제 멋진 일출만 기다리면 된다. 검은 새벽하늘은 점점 더 푸른빛을 띠면서 밝아지고 있었다. 나는 판자로 만든 커피 트럭 운전석에 자세를 잡고 뜨는 해를 배경으로 그림자가 되었다. 이날 일출프로젝트는 구름이 많이 끼어있어서 일출이 조금 아쉬웠지만 대신 붉은색과 푸른색의 그라데이션이 멋진 작품으로 완성되었다.

라라무리는 그날 이후 동해안을 갈 때 항상 들리게 되었고, 그때마다 새로운 추억들이 하나둘씩 쌓여갔다. 아참, 라라무리가 무슨 뜻인지 궁금한 분을 위해 잠깐 설명을 드려야겠다. 라라무리는 멕시코의 은둔 부족인 타라우마라(Tarahumara) 족을 의미한다. 스스로를 '달리는 사람들(raramuri)'라고 부르는 이 부족은 인류역사상 가장 빠르고 오래 달리는 사람들이다.

라라무리에 가면 우리는 항상 '자, 오늘도 달리는 거야'라면서 술로 달리는 것이 일상이지만 그래도 역시 항상 즐거운 달리기다.

핸드드립으로 아이스커피 만들기

날씨가 조금만 더워지면 사람들은 '아이스 아메리카노'를 찾는다. 한국 사람들의 아이스 아메리카노 사랑은 대단한데, 한겨울에도 아이스 아메리카노를 주문하고는 없다면 고개를 절레절레 흔들면서 그냥 가는 사람들이 종종 있다.

트럭에 제빙기는 없지만 근처 마트에서 얼음을 사와서 아이스박스에 두면 두세 시간 정도는 핸드드립 아이스커피가 가능하다. 그것도 아주 아주 맛있는 아이스커피가.

핸드드립으로 아이스커피를 만드는 방법은 간단하다. 서버에 얼음을 채워 넣고 그 위에 바로 커피 드립을 해서 커피 추출액이 얼음 위로 떨어지게 하면 된다. 커피의 양은 2배 정도 쓰는 것이 좋다. 이렇게 하면 아주 향도 좋고 맛도 깊은 아이스커피를 즐길 수 있다.

그런데 트럭에서는 아이스커피를 하기가 싫었다. 얼음을 사오는 것이 귀찮기도 했지만 그보다도 일반적인 사람들이 갖고 있는 '아이스 아메리카노'에 대한 인식이 싫었기 때문이다. 우리나라에서 아이스커피가 많이 팔리는 것은 한국 사람들이 열이 많아서 시원한 음료를 좋아하는 이유도 있겠지만, 개인적으로는 맛없는 커피를 차갑게 먹으면 그나마 먹을 만하기 때문이라고 생각하고 있다. 좋은 원두를 써서 정성들여서 손으로 천천히 내린 아이스 드립커피는 황홀할 정도로 맛있는데 이걸 몰라주는 것이 내심 서운할 때가 많다.

오징어와 소주는 있고 커피는 없다

라라무리에서의 즐거운 시간도 또 잠시 뒤로 미루고 2015년 상반기 여행을 마무리하기 위해 속초로 올라갔다. 그곳에는 지난봄에 제주에서 만나서 간단하게 커피 마시고 솔참치에 가서 인사불성이 되도록 술을 마신 임윤 형님의 카페 '피어56'이 있었다. 아쉽게도 피어56은 지금은 없어졌다. 건물주가 임대료를 너무 많이 올려버려서 카페를 접었다.

속초 영금정 해안도로 옆의 피어56은 '하울의 움직이는 성'처럼 나무판자를 이것저것 얼기설기 붙여서 만든 2층 건물이었다. 바로 앞에는 속초 바다의 파도가 치고 올라오고 있었고, 해안도로 쪽에는 포장마차 촌이 길게 늘어서 있었다. 묘하게 바다 풍경과 어울리는 낡은 카페의 모습이었다.

피어56의 주인장인 임윤 형은 키가 작고 단단한 스타일이다. 젊어 보이는 얼굴이라 나보다 서너 살 정도 많은 줄 알았지만 벌써 환갑이 넘었다는 이야기를 듣고 깜짝 놀랐다. 나는 웬만하면 '형'이란 말은 안하는데, 그냥 '형님'이라고 부르기 시작했다. 하지만 형님은 내게 꼬박꼬박 존대한다.

카페에 들어가니 진하게 아메리카노 한 잔을 만들어서 내게 건넨다. 낡고 녹이 슨 에스프레소 머신에서 나온 커피다. 터프했다. 시끄러운 파도소리에 걸

맞는 커피였다. 몇 달 만에 만났지만 별다른 이야기 없이 우리는 커피 이야기를 했다. 형님도 나와 비슷하게 작은 직화 로스터기로 커피를 직접 볶아서 썼다. 아주 진하고 깊은 그런 커피를 만들었다.

페이스북에 속초에 있다는 이야기를 올려 두었더니 양평에 사는 미란 씨가 바다를 보러 놀러온다고 연락이 왔다. 방송에서 PPL 홍보대행과 매니지먼트 사업을 하는데 집을 양평 옆 지평에 얻어 놓고 서울과 집을 오가면서 일을 하는 친구다. 그는 어디든 가고 싶은 곳에 훌쩍 떠나고 또 어느 때는 열심히 여의도와 상암에 가서 일을 하고 있다.

미란 씨는 오후 늦게 도착했다. 미란 씨는 나를 만나기 전에는 에스프레소만 마셔댔다. 그러다가 몇 달 전 강화도에서 지인 모임을 할 때 와서 핸드드립 커피를 마시기 시작했다.

"핸드드립 커피는 맹물 같아서 싫어했지. 그런데 오빠 커피는 맛있네."

그러면서도 미란 씨의 에스프레소 사랑은 여전하다. 피어56에 맛있는 에스프레소가 있다고 자랑했더니 속초까지 달려온 것이다.

저녁 무렵 우리는 피어56에서 커피를 마시면서 바다를 바라보고 있었다. 맛있는 에스프레소다. 녹슨 에스프레소 머신에서 나온 커피라고는 믿어지지 않을 정도로 매끄럽고 진하고 맛있는 에스프레소였다. 내 인생의 에스프레소 커피라고 해도 될 만큼 맛있었다.

"내일은 속초 카페 사장들 몇 명 불러서 같이 오징어나 먹으러 가죠."

임윤 형님이 여전히 말을 놓지 않고 제안했다. 당연히 대환영이다. 형님은 보드니아의 이상규 사장과 커피벨트의 박수일 대표를 불렀다. 보드니아의 이상규 사장은 또 다른 인연으로 이미 몇 번 얼굴을 보고 친하게 지내고 있었다. 대기업 홍보 담당자로 일을 하다가 커피로 방향을 틀어 속초로 내려와서 보드니아라는 멋진 카페를 운영하고 있다. 커피벨트 박수일 대표는 임윤 형님의 술친구다. 강원도의 커피 씬에서는 빠지지 않고 등장하는 카페가 커피벨트다.

커피 초장기 때부터 커피숍을 운영한 것도 있지만 후지로얄 직화식 로스터기를 자유자재로 다루면서 커피의 맛을 잡아내는 그의 실력 덕분이기도 하다.

어둠이 어둑어둑해질 무렵 우리는 속초항의 오징어 난전에 자리를 잡았다. 이곳이 아마도 우리나라에서 오징어를 가장 맛있게 먹을 수 있는 곳이 아닐까? 오징어 회와 물 회, 오징어 찜을 주문하고 속초의 카페 사장단과 찬조출연을 한 양평의 미란 씨가 소주를 나눴다. 커피집을 하는 사람들끼리 모이면 언제나 커피 이야기가 나온다. 재미있게도 이날 모인 커피집 사장 3명은 직화식파이고 보드니아의 이상규 사장이 반열풍식 로스팅기를 쓰고 있었다. 어떤 커피가 좋고, 어디 카페는 가볼만하고, 커피집을 운영할 땐 어떻게 해야 한다는 그런 얘기들이 주로 오갔는데 직화 로스팅 옹호론자들 사이에서 이상규 사장이 혼자 진땀을 뺐지만 커피에 정답이 어디 있을까? 자신의 취향과 선택이 있을 뿐이다.

커피는 없이 오징어와 소주가 있을 뿐이었지만 이렇게 커피 이야기를 하는 시간이 참 행복했다.

피어56에서 만난 루왁 커피

나는 계속 이동하면서 로스팅할 시간이 부족해서 피어56 카페를 빌려서 로스팅을 해야 했다. 어차피 로스팅 냄새가 배어 있는 곳이다. 한참을 통돌이로 돌리면서 로스팅을 하는데 임윤 형님이 생두 봉투를 꺼내서 건네주었다.

"이거 한번 볶아 봐요. 전에 인도네시아에 갔을 때 사둔 건데 생두가 오래돼서 맛있을지 모르겠네요."

봉투를 보니 인도네시아 루왁이다.

"농장에서 가둬놓고 키운 사향고양이한테 나온 게 아니고 야생산이에요. 1킬로그램 사서 500그램은 내가 볶았고 500그램 남아있으니 이담 씨가 볶아봐요."

사실 나는 루왁커피를 취급할 생각이 전혀 없다. 원래 루왁은 야생에서 자유롭게 뛰놀던 사향고양이의 똥에서 채취한 커피였다. 하지만 루왁커피의 인기가 높아지면서 지금은 비좁은 농장의 사육시설에 갇힌 채 커피를 생산하는 기계로 전락된 불쌍한 사향고양이의 산물이 되었기 때문이다.

"진짜 야생에서 채취한 거에요?"

"그때 인부들이 똥 채취하는 것들을 따라가서 보았으니까……."

그렇다면 참으로 귀한 커피다. 농장에서 나오는 루왁 생두 1킬로그램이 20~30만원쯤 하는데 자연산이라면 그보다 서너 배는 비쌀 것이다.

"이니 이건 그냥 형님이 볶아서 드셔야 하는 거 아니에요? 이렇게 귀한 걸……."

"나는 벌써 한 번 볶아봤으니 큰 흥미 없어요."

루왁 커피의 생두를 만져보니 인도네시아 만델링하고 비슷한 모양이었는데, 독특한 한약 냄새 같은 것이 났다. 커피 로스터로서는 귀한 커피를 한 번쯤은 볶아보고 싶어지기 마련이다. 무게를 재보니 약 400그램 정도, 유니온 로스터기에서 딱 한 번만 볶을 양이다.

만델링 생두와 비슷하기 때문에 만델링 로스팅처럼 볶아도 될 것 같지만 무른 느낌도 있어서 화력을 약간 낮춰서 로스팅하기 시작했다. 이렇게 저렇게 테스트 로스팅을 할 수 없는 양이고, 루왁을 다시 볶을 일도 없을 것이니 한 번에 완성해야 했다. 이런 경우에는 머릿속에서 완성된 커피의 모습을 상상하는 게 중요하다.

커피 로스팅을 끝내고 원두를 식힌 후에 루왁을 갈아서 핸드드립으로 커피를 내려서 바다를 바라보면서 커피를 마셨다. 루왁은 진하면서도 매끈하고 쓰면서도 달콤했다. 그 안에 하나의 심처럼 독특한 맛이 숨겨져 있었다. 그 맛이 마음 어딘가를 간질간질 자극시켰다.

'루왁은 이런 것이구나!'

하지만 여전히 루왁은 할 마음은 생기지 않았다. 좁은 우리에 갇힌 사향고향이의 초췌한 모습과 슬퍼 보이는 눈이 생각이 났다. 이 세상에는 루왁보다 훨씬 싸지만 감동적인 맛을 내주는 커피도 수두룩하다.

제주의 서쪽 끝 신창리의 풍력발전기 아래에
커피 트럭 풍만이가 서있다.
제주에서 여행을 시작한 후 풍만이는 2년 동안
계속 육지에 있었다.
함께 제주 들어가면 다시 나오기가 싫을 것만
같았기 때문이었다.

풍만이와 함께 다시 제주로

2013년 7월에 커피 트럭을 끌고 제주에서 나온 이후로 만 2년이 됐다. 겨울에는 제주에 들어갔었지만 풍만이는 데리고 가지 않았다. 데려가면 제주에서 커피를 하고 다시 나오고 싶지 않을 것 같았기 때문이다.

2015년 여름은 풍만이와 함께 제주에 들어가기로 마음먹었다. 아직도 여행은 한참 남아 있고 여름엔 제주에서 쉬고 싶었다. 육지의 여름은 너무 덥고 쉴만한 곳도 없었다. 풍만이한테도 다시 제주의 공기 맛을 보게 해주고 싶었다. 현진식 감독도 환영했다.

"서귀포에 우리 집이 있으니 거기서 묵으면 돼요. 마침 어머니가 무릎 치료 때문에 서울에 와 계셔서 집이 비어 있어요."

우리는 목포로 달려가서 게스트하우스에서 1박을 하고 다음날 아침 목포항에서 씨스타크루즈호를 타고 제주로 입도했다. 오랜만에 커피 트럭을 몰고 제주를 운전하고 다니니 기분이 묘했다. 육지를 계속 떠돌다가 2년 만에 제주로 들어온 것이다. 구름이 잔뜩 찌푸린 제주하늘은 그대로 멋졌다. 미세먼지가 없어서 시야가 탁 트인 도로와 양 옆으로 지나가는 풍경은 '역시 제주가 좋아'란 생각이 저절로 들게 했다.

현진식 감독, 풍만이와 함께 제주로 들어가 있으니 반가운 친구들이 놀러 왔다. 풍만이에게 멋진 메뉴판을 그려준 너굴양이 나와 현감독과 조감독이 있을 때 놀러오라고 했더니 비행기를 타고 제주에 들어왔다. 너굴양은 메뉴판 그림을 그린 이후로 다음 뉴스펀딩 작업과 홍대 앞 커피로드 이벤트 작업 등에도 같이 참여하면서 다큐멘터리 팀과도 친해져서 이젠 패밀리가 됐다.

시커먼 남자들만 있다가 너굴양이 오니 분위기가 밝아졌다. 너굴양은 언제나 그림도구를 갖고 다니면서 시간 날 때마다 그림을 그렸다. 우리는 너굴양의 제주입도를 환영하며 새섬갈비에 가서 배터지게 돼지갈비를 먹고, 폭우가 쏟아지는 날에는 엉또폭포에 가서 폭포를 감상하고 커피집을 순례하며 커피를 마셨다.

그 다음 주에는 부산 바람종카페의 세경 씨가 제주로 날아왔다. 카페를 운영하는 세경 씨는 제주를 좋아해서 카페를 쉬는 날을 이용해 종종 1박 2일의 짧은 제주 여행을 했다. 하루 종일 집과 카페에서만 보내야 하는 스트레스를 짧은 여행을 통해 풀어버리는 것이다. 세경 씨는 채식주의자여서 음식을 잘 골라야했지만 생선을 먹을 수 있기 때문에 큰 문제는 안 됐다. 앞뱅디식당의 각재기국과 톰톰카레의 야채카레, 그리고 물항식당의 갈치회가 세경 씨를 위해 선정된 메뉴였다.

이렇게 지인들이 놀러왔다가 올라가고 현진식 감독도 제주 촬영분을 마치고 서울로 올라가자 다시 혼자가 되었다. 굳이 뭔가를 할 것이 따로 없어서 오랜만에 마음 편하게 제주를 왔다 갔다하고 있었다. 처음 커피로드를 시작했을 때 파주에서 만났던 박기종은 여전히 제주에서 사진을 찍으면 잘 지내고 있었다.

"이담, 우리 오무라이스 파티 한 번 하자. 오무라이스 먹고 싶어 하는 사람들이 너무 많아."

▲ 세월호 사건 이후에 처음으로 다시 배를 타고 제주로 들어갔다. 마음이 많이 아팠다.

▼ 제주 프리마켓 '지꺼진장'에서 커피 트럭을 열었다. 오랜만에 다시 돌아온 풍만이는 제주에 잘 어울렸고, 많은 사람들이 커피를 마시러 찾아와 주었다.

바람카페에서 오무라이스를 만들어서 팔 때 손목을 무리하게 써서 무거운 것을 못 드는 손목이 되었지만, 소규모로 하루쯤 하는 건 큰 무리가 없을 것 같았다.

"좋아. 오랜만인데 오무라이스 먹으라고 사람들을 부르자."

오무라이스 파티장소는 기종이가 일하는 세화의 '네모카페'에서 하기로 정하고 페이스북에 공지를 올렸더니 몇몇이 오무라이스를 먹으러 오겠다고 예약했다. 오무라이스 파티 전날 미리 장을 봐서 데미그라스 소스를 만들고 조리도구를 챙겨서 세화의 네모카페로 갔다. 세화바다는 여전히 푸르고 예뻤다. 예전의 세화는 밥 먹을 데를 찾기조차 어려울 정도로 시골스런 곳이었지만 이미 바닷가 쪽으로 많은 카페와 식당들이 생겨났다. 세화에서 토요일에 하는 '벨롱장'은 셀러와 사람들이 몰려드는 큰 장으로 운영될 정도다.

네모카페는 새로 오픈하는 곳이었는데 카페는 조리할 수 있는 공간이 부족해서 부르스타를 꺼내놓고 임시로 작업대를 만들어서 오무라이스를 만들기 시작했다. 예전 바람카페 때 왔던 손님들과 페이스북 친구들이 멀리 세화까지 오무라이스를 먹으러 찾아왔다. 한창때의 오무라이스 맛에는 모자르겠지만 그래도 다들 맛있게 먹고 커피까지 마시고는 다음에도 또 해달라며 돌아갔다.

손님들은 띄엄띄엄 와도 주방에서는 계속 서서 일을 해야 한다. 오랜만에 프라이팬을 들고서 밥을 볶으니 또 다시 왼쪽 손목이 아려왔다. 이젠 무거운 걸 드는 건 자제해야 한다.

밤이 되어서 카페를 정리하고 바로 옆 펜션에 들어와서 남아있는 사람들과 뒤풀이를 했다. 특별히 제주에 친척이나 지인이 있었던 것도 아닌 내가 십 년 이상을 잘 살 수 있었던 것은 제주에서 만난 친구들 때문이다. 밤늦게 근처에 사는 이바다와 김성신 커플도 술을 들고 찾아와서 뒤풀이 모임은 새벽까지 계속 됐다.

제주떡과 커피, 제법 잘 어울려요

여름이 끝나갈 무렵 제주 시내에 있는 게스트하우스 판에서 만난 김은영 씨가 자신이 진행하는 제주떡 강의에 커피를 함께 매치해서 진행하면 어떻겠느냐고 물어왔다. 김은영 씨는 제주의 요리연구가이다. 항상 새로운 음식을 만들어서 맛을 보여주는데 다양한 재료를 가지고 새로운 조리법으로 깜짝 놀라게 만들어 준다. 그것도 제주의 식재료를 가지고 다양하게 변주를 한다. 같은 요리를 재현하는 쪽이 아니라 새로운 스타일의 요리를 창작하는 스타일의 요리 연구가다. 그때는 함덕에 '수다루의 부엌'이라는 게스트하우스 겸 식당을 운영했고 지금은 제주의 동쪽 북촌으로 자리를 옮겨 '코삿헌'이라는 레스토랑을 운영하고 있다.

9월에는 또 새로운 여행이 기다리고 있었지만 8월 말까지는 제주에 있을 것이라 공동 작업이 가능했다. 김은영 씨의 강의 주제는 '제주 전통 떡'이었다. 제주에도 예전부터 만들어온 떡이 있다. 그것을 주제로 여행자들에게 강의하는 시간이었다. 커피는 빵과 잘 어울리지만 떡에도 잘 어울릴 것 같았다. 특히 이번 강의에는 간단하게 손 반죽으로 해서 기름에 지져서 만드는 '지름떡'이 있는데 고소한 기름맛이 배어 있는 음식이라 진하면서도 향이 좋은 커피와 잘

▲ 수다루의 부엌에서 제주 떡과 바람커피의 콜라보레이션. 떡과 어울리는 커피가 있을까? 물론이다.

▼ 커피 모임 후에 풍만이로 갔다. 모두들 반가워했다. 프랑스 남자친구와 함께 온 긴 인도식 옷을 입고 머리를 민 조아씨에 대한 기억이 새롭다.

어울릴 것이라고 생각했다.

수다루의 부엌은 작았다. 제주 옛날 돌집을 개조해서 방과 부엌을 만들었는데 여섯 명이 들어가면 꽉 차는 공간이었다. 제주 전통 떡 강의에 온 사람들은 수다루의 부엌에 옹기종기 모여서 반죽하고 프라이팬에 지져서 설탕을 뿌려서 따끈할 때 먹었다.

떡 만들기 체험이 끝나면 바로 커피 강의로 이어졌다. 기름지고 달콤한 음식과 어울리게 과테말라와 케냐, 그리고 에티오피아 커피를 골랐다. 원래 2시간 동안 진행하는 걸 1시간 안에 마무리해야 하니까 시간이 부족했지만 그래도 사람들은 커피와 제주떡의 어울림에 즐거워하고 깜짝 놀라기도 했다.

두 번째 날에는 더 재밌는 일이 있었다. 1차로 떡 만들기 체험을 하고 2차로 커피강의를 진행하는데 참석자 중에 눈에 띄는 커플이 있었다. 며칠 전에 운전을 하다가 길을 걸어가고 있는 사람이 눈에 띄었었다. 긴 인도식 옷을 입고 머리를 다 민 여자분이 있어서 바로 눈에 띄었는데 그분이 자신의 프랑스인 남자친구와 함께 수다루의 부엌에 온 것이다. 그는 자기를 조아(Joa)라고 소개했다. 고산에서 화가 이사라 선생님과 같이 동쪽 함덕까지 찾아 온 것이다. 여주에 공간조아(Space Job)라는 곳을 운영하면서 행위예술과 음악 등 다양한 활동을 하는 예술가이다.

첫째 날과 같이 두 번째 날 역시 제주 전통떡 만들기 체험을 하고 바로 이어져서 커피강의를 진행했다. 에티오피아, 케냐, 인도네시아 등의 커피를 내리고 마시면서 제주떡과의 궁합을 맞춰보았다. 역시 커피는 사람들을 행복하게 만들고 서로 묶어주는 힘이 있다. 마지막 커피까지 내리고 모두들 커피의 향에 취해서 행복하고 있는데 뭔가 아쉬운 느낌이 남아있었다. 커피 한 잔 더 하고 싶어 하는 묘한 기대감이 느껴졌다

나는 이번에는 블렌딩을 해서 커피를 내렸다. 이미 한 번씩 맛을 본 커피 3종과 그때 가지고 있던 다른 커피 1를 섞어서 즉석 블렌딩을 했다. 커피 1과 다

른 커피 1을 섞으면 산술적으로는 2가 되어야 하지만, 블렌딩은 그것이 3이 될 수도 있고 4가 될 수도 있다. 역으로 1+1이 그냥 1이 되거나 0점이 될 수도 있다. 블렌딩을 하려면 싱글 커피의 맛을 잘 알고 있어야 하고, 그것이 섞일 때 또 어떤 맛이 날지를 상상할 수 있어야 한다. 아직까지 블렌딩에서 고수의 경지에는 이르지 못했지만, 내가 볶은 커피를 섞으면 어떤 맛이 나는지는 대충 예상할 수 있기 때문에 가끔 재미 삼아서 블렌딩을 해보기도 한다.

이날 참석자들에게는 지금까지 마셨던 커피의 맛을 기억해 두라고 하고, 그것을 섞었을 때 어떤 맛이 날지를 상상해보라고 주문했다. 그리고는 즉석 블렌딩한 커피를 내려서 모두들 그 맛을 함께 보았다.

이날의 블렌딩은 상상 이상으로 좋았다. 맛있을 것이라고 예상하고서 블렌딩을 했지만 나도 한 모금 마시고는 너무나도 황홀하고 기분 좋은 맛 때문에 한동안 말을 못하고 즐기기만 했다. 내릴 때의 향도 좋았지만 한 모금 목으로 넘기고 나니 은은하게 피어오르는 커피 향이 가슴 가득 행복한 느낌을 만들어주었다.

그때 갑자기 조아님이 "저 너무 행복해요. 지금 이 감정을 표현하지 않을 수 없어요."라고 말하더니 옆에 앉아 있던 프랑스 남자친구에게 키스했다. 나 또한 옆에 사랑하는 이가 앉아 있다면 그녀에게 키스를 했으리라. 그 자리에 있던 모든 사람들은 비슷한 감정을 느꼈을 것이다.

아쉽게도 지금은 오랜 시간이 흘러서 그때 블렌딩한 커피 이름과 비율은 잊어버렸다. 원래 그런 걸 적어 놓는 스타일이 아니다. 하지만 그 느낌과 맛을 기억하고 상상할 수 있으니 언젠가는 다시 블렌딩을 할 수 있을 것이다. 한 잔만 마시면 사랑이 몽글몽글 피어오르는 커피를.

몽골, 내가 커피 여행을 하는 이유

카시트는 묘하게 비뚤어져 있어서 자세를 바로 잡아도 엉덩이가 자꾸 앞으로 미끄러져 내려가 다리에 힘을 주고서야 제대로 앉을 수 있었다. 그런데도 쏟아지는 졸음에 꾸벅꾸벅 졸다가 눈을 뜨면 여전히 똑같은 풍경이 눈앞에 펼쳐졌다. 끝없이 이어지는 지평선과 마른 대지를 뚫고 솟아온 풀들이 여기저기 흩어져 있는 초지가 몇 시간 동안 계속 이어지고 있었다. 여름이 지나간 고비사막에는 빗방울이 꾸준히 흩뿌리고 있었다.

울란바토르에 도착해서 1박을 하고는 바로 몽골 고비사막을 향해 가는 중이다. 한번 말을 타면 말에서 내리지 않고 며칠을 달리던 몽골 전사의 피가 흐르고 있는 가이드 '보로'는 덜컹거리는 스타렉스를 쉬지도 않고 몰고 있다. 울란바토르를 빠져나가면서 시작된 낮은 구릉과 초원은 처음엔 신기했지만 곧 지루한 풍경으로 바뀌었다.

보로는 카오디오로 씩씩한 군가같은 몽골 가요를 크게 틀어놓고 운전했다. 끝없이 이어지는 몽골의 초원지대처럼 몽골의 노래도 끝없이 반복됐다. 어쩔 수 없이 비슷한 풍경과 비슷한 노랫소리를 들으면서 나는 점점 졸음의 늪으로 빠져들었다. 조수석에는 현진식 감독이 계속 카메라를 들고서 풍경을 찍

몽골에 도착한 날 비가 왔다. 빗방울을 맞으면 이틀을 달려 홍고링엘스 사막에 도착했다. 그곳엔 염소 떼의 '음메~' 소리와 넓은 황무지, 그리고 조용한 침묵이 있었다.

으면서 동행했다.

커피 여행은 밖에서 보면 여유롭고 느긋해 보일지도 모르겠지만 실상은 무척 바쁘고 긴장의 연속이다. 하루의 커피를 준비하려면 이삼일 전부터 커피 로스팅을 해야 하고, 몇 시간씩 이동해야 하고, 미리 장소를 찾아가서 사전 답사를 해야 한다. 커피를 마시는 사람은 그냥 한 잔의 커피일 뿐이지만 하루의 커피 모임을 진행하려면 삼일의 시간이 필요하다. 여행 일정을 짜고 새로운 장소와 모임을 섭외하고 커피를 준비하고 커피 모임을 진행하는 일을 계속 하다 보면 혼자 있는 시간도 그냥 쉴 수만 있는 것은 아니다.

3년째 여름이 지나가면서 몸과 마음이 지친 듯한 느낌이었다. 그때 현 감독이 이런저런 이야기를 하다가 커피 여행이니 일본에 같이 가서 커피집들 구경이나 하자는 이야기가 나왔다. 좋은 생각이었다. 일본은 커피문화가 오래 됐고, 지금 내가 하고 있는 헨드드립 커피의 시작도 일본이다. 몇 번 일본 여행을 하면서 카페 투어도 해봤지만 새로운 마음으로 일본 여행을 해보는 것도 의미가 있을 것이다.

그런데 흥이 나지 않았다. 지난 번 경주에서 만난 일본 요리연구가인 유미사토 상도 말했듯이 요즘 일본의 커피는 너무 예전 스타일을 고수해서 새로움이 없는 느낌이었다. 커피 맛만 본다면 최근의 우리나라 커피 수준이 높아져서 오히려 한국의 커피가 더 맛있게 느껴진다. 일본 카페 전통 고수들의 집념을 재조명하든가, 아니면 블루 보틀 카페가 일본에 진출한 이후 새로운 변화가 일고 있는 커피집들을 찾아가 보는 것도 재밌을 것 같았지만 역시 뭔가 흥이 나지는 않아나.

그러다가 우연히 몽골 이야기가 나왔나. 처음엔 심드렁한 기분이었다. 하지만 몽골에는 끝없이 이어지는 초원과 멋진 사구와 쏟아질 것만 같은 별이 있다는 이야기를 듣고는 갑자기 가고 싶어졌다. 게다가 현 감독과 친한 감독이 몽골 다큐멘터리 작업을 하는 중이라 여행에 도움을 얻을 수도 있고, 일러스트 작업을 도와주고 있는 너굴양도 몽골에 다녀온 이야기를 몇 번이나 내게 해준 적도 있었다.

그래! 몽골로 가자.

나는 어렸을 때부터 사막에 대한 동경이 있었다. 대학 1학년 시절 첫 여자친구와 손을 잡고 자주 가던 천호동의 카페 입구에는 뜨거운 태양빛이 사구의 매혹적인 그림자를 만들어내는 사막 사진이 걸려 있었다. 테이블 옆에는 유리상자 안에 모래 사구 모형과 거기에 걸맞는 작은 선인장까지 만들어서 하얀 조명 아래에 놓여 있었다. 그 모습은 언제나 내 마음을 흔들어 놓았다.

이야기가 진행되면서 몽골 여행은 일사천리로 진행되었다. 현 감독은 "다른 건 필요 없고 전 밤하늘의 별만 찍으면 돼요."라고 했고 나는 끝없는 지평선과 사구로 올라가면 되는 것이었다. 짐은 간단하게 꾸렸다. 노트북과 카메라, 그리고 생두 몇 백 그램과 수망도 챙겼다. 다른 건 몰라도 사막에서 꼭 커피를 먹어보고 싶었기 때문이다.

그렇게 나와 현 감독은 울란바토르에 도착해서 거대한 사구가 있는 홍고링엘스까지 달리고 있는 것이다. 공기가 깨끗하고 막히는 게 없어서인지 멀지 않아 보이는 거대한 산맥은 가도 가도 그 자리였다. 몇 시간을 꼬박 달리니 우중충하게 비를 뿌리던 하늘이 맑게 개고 있었다. 넓디넓은 초원 중간에서 잠시 휴식을 취하려고 내리니 그냥 드문드문 잡초처럼 보이던 풀들이 눈에 들어왔다. 비 덕분인지 그 풀들에선 자그마한 꽃들이 지천으로 피어있었다. 멀리서 볼 땐 그저 분홍색 이끼처럼 보였는데 쪼그리고 앉아서 보니 자그마한 꽃모양이 완벽하다. 거친 들판에서 만난 경이로움이었다.

우리의 여행자 숙소인 게르는 저녁때가 한참이 지난 후에야 겨우 도착했다. 울란바토르에서 출발해 만달고비와 달란자드가드를 지나서 홍고링엘스까지 꼬박 이틀이 걸렸다. 밤 9시가 되었는데도 하늘은 깜깜해지지 않고 지평선 쪽은 오렌지 빛으로 빛나고 있었다. 신비한 빛이었다.

오랜 이동으로 녹초가 된 나는 저녁으로 나온 식사를 거의 먹지 못했다. 고기가 들어가 있는 자작한 국물이 있는 칼국수 같은 면 요리인데 누린내가 심하게 났다. 식사에 거의 손을 대지 못하고 스프링이 어디에서 튀어 나올지 모르는 매트리스에 몸을 뉘었다. 9월 몽골의 밤은 싸늘했다. 옷을 그대로 껴입고 누웠지만 싸늘한 한기는 손목이나 발목 사이의 틈으로 계속 스며 들어왔다.

한참을 뒤척이다가 잠깐 눈을 붙였을까. 게르 주위를 킁킁 대면서 몰려오는 염소들 소리에 눈을 떠보니 벌써 아침이 됐다. 게르 밖을 나가니 주변이 온통 염소들이다. 한밤에 조용하던 염소들이 아침이 되자 게르 주변으로 모여들어서 게르를 툭툭 치면서 시끄럽게 떠들고 있었다.

아침에 나가보니 멀리 홍고링엘스 사구가 보였다. 그 뒤쪽으로는 좌우로 거대한 산맥이 있다. 고비사막을 북과 남으로 나누어서 가로지르는 산맥이다. 홍고링엘스는 산맥을 타고 넘어온 남풍이 모래를 떨구고 더 북쪽으로 달려간 흔적이다. 동에서 서로 약 100km 정도의 길고 좁은 사구가 이어져 있는 지형이다. 날이 점점 더 밝아지면서 하늘의 구름이 멋지게 펼쳐지고 있었다. 엊그제 내린 비로 하늘은 맑고 깨끗했다. 고개를 들어보면 한 눈에 들어오지 않는 그런 창공이다.

잠시 게르 앞에 멍하니 앉아서 사구를 바라보고 있으려니 게르 주인장이 아침상을 차려서 가지고 왔다. 몽골 유목민들이 먹는 그대로의 식사다. 양고기 또는 염소고기가 들어간 죽이다. 어제 나온 국수보다는 조금 나았지만 여전히 누린내가 심하게 느껴졌다. 블루치즈나 고르곤졸라 치즈 같은 고약한 냄새가 나는 치즈도 잘 먹는 나지만 이상하게도 몽골 음식의 누린내는 적응하기가 힘들었다. 아마도 염소젖을 발효시킨 치즈 같은 냄새가 내가 못 먹는 누린내의 원인인 것 같았다. 내가 음식을 먹는 둥 마는 둥하고 있는데, 음식 타박을 할 것 같았던 현 감독은 오히려 몽골음식이 입에 맞는지 잘 먹었다. 나중에 따로 몽골에 여행을 오고 싶다고까지 말을 했다.

아침 일찍 염소들이 게르를 두들기는 소리가 나서
밖에 나가보니 아침 해가 떠오르고 있었다.
그 빛이 너무 아름다워서 한참 동안을 멍하니 서있었다.

커피 생두를 가져간 것을 수망으로 조금씩 볶아서 게르에서 커피를 내려 마셨다. 누린내로 음식을 못 먹고 있던 내게는 황홀한 위로의 커피였다.

우리는 낮에는 게르에서 낮잠을 자기도 하고 근처를 어슬렁거렸다. 홍고링 엘스에서 며칠을 더 있어야 하는데 특별히 할 것도 없었다. 이런 사막 한 가운데서 인터넷을 쓸 수도 없으니 아예 핸드폰은 전원을 꺼버렸다. 아침에 떠들썩하게 주변을 돌아다니던 염소 떼들도 풀을 찾아서 어디론가 멀리 가버렸다. 게르 앞에 앉아 있으면 눈앞에는 거대한 평원과 그 너머로 사구가 보이고 또 그 뒤에는 거대한 산맥이 자리 잡고 있는 것이 들어왔다. 사구까지 걸어서 갈 수 있는 거리인지 감이 잡히질 않았다. 어떻게 보면 가까운 것 같았고, 또 어떻게 보면 하루 종일 걸어야 도착할 수 있을 것 같기도 했다.

오후 늦게 우리는 배낭을 챙겨서 사구를 향해 출발했다. 오랫동안 나와 함께 여행을 한 펜탁스 K-5를 들고 생수를 배낭에 챙겨 넣었다. 현 감독은 촬영 장비를 챙겨서 앞서거니 뒤서거니 촬영을 하면서 갔다.

게르에서 사구까지는 생각했던 것보다는 빨리 도착했다. 어제 비가 와서인지 모래는 걱정했던 것보다는 딱딱해서 걷기에 힘들지는 않았다. 고비사막은 사막이라는 이름이 붙어있지만 모래가 아니라 거친 흙으로 이루어져 있다. 그 땅에서 고개를 비집고 각종 풀들과 벌레들, 그리고 동물과 사람들이 살고 있는 곳이다.

하지만 사구로 가까워지면서 흙은 점점 모래로 바뀌어 갔고, 바람이 모래를 날려서 신비하고도 기하학적이면서도 유연한 무늬를 만들어내고 있었다. 하지만 그 사이에서도 풀과 나무들은 황량한 모래 깊숙이 뿌리를 내려서 삶을 이어가고 있었다.

사구로 올라가면서 점점 더 바람소리가 커졌지만 상대적으로 더 조용해졌다. 현 감독은 멀리서 따라왔기 때문에 들리는 소리라고는 내 발자국 소리와 바람소리만 들렸다. 위쪽으로 올라갈수록 딱딱했던 모래가 부드러워지면서 한걸음, 한걸음 옮기기가 힘들어졌다. 하지만 뒤를 돌아보면 어느새 꽤 높은 곳까지 올라왔다. 우리가 출발한 게르촌은 저 멀리 지평선 가까이 조그맣

사구 정상에 털퍼덕 주저앉았다. 눈앞에는 기이하게 생긴 사구가 구름 그림자를 머금고 있었고 그 뒤에는 끝없이 펼쳐지는 들판이었다. 바람 소리만 들렸다.

게 보였고 뱀처럼 구불구불한 사구 능선이 눈 아래에 펼쳐졌다. 하늘의 구름은 너무나도 멋지게 펼쳐져 있었다. 정말 멋진 풍경이었다.

홍고링엘스까지 오기를 정말 잘했다. 사진으로 보던 사막과 직접 가본 사막은 모양은 비슷했지만 전혀 다른 느낌이었다. 사진으로는 바싹 마른 땅에 생명이라고는 없을 것 같은 곳이었지만 실제로는 그 안에서도 풀과 나무들은 자라고 있고 꽃을 피우고 있었다. 한 눈으로는 다 담을 수 없는 땅과 하늘과 구름을 보고 나서 다시 게르로 돌아왔다. 몽골은 낮이 길었다. 게르로 돌아온 시간이 오후 8시였지만 오늘은 밤이 오지 않을 것처럼 하늘은 환했다.

캠프로 돌아오니 어딘가로 떠나있었던 염소들도 다시 마당 한가득 채우고 있었다. 염소들은 밤이면 캠프로 돌아와서 웅성웅성 모여서 잠을 자고는 아침이면 어디론가로 또 떠난다. 몽골 캠프는 한 가족이 운영하고 있었다. 그들은 몇 채의 게르를 지어놓고 나 같은 여행자에게 숙박을 제공하면서 수백 마리의 염소, 그리고 수십 마리의 낙타를 소유하고 있어서 몽골에서는 꽤 부자일 것이다.

나는 또 염소 누린내가 나는 음식을 먹는 것이 두려웠다. 이곳의 식사는 염소고기와 염소젖이 기본으로 들어가는데 야채라고는 감자 정도만 들어가 있고 죽과 삶은 면, 볶은 면이 돌아가면서 나왔다. 어떤 음식이 나오든 먹기가 힘들었는데 나를 빼고는 모두들 맛있게 먹었다.

나는 게르 옆에서 휴대용 가스렌지를 켜고 챙겨 온 생두 500그램을 수망으로 볶기 시작했다. 휴대용 가스렌지는 몽골 울란바토르의 마트에서 많이 팔고 있었다. 그냥 원두를 가지고 와서 내려 마셔도 되지만 고비사막 한 가운데서 로스팅을 해보고 싶었다. 10분 정도 지나가 커피 로스팅이 끝났다. 수망으로 볶은 커피라 얼룩이 조금 생겼지만 그래도 먹을만하게 볶아졌다.

로스팅이 끝나고 잠시 후에 커피를 갈기 시작했다. 커피 냄새가 나자 현 감독이 커피를 한잔 내려달라고 왔다. 우리의 가이드를 맡고 있는 '보러'도 이 모습이 신기한지 옆으로 와서 앉았다. 몽골의 수도 울란바토르에는 커피숍이 많이 있었다. 한국계 프랜차이즈들도 눈에 많이 띄었다. 하지만 아직 몽골의 사막 쪽에서는 커피 문화가 없다. 보러에게 물어보니 가끔 인스턴트 커피를 타서 먹는다고는 했다.

커피원두를 갈고 같이 챙겨간 휴대용 드리퍼에 올려놓고 커피를 내렸다. 향긋하면서도 구수한 커피향이 게르 안에 퍼졌다. 우리는 다 내려진 커피를 나눠 마시기 시작했다. 커피가 익숙지 않은 보러는 커피가 쓰다면서 인상을 찡그렸지만 그래도 끝까지 다 마셨다. 며칠 만에 커피를 마시는 현 감독은 천천히 커피를 훑아가면서 마셨다.

나는 커피를 마시면서 마음이 편치 않았다. 커피에서 나오는 잡맛을 다음 로스팅 때 빼는 방법을 고민하고 있었던 것이다. 그런 생각을 하고 있다가 갑자기 피식 웃음이 디졌다.

'여기는 몽골이잖아. 그냥 편하게 커피를 마시자.'

나는 왜 몽골까지 와서 복잡하게 생각할까? 여기에서는 그냥 커피를 즐기면 되는 것이다. 그런 마음이 들자 불편했던 게르가 편하게 느껴지기 시작했다. 염소 누린내가 나는 음식도 잘 먹을 수 있을 것 같았다.

한 밤이 되자 지평선에 걸쳐있던 오렌지색 노을도 사라지고 별들이 올라오기 시작했다. 벌써부터 현 감독은 삼각대에 카메라를 설치해놓고 타임랩스를 찍고 있었다. 난 게르에서 좀 더 떨어진 들판으로 걸어 나갔다. 해는 넘어간 지 한참이지만 아직도 완전히 깜깜해지지 않았다. 나는 게르의 불빛이 보이지 않는 들판 한 가운데까지 걸어가서 조그만 돌멩이 위에 앉아서 하늘을 보았다. 이제 주위는 완전히 깜깜해지고, 거짓말처럼 별들이 쏟아지기 시작했다. 바로 머리위로 은하수가 흘렀다. 너무 많은 별들이 눈앞에 펼쳐져 있어서 믿어지지가 않을 정도였다. 이 셀 수 없이 수많은 별 사이에 우리가 살고 있는 것이구나! 한동안 나는 별이 쏟아지는 고비사막에서 조용히 앉아있었다.

풍만이, 커피전시회에 들어가다

몽골여행을 다녀온 후에도 아무 일이 없었다는 듯 다시 커피 여행자의 일상은 계속 됐다. 드넓은 초원과 멋진 사구, 그리고 쏟아져 내리던 별빛에 대한 기억은 또렷하게 남아있었다. 그 기억이 나에게 어떤 영향을 줄지는 모르겠다.

여행을 계속 할수록 내 커피에 대한 자신감은 점점 약해져갔다. 처음 시작할 때는 '내 커피만큼 맛있는 커피 있으면 나와 보라고 해'라는 자만심이 있었다. 그래서 영화에서처럼 '도장깨기'를 하면서 커피 유랑을 하는 유치한 생각도 했었다. 그때만 해도 다른 유명한 커피집에 가서 커피를 마셔 봐도 내 커피만큼 맛있는 커피는 별로 없다고 생각했다.

하지만 커피는 하면 할수록 더 알기 힘들었다. 특히 내 커피를 마시기 위해서 일부러 찾아오는 커피집이 아니라 내가 찾아가서 처음 보는 사람들에게 커피를 내려주는 일을 반복하다 보니 커피의 기준을 잡기가 힘들었다. 내가 제일 맛있다고 느끼는 커피보다 뭔가 결점이 있는 커피를 더 맛있다고 하는 사람들도 많았다. 3명에게 3가지 커피를 맛보고 최고로 맛있는 커피를 골라보라고 하면 3명이 다 다른 경우가 많았다. 그러다보니 맛에 대한 기준이 흔들리고 있었다.

몽골에서 돌아와 다시 커피 여행자의 일상으로 돌아왔다. 서울 양재동 aT센터에서 열린 '커피앤티페어'에 풍만이가 들어가 커피를 내리고, 작은 세미나도 진행했다. 더 많은 사람들과 인사를 하고 커피를 내리는 날이었다.

고비사막을 다녀온 이후에는 커피에 대한 자신감이 중요한 것이 아니라는 생각이 들었다. 핸드드립 커피를 처음 마셔본 몽골사람들의 표정이 기억났다. 시고, 떫고, 쓰고, 달콤한 커피 맛을 처음 맛본 몽골사람들은 인상을 찌푸리기도 하고 고개를 절레절레 흔들기도 했지만 커피를 마신 모든 사람들은 한결같이 환하게 웃었다. 나는 그 웃음이 너무 좋았다.

커피의 힘은 바로 그런 것이 아닐까? 최고로 맛있는 커피가 아니어도 좋은 커피는 사람들을 행복하게 한다. 나는 그것을 믿고 커피를 계속 하기로 했다.

몽골에 다녀온 후 첫 일정은 인천이었다. 몇 달 전부터 인천문화재단에서 <근대로 떠나는 시간여행 in 인천 북콘서트> 행사에 커피 트럭을 예약해놓았다. 행사 장소는 인천아트플랫폼. 인천광역시가 구도심 재생사업의 일환으로 중구 해안동의 개항기 근대 건축물 및 인근 건물을 매입하여 조성한 복합문화예술공간이다.

행사 장소에 도착하니 인천아트플랫폼 중간에 무대가 마련되어 있었다. 무대 옆에 풍만이를 세우고 전기를 끌어서 야간에도 열 수 있게 불을 켰다. 이날 행사는 음악 공연이 진행된 후 커피리브레의 서필훈 대표가 우리나라의 근대 커피에 대한 역사와 커피 문화에 대한 강의하는 것이었다. 나는 참석자들에게 커피를 내려주었는데 재단에서 미리 커피 값을 계산했기 때문에 참석자들은 무료로 맛있는 커피를 마실 수 있었다.

이날 원두는 내가 볶은 커피 외에 서필훈 대표가 볶아서 온 케냐를 써서 커피를 내렸다. 커피리브레는 우리나라 스페셜티 커피와 다이렉트 트레이딩 이야기할 때 빼놓을 수 없는 업체다. 트럭 안에서 커피를 내리면서 그의 커피 이야기에 귀를 기울였다. 역시 배울 게 많았다. 리브레의 커피는 기본적으로 약배전 성향이 강한 편이라고 생각하고 있었는데 그가 가지고 온 케냐는 핸드드립을 하기에 적당하게 로스팅되어 있었다. 커피 이야기를 할 때 커피를 안 마시면 실감이 나질 않는데 이날 행사에서는 커피와 커피 이야기가 함께 있어서 다행이었다.

2015년 가을에는 중요한 행사가 잡혀 있었다. 10월 1일부터 양재동에서 열리는 서울커피앤티페어와 곧 이어 10월 7일부터 열리는 강릉의 커피축제였다. 이 두 곳의 축제에 풍만이가 초청받은 것이다.

서울커피앤티페어는 월간 커피앤티에서 주최하는 커피와 차를 주제로 한 전시회이다. 코엑스에서 열리는 카페쇼에 비하면 규모는 작은 편이지만 알차게 진행되는 행사다. 월간 커피앤티에 칼럼을 연재하는 것이 있어서 그 인연으로 커피앤티페어의 한 구석을 차지해서 커피를 내리게 된 것이다. 카페쇼는 몇 번 가서 구경해보았는데 너무 크고 사람들도 많이 몰려들어서 정신이 없었다. 그런 면에서는 작지만 알찬 커피앤티페어가 나한테는 더 편하고 어울렸다.

커피앤티페어에 들어가서도 나는 원래 하던 대로 커피를 핸드드립으로 만들어서 팔기로 했다. 큰 회사라면 홍보용으로 커피를 무료 시음하는 형태로 진행하겠지만 나는 여행을 계속하기 위한 비용 마련과 바람커피를 좋아하는 사람들을 만나는 것이 더 중요했기 때문이다.

양재동 aT센터는 전시 공간이기 때문에 풍만이가 안으로 들어갈 수 있었다. 전시장 코너 구석진 곳에 풍만이를 세워놓고 준비했다. 10월 1일부터 4일까지 나흘 간 진행되는 행사였다. 오랜만에 실내에서 한 자리를 차지하고 커피를 만드는 시간이었다. 커피앤티페어에서 쓸 원두는 며칠 전부터 볶아서 5kg 정도를 준비해 두었지만 손님들이 얼마나 올지 모르겠다. 2014년의 자라섬 재즈페스티벌에서처럼 손님들이 많이 몰리면 5kg은 금세 동이 날 것이지만 여기는 무료 커피시음이 넘쳐나는 커피 전시회였다. 그 정도는 팔리지 않을 것이다.

커피앤티페어가 정식으로 시작이 되는 10월 1일 아침이 되자 관람객들이 들어오기 시작했다. 커피 트럭 여행을 3년 동안 했고, 뉴스에도 등장하기도 했지만 아직도 바람커피를 모르는 사람들이 훨씬 더 많다. 커피 트럭을 처음 보고 신기해하는 사람들도 있었고 별다른 느낌 없이 지나가는 사람들도 많았다.

그중에 자신도 커피 트럭을 하고 싶다고 이것저것 물어보는 사람들도 많았다. 커피 트럭 프랜차이즈를 하면 자신도 해보겠다고 적극적으로 이야기하는 사람들도 있었다.

하지만 아직도 우리나라에서는 길 위에서 커피 트럭을 하는 것은 힘든 일이다. 푸드트럭이 합법화되기는 했지만 따로 영업허가를 받아야 하는데 이것이 참 힘들다. 지자체에서 푸드트럭 영업장소를 지정해서 입찰을 받는데, 낙찰을 받기도 어렵고, 설령 영업허가를 받았다고 하더라도 장사가 잘 되지 않는 곳들이 대부분이다. 그래서 대부분의 푸드트럭들이 제대로 허가를 받지 않고 영업할 수밖에 없다. 나도 처음에는 길 위에서 커피를 팔려고 했다가 현실적인 어려움 때문에 포기하고 진작부터 맘 편하게 여행하면서 커피 모임을 진행하는 형태로 하고 있는 것이다.

그런데 대부분 커피 트럭을 하고 싶다고 물어보는 분들이 의외로 연세가 있는 어르신들이 많았다. 가게를 여는 것보다는 커피 트럭을 하면 좀더 비용을 아낄 수 있고 그렇게 어려워 보이지 않아서 일 것이다. 나는 커피 트럭을 하겠다는 사람들을 말리는 말을 많이 할 수밖에 없었다. 커피 트럭이나 푸드트럭은 더 열심히 해야 하고 아이디어도 중요하다. 인터넷과 SNS를 잘 활용할 수 있어야 한다. 좋은 장소를 얻어야 하고, 매일매일 성실하게 일해야 한다. 커피든 음식이든 사람들이 일부러 찾아올 정도로 맛이 있고 개성이 있어야 한다. 어떤 분야든 마찬가지이겠지만 이쪽도 반짝반짝 빛나야 한다.

커피 전시회에 계속 있다 보니 반가운 사람들도 많이 만났다. 그래도 방송에 나온 것을 기억해주는 분들도 계셨고, 다음 뉴스펀딩에 직접 펀딩했다는 분들도 반갑게 인사를 했다. 커피 여행을 하면서 만났던 사람들을 전시장에서 다시 만나는 경우도 많았다. 반갑게 인사를 하고 다시 커피를 나누고 또 다음에 만날 것을 약속하고 헤어졌다.

전시장에서도 커피 값은 5천원으로 동일하게 받았다. 공짜 커피를 많이 마실 수 있는 커피 전시회에서 5천원이나 받고 커피를 팔고 있는 건 좀 미친 짓 같았지만 그래도 꾸준히 손님들이 찾아주었다. 작은 잔에 시음용 커피를 내려서 그냥 나눠주기도 하고 커피 트럭이나 커피에 관한 질문이 있으면 내가 아는 것을 그대로 말씀드렸다. 커피는 감출 것이 없었다. 그냥 한 모금 마셔보면 알 수 있는 것이 많다. 내가 한 말이 어떤 힌트가 되어서 그들에게 도움이 되기를 바랐다. 나 또한 그런 한 마디의 힌트 때문에 지금까지 커피를 하고 있는 것이니까.

전시회에 참가 하면서 커피업계에 있는 여러 사람들과 인사를 할 수 있었던 것도 좋았다. 나는 혼자서 커피를 하고 여기저기 돌아다니다보니 커피 업계 사람들과 만나는 일이 많지 않았다. 한편으로는 제대로 된 커피숍을 운영하는 입장에서 보면 나처럼 커피 트럭을 하는 사람을 좋게 보지 않을 것 같다는 걱정도 하고 있었다.

그런데 그런 우려에도 불구하고 대부분의 커피인은 내가 하는 커피 트럭에 호감을 보였고 그동안 페이스북을 통해서 여행기를 잘 보고 있다고 먼저 와서 아는 척을 하고, 자신도 커피 트럭으로 여행하면서 커피를 하고 싶다고 이야기하는 사람들도 많았다. 더 반가운 것은 그들이 내가 내린 커피를 맛있게 마시고 커피에 대해서도 많이 이야기를 나눌 수 있었다는 것이다. 커피를 하는 사람들이 갖고 있는 열린 마음이 더 많이 느껴졌다.

4일간의 커피앤티페어도 잘 마무리가 됐다. 매일 아침 일찍부터 하루 종일 커피를 준비하고 내리고 이야기를 하느라 조금은 지쳐있었지만 가을의 커피 러시는 이제부터 시작이었다.

풍만이의 위기, 그리고 강릉 커피축제

서울에서 커피앤티페어가 끝난 후 3일 뒤에 강릉 커피축제가 이어져 있었다. 원래 계획은 페어가 끝난 후 하루 이틀 푹 쉬고 강릉으로 넘어갈 생각이었지만 중간에 하루 대전에 들러서 대전시 인재개발원에서 진행하는 커피교육을 하고 넘어가야 했다. 삼일의 시간이 있었기 때문에 하루는 쉬면서 로스팅을 하고, 하루는 대전으로 가서 교육하고, 그 다음에 강릉으로 넘어가면 되겠다고 생각했다. 대전시 인재개발원은 공무원들의 교육프로그램인데 그중에 대전에 있는 곰에스프레소의 박남신 사장이 진행하는 커피교육에서 한 타임을 내가 맡아서 진행하기로 했기 때문이다. 커피앤티페어가 끝난 후 부랴부랴 커피 로스팅을 해서 대전으로 달려갔다.

커피 여행을 하면서 가장 힘든 곳이 어디냐는 질문을 받았을 때 내 대답은 역시 충청도가 힘들다고 얘기한다. 커피를 마셨을 때 반응이 뜨뜻미지근하기 때문이다. 다른 곳에서는 커피를 마시면서 감탄사도 터지고 표정도 밝아지고 웃는데, 충청도에서는 어떤 생각을 하고 있는지 잘 알기가 힘들었다.

충청도에서도 대전, 게다가 상대는 공무원들이다. 공무원들의 교육 프로그램은 예비군 교육시간과 비슷하다. 가능하면 빨리 끝내고 쉬는 시간을 많

▲ 대전시 인재개발원 교육을 마치고 맘에스프레소의 빅남신 사장과 함께. 이 사진을 찍은 후 이동하다가 풍만이의 엔진에 큰 문제가 생긴 것을 알았다.

▼ 대전에서의 커피 모임은 언제나 즐겁다.

이 갖는 게 반응이 제일 좋다. 인원수에 맞춰서 커피 내릴 준비를 하고 평소에 하던 대로 커피 소개를 하고 커피를 내려서 나눠 마시면서 반응을 보니 역시나 다들 무덤덤했다. 등 뒤에서 식은땀이 났다. 커피 토크는 커피를 마시고 난 후의 반응에 맞춰서 하게 되는데 반응이 없으니 다음 이야기를 끌어나가기가 힘이 들었다. 그나마 첫 번째 시간이 지나고 휴식시간 후에 두 번째 시간이 되었을 때부터는 분위기가 많이 좋아져서 질문도 많이 나오고 허술한 농담에도 다들 기분 좋게 웃으면서 마무리가 되었다. 역시 커피의 힘이라고 할 수밖에 없다.

교육을 마치고 박남신 사장과 작별 인사를 하고 강릉으로 향했다. 그런데 얼마 후에 트럭 엔진룸 쪽에서 '통통통' 소리가 나기 시작했다. 조금 불길하긴 했지만 지금은 강릉 갈 일이 바쁘다. 일단 커피축제 행사장에 도착해서 장사할 준비를 해야 했다. 하지만 대전에서 고속도로에 올라 선 후에는 통통통 소리가 더 커지기 시작해서 아예 망치로 때리는 듯 '탕탕탕탕' 거렸다. 엑셀을 밟아도 시원하게 달리지 못하고 소리 때문에 속도를 내지 못했다. 엔진 쪽에 큰 문제가 생긴 것 같았다.

결국 이날은 강릉까지 가는 것은 포기하고 이천으로 내려갔다. 눈에 보이는 공업사에 들어가서 수리를 해야 했는데 이미 저녁때가 되어서 공업사 문은 닫혀있었다. 어쩔 수 없이 공업사 앞에 풍만이를 주차시키고 근처 허름한 여관에 찾아 들어갔다. 트럭에 큰 문제가 생기면 여행을 계속 할 수가 없다. 처음 여행을 출발하면서 여행을 그만 둘 때를 생각해본 적이 있다. 막연하게나마 충분히 다녀서 더 이상 여행할 필요가 없을 때, 내가 몸이 아파서 여행을 지속하기 힘들 때, 마지막으로 트럭이 고장 나서 더 이상 운행할 수 없을 때가 여행을 마무리해야 할 시점이라 생각했다. 그런데 트럭에 위기가 닥쳐 온 것이다. 바로 내일 강릉 커피축제가 열리는데 그곳에 갈 수 없을지도 모르는 상황이 된 것이었다. 나는 불안한 마음을 안고 잠을 자는 둥 마는 둥 했다.

다음날 아침 일찍 공업사가 열리기를 기다려서 점검을 받았는데 결론은 엔진에 문제가 있어서 통째로 교체해야 한다는 것이었다. 수리비는 약 300만 원이 나올 거라고 견적을 뽑아줬다. 중고 트럭을 한 대 살 수 있는 비용이다. 문제는 수리기간이었다. 짧아도 4일은 걸리고 일주일은 생각해야 할 것이라고 했다. 바로 내일 강릉에서 커피축제가 열리는데 수리에 들어가면 참가를 포기해야 했다.

나는 수리를 포기하고 일단 강릉으로 출발하기로 했다. 엔진 소리는 쿵쾅쿵쾅 거리지만 시동은 걸렸고 시속 30~40킬로미터는 나와서 고속도로 갓길로 천천히 가면 될 것 같았다. 가다가 시동이 꺼져서 못 움직이면 그때 견인차를 불러서 움직일 생각이었다.

풍만이는 쿵쾅거리면서 도로를 달리기 시작했다. 출발할 때는 소리가 너무 커서 사람들이 뒤돌아볼 정도였는데 고속도로를 올라가니 소리가 조금은 작아진 듯했다. 하지만 속도는 나질 않아서 언덕을 올라갈 때는 20킬로미터 정도가 나올 정도였고 내리막이 되면 탄력을 받아서 50~60킬로미터로 달릴 수 있었다.

다행히 평일이어서 영동고속도로는 막히지 않았다. 만약 섰다 달렸다를 반복했다면 아마도 반도 못가서 퍼졌을 것이다. 중간에 쉬면 다시 시동이 안 걸릴까봐 휴게소도 그냥 지나쳐서 계속 달렸다. 나중에 내리막이 시작된 대관령휴게소에 잠깐 들러서 화장실에 다녀왔다. 그런데 대관령휴게소에서 시동이 걸리질 않았다. 여기서 그만 두어야 하나? 잠시 운전석에 앉아서 고민하다가 시동을 거니까 다시 걸렸다. 이젠 강릉 커피축제장까지 무사히 도착해야 한다. 시동이 꺼질듯 말듯 하면서 풍만이는 마지막 힘을 다했다. 겨우겨우 커피축제가 열리는 강릉녹색도시체험센터에 도착했다.

풍만이를 주차장에 세워놓고 운영팀을 만나서 트럭 놓을 자리를 확인하고 다시 시동을 거는데 또 안 걸렸다. 풍만이가 들어갈 자리는 약 150미터 정도 떨어진 곳인데 시동이 안 걸리니 또 꼼짝없이 그 자리에 있어야 했다. 사람들을 불러서 밀어야 하나 생각하고 있는 순간에 다시 시동이 걸렸다. 겨우겨우 자리를 잡고 시동을 끄니 그제야 마음이 놓였다.

2002년이 풍만이가 태어난 해다. 이미 10년은 훨씬 넘었고 30만 킬로미터를 달렸다. 2012년에 내게로 와서 나와 함께 여기저기를 돌아다니면서 큰 말썽 안 부리고 많은 추억과 만남을 만들어준 친구다. 다행히 강릉 커피축제 장에 자리를 잡아서 3일 동안 커피를 만들어서 사람들과 만날 수 있었다.

강릉 커피축제는 2015년이 7회째 열리고 있었고, 야외 부스였기 때문에 맑은 가을날이 잘 어울렸다. 강릉이 커피의 도시로 자리 잡게 만들어준 축제장이다. 축제 기간 중에는 강릉의 커피숍과 커피관련 업체들, 그리고 음식, 공예, 문화 관련 업체나 단체들의 전시가 이루어지고 있었다.

풍만이가 강릉 커피축제에 참가할 수 있었던 것은 라라무리 수비의 역할이 컸다. 평소에 강릉에서 다양한 문화 활동을 하고 있던 수비는 강릉 커피축제 운영진과 이야기하면서 나를 소개하고 특별히 초청을 받을 수 있도록 힘을 써 주었다.

커피축제장에서 다시 만난 수비는 여전히 행복을 전염시키는 행복 바이러스였다. 라라무리의 또 다른 축인 셔리는 축제장 잔디밭에 나무를 소재로 옆으로 누워있는 사람을 설치예술로 만들어서 전시하고 있었다. 거기에 바람커피와 콜라보를 한다고 내가 커피를 내리고 있는 모습을 커다란 나무와 판자로 만들어서 풍만이 옆에도 세워놓았다. 사람들은 커다란 이담 인형 앞에서 기념사진도 찍고 커피도 사서 마셨다. 풍만이가 세워져 있는 것을 보고 반가워하고 와서 인사도 하고 가는 사람들도 많았는데, 역시 커피 축제이기 때문에 관심 있게 보고 있는 사람들이 많이 온 것 같았다.

서울의 커피앤티페어를 마친 후 바로 강릉으로 왔는데 같은 커피를 주제로 하고 있는 전시회와 축제였지만 느낌은 많이 달랐다. 서울의 커피 전시회는

▲ 엔진이 고장 난 상태로 겨우겨우 강릉 커피축제에 들어갔다. 멀리서 찾아온 정마리아 님과 친구들이 유쾌한 사진을 남겨주었다. 커피 축제장에 온 많은 사람들에게 더욱 맛있는 커피를 내려주어야 한다.

▼ 라라무리의 셔리킴이 내 모습을 본뜬 설치 작품을 가지고 왔다. 이렇게 같이 서있으니 무척 잘 어울렸다. 너무 무거워서 설치물을 그냥 강릉에 두고 와야 했는데 이 녀석은 한 동안 라라무리의 바닷가를 지키고 있었다고 한다.

▲ 강릉 커피축제에 온 케냐 대사관 홍보부스 직원에게 케냐 커피를 내려주었다. 이렇게 먼 나라에서 자기 나라의 커피를 마시면 어떤 느낌을 받을까? 그는 엄지를 척 올리고서 악수를 하고 갔다.

▼ 강릉 커피축제의 백인백미 행사 중. 커피 트럭 바로 앞에 테이블이 배치됐다. 커피를 내리는 그들의 뒷모습을 보면서 커피 맛을 상상하고 있었다.

좀 더 업계 주도로 신제품이나 로스터기, 머신, 생두 수입 등에 치중하고 있는 반면 강릉은 지역 커피숍들을 중심으로 더 느긋하고 여유롭게 진행됐다. 언뜻 보면 커피축제지만 커피와 관련이 없는 것이 많이 나와 있어서 좀 허전하게 느껴질 수도 있었다. 하지만 강릉에 여행 온 사람들이 편하게 와서 즐길 수 있었고, 강릉이라는 도시를 커피의 도시로 만들어가는 상징성이 있었다. 게다가 가을의 맑은 날씨는 강릉과 잘 어울렸다.

축제 운영 측에서 축제장이 있는 e-zen 연수센터에 숙소를 마련해주었기 때문에 축제가 끝나면 바로 걸어서 숙소로 들어갈 수 있었고, 다음날 아침에 걸어서 나오면 됐다. 축제의 하루가 마무리되면 수비와 셔리 커플, 그리고 친구들과 함께 강릉 시내에 나가서 저녁을 먹고 포장마차에 가서 술을 마시거나 펍에 가서 맥주를 마셨다. 강릉은 바다와 산이 같이 있는 곳이라 먹을 것들이 많이 있었다.

커피축제장에서 커피를 무료시음이 아니라 5천원씩 받고 파는 것은 거의 무모하다고 할 수 있겠지만 그래도 많은 사람들이 직접 돈을 내고 커피를 사먹었다. 무료 시음용 커피에서도 깜짝 놀랄 정도로 맛있는 커피를 만날 수 있겠지만 충분히 마실 수는 없었다. 커피란 한 모금 마시고 끝나는 음료가 아니라 한 잔을 제대로 마셔야지만 그 진가를 알 수 있다고 생각한다. 그래서 커피가 넘쳐나는 커피축제지만 한 잔의 온전한 커피를 마시기 위해서 돈을 지불하고 마시는 것이다.

강릉 커피축제가 끝나갈 때쯤에 다음 주에 있을 '해비채축제' 진행팀이라고 하면서 계속 이 자리에서 커피를 해줄 수 있느냐고 물어봤다. 트럭을 수리하는 것은 일주일 정도면 끝나지 않을까? 강릉이 점점 더 마음에 들고 있었던 때라 나는 당연히 오케이를 했다.

커피축제가 끝나자마자 나는 쿵쾅쿵쾅 소리를 내면서 공업사로 향했다. 강릉에서 중고차 사업을 하는 페진이 커피 트럭에 커피를 마시러 왔다가 자신이 거래하는 공업사에 연결시켜주었다. 견적은 처음에는 100만원 정도가 나왔지만 수리를 진행하면서 점점 더 수리비가 올라가고 시간도 많이 걸렸다. 그래도 제대로 고쳐진다면 아무 걱정 없이 다시 커피 여행을 계속 할 수 있을 것이었다. 한편으로는 수리를 포기하고 이제 커피 여행을 마무리할 때가 되지 않았나 하는 생각도 들었다. 2013년 7월부터 시작해 만 2년을 돌아다녔으니 이쯤해서 그만두어도 좋지 않을까? 하지만 아직은 조금 더 다녀보고 싶었다. 그리고 강릉에 계속 머물 것이 아니라면 어디로든 트럭을 끌고 움직이기는 해야 하니까.

일주일을 꽉 채워서 트럭 수리가 끝났다. 그 동안은 라라무리의 수비와 셔리가 편의를 봐줘서 그들의 집에서 지낼 수 있었다. 강릉 시내를 천천히 걸어서 다니고 멋진 카페를 찾아서 커피를 마시고 맛집들도 찾아 다녔다. 저녁때 수비와 셔리가 일이 끝나면 같이 저녁을 먹고 술을 마시고 구석방에 들어가서 잠을 잤다. 가끔은 라라무리에 가서 게스트들과 함께 저녁 파티도 했다. 여유 있게 강릉에서 지내다보니 점점 더 강릉이 마음에 들었다. 강릉 시내를 조금만 나가면 논에는 벼가 노랗게 익어가고 있었다. 가을이 점점 더 깊어갔다.

다시 일주일 후 커피 트럭 풍만이는 수리를 완료하고 '해비채힐링박람회'에 들어갈 수 있었다. 커피축제에서 자리를 잡고 있었던 바로 그 자리로 다시 들어갔다. 강릉 커피축제에 비하면 관람객이 많지 않아 커피 판매는 신통치 않았다. 그래도 시원한 공기와 따뜻하게 쏟아져 내려오는 가을 햇빛 덕분에 모처럼 여유를 즐길 수 있었다. 가끔 찾아오는 손님들과도 오랜 시간 여유 있게 커피 이야기를 하면서 커피를 즐겼다. 바쁠 때는 하고 싶어도 할 수 없는 것들이다. 커피를 앞에 두고 마주 보면서 커피 이야기를 할 때가 참 행복하다.

해비채축제도 마무리가 되고 그날 밤은 라라무리로 가서 셔리와 수비와 함께 아듀파티를 했다. 트럭이 고장 나는 바람에 강릉에 2주간이나 머물렀다. 그들과 함께 매일같이 얼굴을 보고 매일 같이 '오늘도 달리자!'면서 술을 마시

위태위태하던 풍만이가 큰 병이 났다. 꼬박 일주일을 씨름해 겨우 회복할 수 있었다.

고 커피를 마셔댔으니 정이 들만큼 들었다. 그냥 강릉에 눌러앉아서 살면 어떨까?

송별파티는 바닷가 앞 라라무리의 마당에서 조촐하게 열었다. 마트에서 사온 삼겹살에 소주와 와인을 따서 파도소리를 들으면서 저녁식사를 했다. 이제 내일이면 강릉을 떠난다. 당분간은 다른 어느 곳에서 커피를 내리고 사람들을 만나면서 돌아다니겠지만, 라라무리 앞에서 바라보던 파도치는 동해의 풍경을 무척 그리워하게 될 것이다.

화천 텃밭예술축제

2015년의 가을은 다시 화천으로 향했다. 2년 만에 다시 찾은 화천은 정말 평화와 휴식의 공간이었다. 화천에 간 이유는 창작집단 뛰다의 '텃밭예술축제' 때문이었다. 뛰다는 매년 가을 극단이 있는 화천 문화공간 예술텃밭에서 외국과 국내의 예술가들이 참여하는 창작레지던시와 워크숍을 진행하고, 끝나는 날에는 축하공연과 발표공연을 하면서 마무리를 하는 예술 축제이다. 못 보는 동안 예술텃밭은 새로 공연장을 만들었고 자그마한 카페와 숙소도 같이 만들어 놓았다. 계속해서 발전하고 있는 것이다.

커피 트럭이 예술텃밭 마당에 자리를 펴자 레지던스를 하면서 워크숍을 하던 예술가들과 극단 멤버들이 커피를 마시러 달려왔다. 오랜만에 제대로 된 커피를 마시는 거라 모두들 너무나도 행복해했다. 벌써 몇 번이나 얼굴을 본 배요섭 대표와 그의 아내 혜란 씨도 반겨주었다. 딸래미 나모도 못 본 사이에 엄청 컸다. 워낙 많은 삼촌과 이모들 사이에서 커서 사람들과 잘 지내는 아이였지만 나를 '커피 아저씨'라 부르며 좋아해주는 꼬마 아가씨다.

텃밭예술축제 공연은 10월 30일과 31일 양일에 걸쳐서 진행되었다. 공연 시간이 되자 어디선가 관람객들이 찾아오기 시작했다. 30일에 노래공연이 있

화천의 뛰다에 도착해서 커피 트럭을 여니 예술가 레지던스 프로그램에 참여한 예술가들과 극단원들이 달려와서 커피를 마셨다. 한 달 동안 커피다운 커피를 못 마셨다는 그들의 얼굴은 사막에서 오아시스를 발견한 사람의 표정이었다.

었는데, 공연에 괴산페스티벌에서 만난 '유기농 포크가수' 사이와 홍대 앞 공연장에서 만난 적이 있는 도마가 왔다. 사이가 오는 것은 이미 알고 있었는데 도마는 원래 공연이 예정되어 있던 가수가 사정으로 오지 못하는 바람에 대타로 화천까지 온 것이었다. 홍대 앞의 공연에서 도마의 노래를 무척 감명 깊게 들은 적이 있어서 팬이 되었다고 생각하고 있었는데 이렇게 깜짝 등장한 것이다. 커피 여행의 즐거움은 이런 우연한 만남이다.

군사의 도시인 화천답게 군인들도 공연을 보기 위해 단체로 찾아왔다. 자칫 삭막할 수밖에 없는 군 생활에서 이런 예술 공연을 관람할 수 있는 기회가 있으니 얼마나 좋을까? 그중에서 일병 계급장을 단 두 명이 커피 트럭 앞으로 오더니 호기심 어린 표정으로 커피를 주문했다. 핸드드립 커피를 마셔본 적이 있느냐고 물어봤더니 처음이란다. 이런 친구들을 만나면 반갑다. 그들 인생에서 처음으로 맛보는 핸드드립 커피를 만들어 주는 것이다. 호기심을 안고 왔으니 나는 제대로 된 커피맛을 보여주면 된다. 좋은 생두를 제대로 볶아서 신선한 원두로 만든 핸드드립 커피는 맛이 없을 수 없다.

시간 여유가 많지 않았지만 그들에게 세 가지 커피 맛을 보여주면서 커피에 대한 이야기를 해주었다. 다행히 커피가 그들의 입에 맞았나 보다. 아직은 순수하고 어린 청년들이었다. 커피에서 이런 맛을 느끼는 건 처음이라면서 깜짝 놀라고 기뻐하는 표정이 얼굴에 그냥 드러났다. 지금은 군대를 제대하고 다시 사회생활로 되돌아 왔을 텐데 어떻게 지내고 있을지 가끔 궁금해진다.

예술텃밭은 10월의 마지막 밤을 예술가 레지던시의 발표공연인 '걸리버 여행기'로 마무리를 했다. 차가운 밤공기가 야외무대를 감싸고 있었지만 모두들 끝까지 열심히 공연하고 관객들은 집중해서 공연을 보았다. 예술은 먼 곳에 있지 않았다. 그들은 일상처럼 연습했고, 토론했고, 그것을 몸으로 소리로 표현했다. 색다른 경험이었다.

아듀, 2015년~!

화천에서 하남으로 돌아오니 벌써 11월이 되었다. 2015년의 커피 여행을 서서히 마무리할 때가 가까워 오고 있었다. 날이 추워지면 움직이는 모든 것이 힘들어진다. 10년이 넘은 풍만이도 힘들고 나이 오십이 된 나도 힘들다. 그러고 보니 정말 나이가 오십이다. 풍만이가 여기저기 잔 고장이 나는 것처럼 나 또한 여기저기 잔 고장이 나기 시작했다.

아이폰을 자주 봐야 하는데 노안이 왔는지 침침해서 잘 보이지 않았다. 잠을 자고 난 다음에는 왼쪽 어깨가 아파서 더 피곤하고 물건을 들지 못했다. 발목과 무릎관절도 나빠지고 있었다. 트럭 안에서 쪼그리고 앉아서 몇 시간씩 커피를 내리다 보면 나중엔 무릎이 저리고 잘 움직이지 않았다. 아직은 심하진 않지만 점점 몸이 낡아가는 것이 느껴졌다. 과연 이 여행을 언제까지 할 수 있을까?

추운 겨울과 더운 여름에는 제주에 가만히 있어야겠다고 생각했다. 이미 점찍어 둔 곳도 있었다. 제주 시내 사라봉 가는 길 옆에 자그마한 2층 건물의 지하였다. 열 평 남짓 될까? 어두컴컴한 지하에 있는 조그만 공간이었다. 여행을 하지 않는 시간에는 그곳에서 커피를 볶고 음악을 듣고 손님들을 맞이하고

여행을 하는 중에
가끔 나만을 위한 시간을 써야 한다.
혼자서 있는 시간을 잘 보내야
다른 사람들과 함께 있는 시간도
잘 보낼 수 있기 때문이다.

있을 것이다. 그리고 날씨가 좋아지는 봄과 가을에는 커피 트럭을 끌고 육지로 나와서 또 다시 여행을 하는 것이다.

제주에 들어가기 전에 다시 동해안을 훑고 내려가기로 했다. 이번에도 역시 춘천부터 시작해서 원주와 속초 강릉을 거쳐 동해안을 따라 내려갈 계획을 잡았다. 부산까지 도착해서 다시 거제도와 창원, 통영, 그리고 남해안을 따라서 완도까지 가서 제주로 들어가는 코스다. 새로 사람들을 만나는 여행이 아니라 이미 만났던 사람들을 다시 만나서 인사하는 의미가 더 컸다. 만 3년의 여행기간 동안 무탈하게 여행할 수 있었던 것은 여행자를 환영해주는 많은 사람들이 있었기 때문이었다.

하남에서 출발해서 가장 먼저 강원도의 입구라고 할 수 있는 춘천에 도착했다. 언제 가도 푸근한 느낌을 주는 춘천이었다. 이번에도 파피루스의 원보경 대표가 한옥갤러리 마당을 내어주었다. 2015년을 마무리하는 아듀투어라고 했더니 많은 분들이 커피를 마시러 방문해주었다. 그런데 무척 반가운 방문자가 있었다. 지리산 금계마을의 김태오 씨가 자신의 커피차를 끌고 강원도 여행을 하다가 춘천에 들른 것이다. 또 강화도에서 펜션을 운영하다가 자신의 고향인 춘천으로 컴백해서 호스텔을 운영하는 손영일, 그리고 경주 여행에서 많은 신세를 진 딮 게스트하우스의 권오민도 춘천에 모였다. 모두 반가운 얼굴들이었다.

춘천에서 이틀을 머문 후 원주를 방문했다. 불과 1시간 거리면 갈 수 있는 거리. 원주의 커피라디오에 들러서 김기일 사장과 같이 원주추어탕으로 점심을 먹었다. 원주에서는 바로 강릉으로 넘어갔다. 이번 가을에 가장 많은 시간을 보낸 라라무리로 가기 위해서다. 수비와 셔리에게 미리 간다고 연락해 누었더니 시장에서 양미리와 도루묵을 사와서 벌써 상을 차려 놓았다. 숯불을 피워서 양미리를 굽고 도루묵을 구워서 먹었다. 역시 날씨가 추워져야만 즐길 수 있는 것들이 있는 법이다.

강릉 다음에는 속초로 갔다. 피어56의 임윤 형님은 내가 도착하자 문을 닫고는 가자미세꼬시를 먹으러 가자며 일어섰다. 관광객이 가지 않는 속초사람들만의 맛집에서 커피가 아닌 소주로 회포를 풀었다.

다음날은 속초에서 포항까지 바로 달렸다. 내가 2015년 아듀투어를 한다고 페북에 올렸더니 포항에서 커피 모임을 하자는 연락이 왔기 때문이다. 주소를 받고 도착한 곳은 화가가 운영하는 카페였다. 커피가 있는 공간은 언제나 매력적으로 다가왔다. 두어 시간의 커피 모임이 끝난 후에는 포항의 물회를 먹으러 가자며 내 손을 이끌었다. 포항의 물회는 역시 맛있다.

포항을 거쳐서 간 곳은 부산 기장의 바람종카페였다. 이곳에 가기 전에 구룡포에 들러서 과메기를 사야했다. 바람종 세경 씨는 과메기를 먹지 못했는데, 2년 전에 내가 선물로 들고 간 과메기를 맛보고는 그 이후로 겨울만 되면 과메기 노래를 부르기 때문이다. 과메기를 들고 찾아가니 세경 씨는 커피를 하는 친구들을 불러서 아예 생굴과 함께 맥주와 와인을 준비해 놓고 기다리고 있었다. 기장 바닷가에서 먹는 과메기와 굴은 또 얼마나 맛이 좋던지.

바람종에서 또 하루를 보내고 다음 목적지는 거제도였다. 대학 생물학과 동기가 거제도에 있는 국립수산과학원 육종연구센터에서 연구원으로 일하고 있었는데 20년 만에 연락이 되었다. 마침 근처에 있으니 센터에 와서 직원들에게 커피를 내려주기를 원했기 때문이다. 막상 가보니 이진우 시인이 살고 있는 저구리 바로 옆 바닷가에 센터가 있었다.

회의실에서 센터 직원들을 모아놓고 커피 강의를 했는데 모두들 최고급 커피를 맛보게 됐다며 즐거워했다. 센터 주변에는 아무 것도 없었다. 제대로 된 커피를 마시려면 한 시간은 걸려서 거제시청이 있는 고현까지 나가야 했는데 커피 한 잔을 위해 그런 수고를 할 사람은 하나도 없었다.

대학 동기 한 명이 연락이 되자 마산으로 시집을 간 동기한테도 연락이 왔다. 자기의 남편이 운영하는 공장에 가서 직원들에게 커피를 대접해 주고 싶다는 것이었다. 거제에서 마산까지는 그리 멀지 않았다. 공장은 마산에서 함안으로 넘어가자마자 있었는데 중소기업이라고 소개를 받았지만 가보니 꽤 큰 공장이었다. 점심시간에 맞춰서 커피 트럭을 세팅하고 식사를 끝내고 나오는 직원들에게 커피를 한 잔씩 내려서 주었다. 예상치 못한 커피 대접을 받게 된 직원들은 무척 기뻐했다.

이번 커피 여행에서 가장 인상 깊었던 일 중 하나가 다음 코스인 대구에서 생겼다. 2015년 여행을 마무리하면서 대구에서 통돌이 로스팅 세미나를 열었다. 예전 산천단 바람카페 시절부터 알게 된 대구의 이승엽 씨가 대구에서 통돌이 로스팅 세미나를 하면 좋겠다면서 두산동에 있는 '커피 커뮤니티' 카페로 초청했다. 주변 커피를 좋아하는 사람들 몇 명과 함께 통돌이 로스팅에 대한 노하우를 공유하고 나누는 자리였다.

로스팅은 변수와의 싸움이다. 변수를 최대한 없애고 항상 일정하게 커피 생두를 볶아서 원하는 맛의 커피를 재현하는 것이 중요하다. 그런데 통돌이는 모든 게 변수다. 온도와 습도, 불의 세기, 시간 등이 매일 조금씩 변하기 때문에 항상 같은 맛을 내기가 무척 힘들다. 게다가 나는 실내가 아니라 여기저기 돌아다니면서 야외에서 하는 경우가 많으니 변수가 엄청나게 많다.

변수는 많아도 통돌이를 돌리는 것이 이력이 났는지 커피는 꽤 맛있게 나온다. 이젠 통돌이의 '달인'이 된 듯한 느낌이다. 문제는 이런 것들을 설명하기가 쉽지가 않다는 것이다. 대략 기본적인 방법을 전해주더라도 실제 로스팅이 완성된 커피를 뺄 때는 로스터의 감이 절대적으로 필요하다. 예를 들어 일반적으로 13분 정도에 뽑는 과테말라 생두가 있다고 매번 13분에 빼면 뭔가 맛이 없다. 그날의 커피 상태에 따라서 12분 30초쯤에 빼야 할 때가 있고, 13분 20초에 빼고 싶은 날도 있다. 그걸 결정하는 것은 결국 사람이다.

사실 아무리 비싸고 좋은 로스터기라도 무조건 컴퓨터나 기계에 의존해서는 맛있는 커피가 나오지 않을 것이다. 최종 결정은 로스터의 감이 필요하다.

▲ 여행을 마무리하기 위해서 제주로 가는 도중에 포항에 들러서 커피 모임을 했다. 작은 커피 모임을 진행하면 오히려 배우는 것이 훨씬 많다. 커피에 대한 반응을 금세 알아챌 수 있기 때문이다.

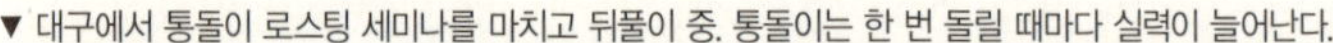

▼ 대구에서 통돌이 로스팅 세미나를 마치고 뒤풀이 중. 통돌이는 한 번 돌릴 때마다 실력이 늘어난다.

그렇다면 이 로스터의 '감'이란 것을 어떻게 전달해줄 수 있을까? 그것은 말이 아니라 직접 몸으로 보여줘야 한다. 그래서 조금은 지루하더라도 로스팅의 첫 시작부터 끝까지를 함께 하면서 계속 관찰하는 것이 로스팅을 제대로 배우는 지름길일 것이다.

굳이 2015년의 마지막 겨울에 다시 대구로 찾아간 것은 2014년 대구의 뜨거움에 대한 기억 때문이었다. 다행히 차가운 대구 시내에서 카페는 아늑했고 같이 모인 사람들도 반 정도는 한두 번 얼굴을 보고 이야기를 했던 지인들이라 분위기도 편했다. 그리고 참가했던 사람들 모두 로스팅을 하거나 직접 커피숍을 운영하는 사람들이었다. 모두 커피를 좋아할 뿐만 아니라 어떤 면에서는 나보다 더 많은 지식을 갖고 있는 커피 전문가들이다.

하지만 변수가 많은 통돌이 로스팅에서 나만큼 많은 경험을 가진 사람은 드물 것이다. 실내 통돌이 로스팅을 5년 정도 했고, 여행을 하면서 야전 통돌이 로스팅은 3년을 했다. 말로 설명하기는 힘들어도 몸이 알아서 저절로 로스팅 포인트를 알려주는 느낌이다. 나는 내가 알고 있는 통돌이 로스팅의 방법과 몇 가지 팁에 대해서 이야기를 해주었다. 그들은 이미 로스팅의 경험이 있기 때문에 금세 내가 하는 말의 뜻을 알아차렸을 것이다.

로스팅 강의가 끝난 후에는 갖고 있던 커피를 몇 종류 내려서 나눠 마셨다. 모두 맛있게 볶아져서 제대로 개성이 살아있는 그런 커피들이다. 초저녁에 시작한 모임은 시간이 흘러서 한밤중이 되었다. 이제 마지막 커피를 마시고 같이 국밥이라도 한 그릇 먹고 헤어질 생각이라 어떤 커피를 골라야 할지 고민이 되었다.

그때 떠오른 커피는 에티오피아 코미디샤였다. 마침 모임에 참석한 5명 정도의 사람들이 한 잔씩 마실만한 분량의 원두가 남아있었다. 나는 커피를 갈아서 드리퍼에 올린 후 뜨거운 물로 커피를 내렸다. 꽃향기가 풀풀 나면서 라임 같은 산미와 달콤함이 입 안 가득 찼다. 코미디샤만의 매력은 전혀 커피 같지 않은 맛과 향을 내주면서 커피다운 커피라는 것이다. 매번 내릴 때마다 다른 매력을 보여주는 그런 커피다.

모임에 참석한 이들은 모두 말을 잃고 신음소리만 내면서 커피를 음미했다. 화려하게 피어오르는 이 한 잔의 커피는 이것이 마지막 한 잔의 커피다. 같은 로미타샤라도 다음에는 이 커피를 못 만나고 다른 커피를 만나야 한다. 커피의 유일성. 그것이 커피의 안타까움이자 매력이다.

초겨울의 대구의 밤은 그렇게 화려하게 막을 내렸다. 대구의 로스팅 세미나를 끝내고는 다시 창원과 통영을 거쳐서 완도로 갔다. 약 보름간 쉴 틈 없이 꽉찬 일정으로 달렸다. 완도에서 제주로 가는 한일카페리에 풍만이를 싣고 나니 드디어 2015년의 커피 여행이 마무리가 됐다는 생각이 들어서 맥이 탁 풀렸다. 객실에서 한참을 자다 깨니 제주가 보이고 있었다.

커피동굴에서 겨울잠을 자자

2013년 여름에 제주를 떠나서 벌써 만 3년째가 됐다. 처음에는 1년 정도만 생각하고 움직였는데 다니다보니까 계속 다니게 되었다. 아직 다녀보지 못한 곳도 많고 새로 만나는 사람들 때문에 계속 여행을 하게 된 것이다. 하지만 계속 밖으로 돌아다니다 보니 뭔가 불안했다.

겨울에는 제주에서 머물면서 커피를 볶고 쉬기도 하는 곳을 만들어볼까 생각하던 중 사라봉으로 가는 길 중간에 조그마한 건물이 눈에 띄었다. 그 건물에 오랫동안 비어있는 지하 공간이 있었다. 처음 내려가 보았을 때는 온통 거미줄이 쳐져 있고 축축한 지하실이었는데 조금만 꾸미면 그런대로 괜찮을 것 같았다. 어차피 거창하게 할 것은 아니었다. 그냥 조용히 커피를 볶고, 책을 읽거나 음악을 듣고, 아는 사람들이 오면 커피를 내려주는 그런 공간을 원했다. 신제주에서는 멀고, 구제주 중심가에서도 두어 정거장 거리라 사람들이 별로 찾아올 것 같지는 않은 주택가다.

인테리어를 하는 아는 후배에게 기본적인 건 좀 손봐달라고 미리 얘기해 두어서 지난 가을에 기초적인 인테리어는 끝난 상태였다. 하지만 드립바로 쓸 테이블은 커피를 해본 경험이 없어서인지 작업하기가 너무 불편했다. 냉장고

▲ 커피 트럭이 쉬는 겨울을 위해서 제주시 사라봉 쪽 지하에 커피작업실을 만들었다. 겨울잠을 자는 동굴이라는 의미로 '커피동굴'이라고 이름을 붙였다.

▼ 커피동굴은 핸드드립 커피만을 위한 공간이다.

위치와 싱크대 위치도 불편했지만 적응할 수밖에 없는 문제였다. 드립바는 고민하다가 나무판자를 사서 그 위에 덮어씌우고 다시 색칠했더니 그런대로 쓸 만했다. 원래는 심야식당처럼 둥그렇게 둘러앉아서 커피를 마시는 걸 생각했지만 공간이 길쭉해서 어쩔 수 없이 한쪽으로만 사람들을 앉게 자리를 배치했다.

급한 것이 없으니 조금씩 페인트칠도 하고, 커피 도구를 갖다 놓고, 테이블과 의자도 인터넷으로 구해 설치해놓으니 어느새 커피숍의 면모를 갖추었다. 처음에는 그냥 지하에서 커피 로스팅을 하는 작업실 정도로 생각하고 있었는데 몸 안에 내재되어 있던 카페 본능이 발현한 것이다. 12월 중순에 시작해서 2월까지 작업하니까 작지만 커피를 마시기 좋은 공간이 탄생했다. 이 공간의 이름을 뭘로 할까 고민하다 '커피동굴'로 정했다. 동굴처럼 어두컴컴한 계단을 따라 내려오면 아늑한 공간이 나타난다. 한겨울 추위를 피해서 제주로 내려와서 겨울잠을 자는 공간이니 '동굴'이라는 표현이 어울렸다.

공간이 완성은 되었지만 봄이면 다시 육지로 커피 트럭을 몰고 나가야 하기 때문에 따로 사업자등록은 하지 않았다. 그냥 가끔 지인들이 놀러오면 커피를 내려 주고 이야기를 하는 공간이 되었다. 그래도 커피동굴이 완성되었으니 나름대로 주변에 알려야 할 것 같아서 '오픈 하우스'라는 이름으로 커피동굴이 열린 것을 알렸다. 커피 동굴에서 사는 커피인 1호 혈거인이 된 것이다.

제주 강정마을 국제평화영화제

2016년 4월 23일부터 26일까지 3일간 제주 강정에서 '제1회 강정국제평화영화제'가 열렸다. 강정은 다들 아시다시피 해군기지 문제로 계속 첨예하게 대립하여온 곳이다. 2013년 제주에서 출발하기 전부터 내 주변에는 강정해군기지를 반대하는 시민단체와 사람들이 많았고 또 한 쪽으로는 해군 쪽에 아는 사람들도 많이 있었다. 바람카페를 운영할 때는 같은 날 해군기지 담당 장교가 사복을 입고 와서 커피를 마시고, 다른 테이블에는 해군기지를 반대하는 사람들이 와서 커피를 마시고 있었던 적도 있었다. 다행히 서로 얼굴을 잘 아는 사람들이 아니라서 큰 문제는 일어나지 않았지만 양쪽을 다 아는 나로서는 긴장이 되는 순간이었다.

하지만 카페라는 곳은 누구나 올 수 있는 곳이고 일종의 솟대 같은 공간이라고 생각하고 있었기 때문에 시끄럽게만 떠들지 않는다면 언제나 누구에게든 문을 활짝 여는 것이 맞다고 생각한다. 그렇지만 내 마음 한 구석에는 마음의 빚을 지고 있었던 것 같다. 제주에 있었을 때도 그렇지만 여행을 떠나온 이후에도 계속 들려오는 강정의 소식은 점점 더 마음을 어둡게 하고 있었다. 그러다가 강정국제평화영화제가 개회된다는 소식을 듣고는 커피 트럭을 끌고 강정마을로 갔다. 제주를 출발하기 전에 강정마을에 뭔가 도움을 주고 싶었기 때문이다. 일단 맛있는 커피라도 좀 있어야 사람들이 느긋하고 행복해질 수 있으니까.

일요일 강정청소년마을회관 앞에서 자리를 펴고 3일 동안 커피를 내려서 팔기 시작했다. 커피값은 그냥 평소처럼 5천원으로 하고 대신 자원봉사자들에게는 커피를 무한 제공해주는 것으로 했다. 나중에 커피 판매액의 10% 정도를 평화영화제에 기부하기로 했다.

강정의 봄은 참 아름다웠다. 근처 귤 밭에서 풍겨오는 귤꽃 향기는 달콤했고 멀리 보이는 한라산도 멋졌다. 강정마을은 예전 모습 그대로 큰 변화 없이 남아있다. 제일 크게 변한 것은 바닷가 쪽 해군기지 였다. 며칠 전 강정마을에 수십억원의 구상권을 청구해서 마을에서는 천막을 치고 농성을 하고 있었다. 첫날 행사를 마친 후에 강정마을을 산책하다가 만난 해군기지는 거의 완공된 것 같았다. 커다란 건물과 관사들이 보였다. 아직은 불이 켜있지 않고 어두컴컴한데 그 사이로 커다란 짐승이 웅크리고 있는 것 같았다.

영화제는 내가 예상했던 것보다 많은 사람들이 찾아왔다. 상영관은 마을회관과 평화센터 등에서 이루어졌는데 관람석이 불편하고 환기가 안돼서 영화를 볼 때 많이 불편했을 것 같다. 커피 트럭을 열어둔 마을회관에도 상영시간마다 관람객들이 찾아왔다. 그들은 영화가 상영되기 전 혹은 끝난 후 커피를 주문하고는 그늘에 앉아서 커피를 마셨다. 손님들이 많지 않아서 그렇게 힘들다고 생각하지 않았는데, 막상 3일째가 되니 온몸에 피로가 밀려왔다. 폐막식장 옆에서 커피를 내리고 커피 트럭을 닫았는데 손가락 하나 까딱하기 힘들 정도로 힘이 들었다. 지난 가을 내내 커피 트럭으로 서울과 강원도, 경상도를 훑고 다녔을 때보다 이 3일이 더 힘이 든 것 같다.

겨우 트럭을 챙기고 숙소로 돌아가 삼을 사면서 나는 왜 그렇게 힘들었는지 알게 됐다. 그것은 강정마을의 상처 때문이었다. 강정평화영화제에서 강정이란 마을 빼고 서귀포평화영화제나 제주평화영화제로 이름을 붙이자는 이야기가 있었다고 한다. 하지만 영화제 쪽에서는 강정이라는 말을 고집했고, 이 때문에 서귀포시 쪽에서 영화제가 정치적인 이유가 있다는 이유로 서귀포예술회관에서의 영화 상영을 불허했다. 강정이란 단어는 그토록 정치적인 단어가 된 것이다.

하지만 직접 가서 본 강정마을은 그냥 평범한 사람들이 사는 그런 마을이었다. 어느 날 갑자기 해군기지 공사가 시작되고 마을이 망가진 것이다. 그래서 강정에서 3일 동안 지내면서 몸보다는 마음이 지쳐버린 모양이다. 고작 3일 동안에 이렇게 힘든 상태가 되었는데 그곳에서 계속 살아온 사람들은 또 얼마나 힘이 들었을까?

그래도 내가 내렸던 커피 한 잔을 마시고 지친 몸과 마음에 위로가 되었다는 이야기를 듣고 가슴 뭉클했다. 나는 사람들에게 힘이 되고 위로가 되는 커피를 하고 싶다. 그런 나의 마음을 알아주는 사람들이 있다고 생각하니 더 이상 바랄 것이 없다.

에필로그

여행은 계속된다

겨울 동안 커피동굴을 만들어서 오프닝 파티를 하고는 또 다시 짐을 챙겨서 트럭에 싣고 여행을 떠났다. 공간을 비워두기는 좀 아까워서 제주에서 만나서 친해진 두정학에게 커피동굴을 맡겨 두었다. 그는 내가 내린 커피를 좋아해서 종종 찾아오다가 형, 동생 사이가 되었다. 제주에 와서 시골집에 살면서 약초 공부를 하며 유유자적 살던 정학 씨는 내 옆에서 커피 로스팅하고 내리는 것을 유심히 살펴보면서 커피를 배우더니 점점 더 자기의 스타일을 찾아서 커피를 하고 있다.

2016년의 상반기는 무척 바쁘게 돌아다녔다. 커피동굴을 만드느라 출발이 늦어져서 5월 11일에 풍만이와 함께 완도로 나왔다. 순천으로 갔다가 구례의 지리산 가수 고명숙 씨의 집에서 커피와 노래가 함께 하는 콘서트를 진행하고 바로 산내로 넘어갔다. 부처님 오신 날에 실상사 앞에서 커피 트럭을 열었고, 다음 코스인 군산으로 가는 중에 전주에 트럭 기어가 고장 나는 바람에 하루를 머물면서 차를 고쳐야 했다. 군산으로 가서는 커피 모임을 진행하고 부여와 해미읍성을 거쳐서 안면도로 들어가서 며칠을 묵으면서 커피 모임을 진행하고 여행을 했다. 안면도 바다는 참으로 평화로웠고 그곳에는 평화롭게 사는 사람들이 모여 있었다.

안면도에 있을 때 SBS에서 연락이 와서 바람커피로드 여행하는 것을 다큐로 찍어서 방송하고 싶다고 해서 그러라고 했더니 새벽같이 안면도 숙소에 촬영팀이 내려왔다. 그런데 교양국 쪽이 아니라 보도국 소속이었다. 방송국 교양 쪽에서는 종종 촬영 문의가 오기도 하는데 이것저것 재고 고민하느라 중간에 흐지부지 없어지는 것도 많았다. 그런데 보도국 쪽 팀이라서인지 의사결정이 빠르고 행동도 빠른 것 같았다.

다큐멘터리 영화팀은 작년 하반기에 촬영이 마무리가 되었기 때문에 한동안 혼자서 다녔는데 며칠 동안은 SBS와 함께 다녀야 했다. 다행히 이쪽 팀 촬영감독도 별로 말이 없었다. 촬영할 때는 커피를 못 마셨지만 촬영 중간중간에 커피를 내려주면 기쁜 표정으로 커피를 마셨다. 보도국 쪽이어서인지 주로 질문을 많이 했다. SBS 방송국하고는 담양과 광주까지 같이 동행했고, 나중에 수원 커피 모임에 따로 와서 촬영했다.

이 촬영분은 나중에 SBS뉴스토리에 방송이 되었다. 토요일 아침 일찍 방송이 되었고 무거운 이슈 뒤에 붙어 있어서 본 사람은 많지 않았지만 그래도 커피 여행자의 또 다른 기록이 하나 더 남았다.

방송이 나가고 난 날 모르는 전화번호로 전화가 왔다. 가평 꽃동네에서 일하시는 수녀님인데 방송을 보신 후 여행 후원을 하고 싶다고 하셔서 감사의 인사를 드리고 후원 계좌번호를 알려드렸더니 그 다음날 5만원을 보내주셨다. 당시에는 수녀의 월급(?)이 얼마인지 모르고 있다가 나중에 주위 사람들에게 물어보니 그건 수녀에게는 엄청나게 큰 금액이라는 것이다. 거의 무보수로 봉사와 헌신의 삶을 사시는 분이 보내주신 5만원의 돈은 무게가 다르다.

그래서 나도 가끔 보내주시는 5만원의 후원금이 들어오면 따로 고민해서 뭔가 새로운 커피 생두를 구입했다. 수녀님의 생두는 특별히 언급은 하지 않지만 새로 로스팅되어서 커피클럽 회원들에게 보내드리고 커피를 내려서 팔기도 하고 나눠 먹는다. 모두 그 커피로 인해 평안을 얻기를 바라면서.

2016년 상반기 여행은 그렇게 빠르게 흘러갔다. 광주에서는 양림동의 모단걸테이블이라는 곳에서 이틀 동안 팝업 카페를 오픈하고는 바람커피를 마

서울에서 커피 행사를 하고 있을 때 너굴양이 와서 커피잔 그림을 그려놓고 갔다.

가끔 커피 트럭 여행은 방송을 탄다. SBS에서 촬영하던 장면들인데, 주로 아침 일찍 방송이 되어서 본 사람은 많이 없다.

시러 오는 손님들께 커피를 내려 드렸다. 모단걸테이블은 양림동의 마당 있는 한옥집을 개조해서 근대의 느낌이 나도록 꾸민 곳인데 무척 매력적인 공간이었다.

광주 양림동에는 커피 여행에서 내게 큰 영향을 준 로이스커피가 자리 잡고 있다. 양림동은 기독교 문화의 역사책과 같은 곳이다. 선교사 사택과 기독교 유적, 오래된 교회, 기독교 학교와 신학교가 자리 잡고 있는 곳인데, 양림교회 바로 옆에 로이스커피가 있다. 이곳 이창민 사장님은 좀 까다롭다고 소문이 자자하다. 손님을 가려 받는 곳이기 때문이다. 입구에는 '원두판매 전문점, 원두만 팝니다'란 안내문이 붙어 있어서 멈칫 하게 된다. 테이블도 적고 드립바와 로스팅 기계가 공간을 차지하고 있어서 이곳의 주인공은 단연 커피다.

디소 무뚝뚝해 보이는 사장님은 알고 보면 커피를 좋아하고 와인을 좋아하고 사람을 좋아하는 로맨티스드라는 것을 알기까지는 오래 걸리지 않았다. 이곳에서 커피를 마시면서 그동안 해결되지 않고 있었던 로스팅에 대한 힌트를 얻었다. 그때까지 과테말라 커피를 볶아도 맛이 잘 안 나와서 거의 포기상태였다. 하지만 로이스에서 과테말라 커피를 마시고 이창민 사장님과 이야기를 하면서 내가 커피 로스팅을 잘 못하고 있었다는 것을 깨달았다. 그것은 책에 나와 있는 커핑 노트에 매달려 있었고, 생두를 제대로 보지 못했다는 것이다. 과테말라 커피의 '스모키함'과 '다크 초콜릿' 맛이라는 것에 매달려 그 속에 있었던 과일맛과 산미를 놓치고 있었던 것이다. 그날 이후로 나의 로스팅 스타일은 많이 달라졌다. 커핑 노트와 책은 참고 정도로만 하고 그때그때 커피 생두를 더 잘 파악하려고 노력하고 있다.

이번에도 로이스커피에 인사를 하려고 들렀더니 이창민 사장님이 대환영을 해주셨다. 아예 새로 들여온 프로밧 로스팅기를 직접 써볼 수 있도록 기회를 주시고 떠날 때는 엘살바도르 COE 커피를 한 포대나 선물로 받았다. 여행하면서 친구들과 함께 먹으라고 와인도 챙겨줄 정도로 과분한 대접을 받았으니 또 많은 신세를 지게 된 것이다.

광주를 출발해서 대전과 수원, 용인을 들러서 서울에서도 커피강좌를 하고 베이스 캠프인 하남집에 도착했다. 약 보름 동안 15곳을 들르고 커피 모임을 진행하는 타이트한 일정이었다. 하지만 며칠 쉬지도 못하고 다시 강릉으로 향했다. 라라무리에서 커피와 함께 영화를 감상하는 '한쉼파티'를 진행하기 위해서였다. 몇 개월만에 다시 찾은 라라무리는 역시 좋았다. 바닷가에 스티로폼으로 간이 스크린을 만들어 박아놓고 스무 명 정도의 관객들이 커피를 마시고 영화를 보고 모래사장에 모닥불을 피워놓고 왁자지껄 파티를 했다. 활활 타오르던 모닥불은 새벽이 되어서야 꺼졌다.

라라무리에서의 내 별명은 '신데렐라'였다. 같이 술을 먹다가도 12시가 되면 쏟아지는 잠 때문에 먼저 방으로 들어가서 자버리기 때문이다. 이날도 잠을 못 이겨서 잠을 자다가 새벽에 눈이 떠져서 밖으로 나갔다. 바다는 끊임없이 파도를 치면서 모래사장 위로 몰려 들어왔다가 다시 빠져나갔다. 라라무리의 말라뮤트 쉐이가 자다가 깨서 날 잠시 바라보더니 재미없다는 표정으로 다시 눈을 감았다. 라라무리의 벤치에 불을 키고 앉아서 서서히 밝아져 오는 하늘을 보고 있었다.

내 여행은 언제 끝날까?

아직까지는 언제 끝날지 잘 모르겠다. 일단 다녀볼 수 있을 때까지 다녀보자.

돈을 더 벌어야 하지 않을까?

다행히 아직까지는 굶지 않고 잘 다니고 있다. 돈은 모이지 않지만 신기하게도 여행을 계속 할 수 있을 정도로는 생긴다. 돈을 벌고 싶어서 돈을 따라다니고 싶지는 않다. 그렇게 해봤자 내 손안에 들어오는 돈은 없으니까. 가끔은 목돈이 들어가는 안 좋은 일이 생기면 어떡하나 불안하기도 하고, 조그맣게 땅이라도 살 수 있으면 좋겠다는 바람은 있지만 돈은 생길 때면 생길 것이다.

나는 잘 살고 있는가?

자유롭게 여행하고 많은 사람을 만나고 맛있는 것을 먹으면서 다니는 것이 부럽다는 사람들이 많이 있다. 하지만 겉으로 보이는 것보다 힘들고 쓸쓸할 때도 많다. 허점이 많은 인생이다. 하지만 그것이 내 인생이다. 이런 방식으로 사는 사람도 세상에는 몇 사람쯤은 있는 법이다.

이런저런 생각을 하다 보니 아침이 환히 밝아왔다. 라라무리 카페에 들어가서 물을 끓이고 커피를 갈고 있으니 새벽까지 술 먹고 놀다가 쓰러져 자던 사람들이 하나둘씩 밖으로 나왔다. 모두들 퉁퉁 불어있는 얼굴이었지만 커피향을 맡자 얼굴이 환해졌다. 나는 그들을 위해서 모닝커피를 내려주었다. 진한 커피향이 모래사장 위를 둥둥 떠다니고 있었고, 커피를 마시는 그들의 표정은 편안하고 행복해보였다.

그렇다. 아직은 커피를 들고 더 많은 여행을 해야 한다. 어느 때인가 커피트럭 풍만이를 세우고 여행을 마치는 날이 올 것이다. 커피 트럭은 멈출지 몰라도 나의 커피 여행은 계속 될 것이다. 그래야만 커피 한 잔으로 행복해 하는 사람들의 얼굴을 계속 볼 수 있을 테니까.

<바람커피로드>

현진식 감독의 다큐멘터리 〈바람커피로드〉는 2016년 〈제 8회 DMZ국제다큐영화제〉 월드프리미어 부문에 2회 상영했다. 첫날은 좌석이 매진되는 인기를 얻었다. 이례적으로 흑백으로 만들어진 영화이지만 관객들의 반응도 뜨거웠다.

2017년 상반기에는 커피 트럭이 전국 도시를 순회하면서 다큐멘터리 소규모 상영회를 시작했다. 커피숍에서 혹은 풍만이가 작은 영화관이 되어 커피와 영화를 함께 즐기는 재미가 색다르다.